绿色国际商务案例教程

主　编：卢　萌

副主编：冯晓宇　聂延庆　陈潇伊　刘雪飞

中国环境出版集团·北京

图书在版编目（CIP）数据

绿色国际商务案例教程/卢萌主编. —北京：中国环境出版集团，2023.6（2024.8 重印）
河北环境工程学院“转型发展项目校企合作编写教材”
ISBN 978-7-5111-5520-7

Ⅰ. ①绿… Ⅱ. ①卢… Ⅲ. ①国际商务—案例—高等学校—教材 Ⅳ. ①F740

中国国家版本馆 CIP 数据核字（2023）第 094082 号

责任编辑 宾银平
封面设计 宋 瑞

出版发行 中国环境出版集团
（100062 北京市东城区广渠门内大街 16 号）
网 址：http://www.cesp.com.cn
电子邮箱：bjgl@cesp.com.cn
联系电话：010-67112765（编辑管理部）
010-67113412（第二分社）
发行热线：010-67125803，010-67113405（传真）
印 刷 玖龙（天津）印刷有限公司
经 销 各地新华书店
版 次 2023 年 6 月第 1 版
印 次 2024 年 8 月第 2 次印刷
开 本 787×1092 1/16
印 张 13.5
字 数 332 千字
定 价 48.00 元

生态环境产教融合系列教材编委会

（按拼音排序）

生态环境产教融合系列教材

总　序

培养大批应用型人才是贯彻落实党中央、国务院关于教育综合改革决策部署的必要之举，产教融合是高等学校培养应用型人才的必由之路。2017 年，国务院办公厅印发《关于深化产教融合的若干意见》（国办发〔2017〕95 号），明确要求深化职业教育、高等教育等改革，发挥企业重要主体作用，促进人才培养供给侧和产业需求侧结构与要素全方位融合，培养大批高素质创新人才和技术技能人才。深入推进产教融合在解决教育链与产业链脱节问题，将最新理论和技术落实落地，打破产业发展瓶颈，提升高校应用型人才培养质量等方面具有重要意义。

教材作为知识的载体，体现了人才培养目标的要求，是开展教学的基本工具，更是人才培养质量的重要保证。面对应用型人才培养的要求，教材改革迫在眉睫。目前在应用型人才培养过程中普遍缺乏合适的教材，往往借用原有的普通本科教材，其教学要求、教学内容和教学模式，都不适用于强调实践能力的应用型人才培养，难以实现应用型人才的培养目标；有些应用型教材地域性过于明显，或不成体系，限制了学生对行业的整体性了解。因此，面对行业产业需求，将专业教育链与对应的产业链有机衔接，编写兼具适用性和实用性的应用型系列教材非常迫切，并具有重要的现实意义。

党的二十大提出建设人与自然和谐共生的现代化；2023 年 12 月中共中央、国务院发布了《关于全面推进美丽中国建设的意见》，明确了要加快形成以实现人与自然和谐共生现代化为导向的美丽中国建设新格局。贯彻落实习近平生态文明思想，加快形成绿色低碳生产生活方式，把建设美丽中国转化为社会行为自觉，已成为新时代发展的必然趋势。高等学校是人才培养、文化传承的重要阵地，在美丽中国建设中，要承担起培养生态文明建设人才、传播生态文明思想、提高全民生态文明素质的重任。面对生态文明建设的新形势和美丽中国建设的明确要求，培养适应生态文明建设需要的应用型、复合型、创新型人才非常迫切。因为生态环境问题的交叉性、系统性和复杂性，在各行各业、生产生活各领域都存在生态环境问题，所以生态环境问题的解决不是某一个行业的事情。这样就使生态环境人才的培养具有两方面特点：一方面具有鲜明的应用型特点，要能够解决各行各业、各个领域的环境问题；另一方面具有交叉复合型特点，培养生态环境人才不仅仅是生态环境类专业独有的任务。因此，高等学校要站在将生态文明建设纳入“五位一体”总体布局的高度，将专业人才培养链与行业产业的生态环境需求有机衔接，培养生态文明建设需要的应用型人才。所以，尽快开发针对各行各业生态环境问题的产教融合系列教材迫在眉睫。

河北环境工程学院前身是中国环境管理干部学院，由中国环保事业的奠基者曲格平先生创建，是中国最早开展环境教育的高校之一。建校40余年来，学校历经环保干部轮训、环保局长岗位培训、成人高等教育、高职教育、本科教育，为环保事业源源不断地输送了大批中坚和骨干力量。学校在我国环保事业发展的各个阶段都发挥了重要作用，其发展历程见证了中国环境保护事业的发展历程，长期以来被誉为环保系统的“黄埔军校”。近几年，学校坚持应用型办学定位，以绿色低碳高质量发展需求为导向，优化学科专业结构，建设与行业产业需求有机衔接的专业集群；以产教融合为人才培养主要路径，建立产教融合协同育人的有效机制；以培养高素质应用型人才为根本目标，建立“跨学科交叉、校政企共育共管、多元协同促教”的应用型人才培养模式，改革课程体系和教育教学方法。其中，以课程建设为突破口，以产教融合应用型教材开发为抓手，针对生态环境类专业，梳理生态环保行业的需求，校企合作编写应用型教材；针对非生态环境类专业，梳理其对应的行业产业相应的绿色低碳发展需求，跨学科、跨行业校企合作开发相关教材。通过几年的实践探索，校企合作开发了这套生态环境产教融合系列教材，以期解决高等学校生态环境应用型人才培养缺乏适用教材的问题。

本系列教材以习近平生态文明思想为指导，坚持绿色低碳发展理念，覆盖多学科门类和行业产业领域，具有鲜明的生态环境特色。系列教材中的环境类专业课程教材，直接与生态环境保护产业链相关领域结合，培养服务生态环保行业的应用型人才；系列教材中的非环境类专业课程教材，针对其行业产业链中存在的生态环境相关问题，有针对性地将绿色低碳理念融入教材教学内容，奠定学生坚实的生态文明职业素养。在具体的教材建设环节，成立了由高校“双师型”教师及行业企业一线具有丰富生产经验的专家组成的教材编写组，充分发挥校企合作双主体优势，立足于企业现实岗位中的具体工作过程，采取案例式、任务式、项目式教学设计模式，将企业先进的生产技术、管理理念和课程思政等教育元素融入教材，真正实现教材内容与企业具体岗位的需要全面融合，全方位保证了教材的适应性。本系列教材填补了全国生态环境产教融合应用型系列教材的空白，可供各普通本科院校、职业院校的生态环境类专业学生使用；同时，对非生态环境类专业，应开设与生态环境相关的课程，也可选取系列教材中相关的教材使用。

前言

《绿色国际商务案例教程》引入绿色可持续发展理念，在每章知识点中，除介绍国际商务基础知识，还介绍了绿色国际商务知识点内容、相关案例和绿色国际商务发展最新动态，将国际商务案例尤其是绿色国际商务案例恰当地融合在国际商务基础知识中。

本教程共分为 8 章。第 1 章全球化与绿色全球化，在介绍全球化发展的基础上，引入绿色全球化和绿色全球化案例；第 2 章介绍了国际商务环境，从国际商务环境中的政治因素、经济因素、法律政策差异、文化差异、伦理、企业社会责任和绿色可持续发展等方面进行介绍；第 3 章全球贸易与投资，包括国际贸易理论、国际直接投资与区域经济一体化、国际服务外包与绿色服务外包、全球营销与绿色营销等知识点和对应案例；第 4 章跨境电子商务，除介绍跨境电子商务基础知识外，对跨境电子商务绿色支付、跨境电子商务与绿色国际物流等进行了详细介绍；第 5 章国际金融与全球绿色信贷，在全球货币制度、全球外汇市场、国际金融市场的基础上，介绍了全球绿色信贷及国际金融中的绿色国际商务案例；第 6 章跨国公司组织与战略，主要介绍了跨国公司的概念与类型、组织形式及战略等；第 7 章全球人力资源管理与绿色进展，在人力资源管理、国际人力资源管理相关知识点和案例的基础上，引入绿色人力资源的国内外发展的相关知识及案例；第 8 章国际财务管理与国际环境会计的发展，在国际财务管理知识点及案例的基础上，介绍了国际环境会计（绿色会计）相关知识点和对应案例。

每个章节，我们都精心准备了知识点及对应的案例，以便读者理解和运用。本教程具有以下特点：

（1）注重能力，创新模式。采用“以案例引领任务，任务带动思考”的体例，通过案例介绍、知识点分析、归纳总结、思考训练的程序，做到准确精练、深入浅出，突出实用性、可操作性。

（2）绿色发展理念贯穿全教程。绿色国际商务知识点和对应绿色国际商务案例，贯穿在教程的每一章。

（3）突出课程思政因素。在教程中，通过引用学习强国、人民网等思政案例，加强思政教育和引导。

（4）产教融合。本教程所引用的案例大多是由企业和行业提供，目的是将“知识”“素养”渗入教学，重实践、务实效、弃空泛。

本书可作为国际商务、国际经济与贸易、企业管理等经济学与工商管理类专业本科生用书，也可用作对国际商务高质量发展感兴趣人员的自学读物。

本书由河北环境工程学院卢萌担任主编，由河北环境工程学院冯晓宇、秦皇岛职业技术学院聂延庆、河北环境工程学院陈潇伊、河北环境工程学院刘雪飞任副主编。本书在编写过程中，得到了中国国际贸易促进委员会商业行业委员会副会长王曦、阿里巴巴国际站北方区负责人李维毅、辽宁大学战岐林等的支持和帮助，本书的出版得到了中国环境出版集团的大力支持，在此表示感谢。

本书编写过程中，参考了大量国内外书刊资料和业界的研究成果，在此一并表示感谢。

由于时间仓促，加之能力有限，书中难免存在不足和疏漏之处，敬请广大读者批评指正。

编　者

2022 年 10 月

目　录

第 1 章　全球化与绿色全球化

全球化这个词，大家都不陌生。我们经常听到经济全球化、文化全球化这样的表达，但是实际上全球化作为一种现象早就萌芽了。马克思就是一位全球化理论的先驱。人类活动的一个特点，就是从分散走向聚合，从孤立走向互相联系，因为单个的人根本没有办法在地球上生活，我们每个人、每个个体都无法生产出自己所需要的全部资源。在全球化的过程中，生态环境保护，越来越受到关注。我们生存的地球只有一个，在气候变化深刻影响人类生存与发展的时刻，只有从全球利益出发，树立可持续发展的理念，才能将全球共同的发展价值搭建起来。

1.1　全球化的概念

全球化（globalization）是指转向一个更为一体化与相互依存的世界经济。世界正在从自给自足的国内经济发展为互相依存的、一体化的全球经济。全球化有若干不同的侧面，包括市场全球化和生产全球化等。

案例 1-1　全球化发生在身边

一个美国人上班驾驶的轿车可能由德国人设计，由美国汽车制造商福特公司在墨西哥组装，其组装件产自美国和日本，组装件原料包括来自韩国的钢铁和马来西亚的橡胶。他可能去一家由英国、荷兰等多国企业所拥有的加油站为轿车加油，这汽油有可能由法国石油公司采自非洲海岸的某一油井，然后由希腊船舶公司的船运送到美国。在上班途中，这个美国人拿起苹果手机和他的股票经纪人通话，该手机在加利福尼亚州设计，在中国用日本和欧洲产的主板装配，手机屏幕是康宁公司在肯塔基州生产的，存储芯片来自韩国。他通知自己的股票经纪人买入中国某集团的股票，它的股票在纽约证券交易所上市。

资料来源：查尔斯·希尔，托马斯·霍特. 国际商务[M]. 11 版. 郭羽诞，等译. 北京：中国人民大学出版社，2019：5。

市场全球化（globalization of market）是指把历史上独特的和分离的国家市场合并为一个巨大的全球市场。跨国贸易壁垒的降低使得全球市场的国际销售更为容易。不同国家消费者的嗜好和偏爱正在趋近某些全球标准，从而帮助创建了全球市场。如花旗银行的信用卡、可口可乐的饮料、索尼的 PS 游戏机、麦当劳的汉堡包、星巴克的咖啡、宜家的家具以及苹果的 iPhone，这些消费品为全球消费者所接受。跨国公司通过提供满足不同国家消费者嗜好的产品，推动创立一个全球市场。

案例 1-2　医疗旅游和医疗卫生业的全球化

以核磁共振成像为例。美国缺少放射科专家，放射科专家需求的增加量是医学院校所能提供这类毕业生总量的 2 倍。他们要看懂各种医学影像。人才供求不平衡意味着在美国放射科专家“物以稀为贵”。一位美国的放射科医生年薪为 40 万美元。21 世纪初美国马萨诸塞州总医院一位印度裔放射科医生桑贾伊 • 萨伊尼提出一个设想来解决人手短缺和医疗费用高昂的问题，即把医学影像通过互联网传到印度，由当地的放射科医生来分析。这样不仅减轻了美国放射科医生的工作负担，也降低了医疗成本。印度的放射科医生的工资收入仅为其美国同行的 1/10。此外，由于印度和美国处于不同时区，医学影像可由印度的专家在白天诊断，当美国的主治医师第二天白天上班时，诊断报告已准备就绪。

在手术领域，我们也看到了外包的趋势。以霍华德 • 斯泰博为例，他 53 岁，是一名来自北加利福尼亚州、没有医疗保险的木匠。斯泰博在印度新德里做了心脏搭桥手术，随后游览了泰姬陵。旅游费包括往返机票，与手术费捆绑在一起，总花费是 1 万美元。如果斯泰博在美国做手术，总费用为 6 万美元，而且不能游览泰姬陵。斯泰博并不是个例。受获得低价医疗卫生服务的愿望的驱使，每年约有 15 万名西方人到印度进行医疗旅游。印度医疗行业每年从外国病人身上赚取约 20 亿美元的收入。另一个例子是罗伯特 • 比尼，他 64 岁，来自旧金山，在忍受数年的病痛后，终于接受建议做髋关节手术。通过调研，比尼选择做置换关节手术，但这个手术不在他的医疗保险覆盖范围内。他没有去自己家附近的医院，而是飞到印度的南方城市海得拉巴，花 6 600 美元做了手术，这只是在美国做该手术需要花费的 2.5 万美元的一个零头。

有个有趣的逆向趋势。在过去 10 年间，中国的中产阶层中有很多人前往韩国做整形手术，去美国、新加坡和印度治疗非常严重的疾病。林涛（音译），于 2012 年被诊断罹患致命的脊髓肿瘤，他没有在中国杭州市接受有风险的治疗，而是飞往旧金山，在加利福尼亚大学旧金山医疗中心花费 7 万美元接受治疗。加利福尼亚大学旧金山医疗中心相关人员说，在过去几年中，来自中国的病人每年的增长率超过 25%。中国人越来越富有，越来越多的中国人愿意花更多的钱到海外接受更好的治疗。美国的顶尖医院会从这个趋势中获益。

资料来源：查尔斯 • 希尔，托马斯 • 霍特. 国际商务[M]. 11 版. 郭羽诞，等译. 北京：中国人民大学出版社，2019：3-4。

生产全球化（globalization of production）是指从全球各个地区筹供商品和服务，以利用各国在生产要素（如劳动力、能源、土地和资本）上的成本和质量差异。通过生产全球化这种做法，公司可以降低其总成本，提高质量或改善它们所提供的产品的功能，从而更为有效地竞争。

案例 1-3　波音公司生产外包

以波音公司商用喷气式客机波音 777 为例，8 个日本供应商制造机身、机舱门和机翼的零件；2 个新加坡供应商制造前起落架的舱门；3 个意大利供应商制造机翼的阻力板。就价值而言，波音 777 的总价值约 30%是由外国创造的。针对其喷气式客机 787，波音公司进一步推动这一趋势，将该机总价值的约 65%外包给外国公司，其中 35%外包给 3 家主要的日本公司。

波音公司将生产大量外包给国外的供应商，部分理由是在特定的活动上这些供应商都是世界上的佼佼者。从全球选择优秀的、合适的供应商来生产高质量的产品，使得波音公司比它的全球竞争对手空中客车有更多的机会赢得更大的飞机订单。波音公司也通过将生产外包给国外的公司以增加机会来赢得该国航空公司的更大的飞机订单。

资料来源：查尔斯·希尔，托马斯·霍特. 国际商务[M]. 11 版. 郭羽诞，等译. 北京：中国人民大学出版社，2019：7。

1.2　全球化的推动力

全球化的推动力包括两个方面的因素：一是商品、服务和资本自由流动的障碍减少了；二是技术变革，特别是微处理器与电信技术、互联网（全球经济的信息支柱）、运输技术。

（1）贸易与投资壁垒的减少，推动生产全球化

20 世纪二三十年代，世界上许多国家对国际贸易和对外直接投资构筑起强大的壁垒。当一个企业把商品和服务出口给别国的消费者时，国际贸易（international trade）就产生了。当企业把资源投到母国之外的商务活动中时，对外直接投资（foreign direct investment，FDI）就产生了。国际贸易壁垒多数是对进口的商品收取高额关税，这种关税的主要目的是保护国内工业免遭外国的竞争。然而，对他国实施这种“损人利己”的敌对贸易政策的一个后果是，贸易壁垒逐步升级。最终，它抑制了世界的需求并导致了 20 世纪 30 年代的经济大萧条。

第二次世界大战后，西方发达工业国家吸取教训，承诺将消除各国间妨碍商品、服务和资本自由流动的壁垒。“关贸总协定”［世界贸易组织（WTO）的前身］正是这一目标的体现。在“关贸总协定”的庇护下，成员之间开展了 8 轮谈判，旨在减少商品和服务自由流动的障碍。于 1993 年 12 月结束的“乌拉圭回合”进一步减少了贸易壁垒，使“关贸总协定”不仅适用于制造业商品，还扩大至服务领域，为专利、商标和版权提供强有力的保护。1995 年 1 月 1 日世界贸易组织正式开始运作，其职能主要是调解纷争，监管国际贸易。

2001 年 11 月，在卡塔尔首都多哈举行的世界贸易组织第四次部长级会议启动了新一轮多边贸易谈判。新启动的多边贸易谈判又称“多哈发展议程”，或简称“多哈回合”。这轮谈判确定了 8 个谈判领域，即农业、非农产品市场准入、服务、知识产权、规则、争端解决、贸易与环境以及贸易和发展问题。

2022 年 1 月 1 日《区域全面经济伙伴关系协定》（以下简称 RCEP）正式生效，RCEP 是亚太区域一体化的主要平台与动力源泉，也是中国构建国内国际双循环新发展格局的重要杠杆。RCEP 切实减少了亚太区域内部的经贸壁垒，也进一步刺激和扩大了中国的内外循环。第一，RCEP 有效扩大了中国与其他成员国的贸易往来。根据 RCEP 关于贸易自由化的安排，成员国之间超过 90%的货物贸易在协定生效后立刻降为零关税或在 10 年内逐步降为零关税。这极大地增强了成员国之间进出口贸易的动力。第二，RCEP 推动中国企业以更加灵活多元的方式“走出去”。RCEP 规定成员国在投资领域均采取负面清单方式，这也是中国在参与自贸协定中首次承诺以负面清单方式向外资开放。此外，RCEP 实施的是原产地累积原则，实际上减少了跨国企业在投资选址时的增加值门槛顾虑。在相关规则的推动下，中国与 RCEP 伙伴国的双向投资，尤其是中国对 RCEP 伙伴国的投资保持活力。[①]贸易和投资壁垒的减少意味着公司可以把全球而不是单一的国家当作它们的市场。

案例 1-4　贸易和投资壁垒的减少，推动经济全球化

2001 年 11 月，经过多轮艰苦谈判，中国加入了世界贸易组织。贸易和投资壁垒的减少，让人们更加直观地感觉到了经济全球化，原来卖几十万元的小轿车，加入世界贸易组织后可能只要 10 万元左右，所以汽车开始进入寻常百姓家。实际上，全球化早就在影响你我，就像鱼生存在水里，却没有感觉到水的存在。比如你用的电脑是美国牌子，但是显卡可能是在台湾生产的，硬盘可能是在浙江生产的，电脑可能是在广东组装的。生活中出现了越来越多的国外商品，如电器、手机、食物、衣服、汽车等日常生活用品供人们选择。在假期中，人们也越来越多地考虑到国外去旅游。可见，世界的联系已经越来越近了。在中国的大城市，我们很容易找到来自美国的超市沃尔玛、法国的超市家乐福、德国的超市麦德龙、泰国的超市易初莲花等，里面琳琅满目的商品给我们带来了巨大的便利。在中国大大小小的城市，我们能看到肯德基、麦当劳等快餐店，它们所提供的不仅是一种餐饮方式，还是一种文化。在欧洲、美国，你也不难找到中国菜馆，不难看到亚洲面孔，不难找到唐人街，遍布世界各地的华人用勤劳和智慧书写各种传奇。因此，全球化对公司来说意味着公司可以把它们的生产地放在最佳的地点。

资料来源：王俊棋，王昕. 全球化与中国文化[M]. 成都：西南交通大学出版社，2020：3。

案例 1-5　全球投资受到新冠疫情冲击

2020 年年初暴发的新冠疫情，对全球投资造成了剧烈冲击。《2021 世界投资报告》显示，2020 年全球外国直接投资额约 1 万亿美元，相较于 2019 年的 1.5 万亿美元下降了约 33%。

第一，生产要素流动受限，投资进程受阻。新型冠状病毒具有易传播、易扩散且防控难度大等特点，因此，为进行有效的疫情防控，大多数国家采取了局部限制措施，主要包括关

① 罗仪馥. RCEP 对“双循环”的促进作用开始显现[N]. 北京日报，2022-07-16.

闭关境、严格控制与检查出入境人员，封闭隔离、限制国内人员流动，以及停工停产、对进出口设备及原材料的检查与检疫程度趋严，限制对外商贸交易在内的一系列经济往来等。这一系列举措不可避免地使投资的前期考察、磋商谈判、生产材料供应、企业管理与生产等各环节无法正常开展与推进，对外投资受阻中断直接导致了对外投资企业的收益下降甚至造成亏损。

第二，全球经济增速放缓，投资信心下降。新冠疫情的来临，打乱了人们原有的生产生活节奏，各地人员封闭隔离，多种公共交通工具暂停营运，一系列措施限制了人们的外出活动。一方面，降低了人们对旅行、住宿、交通等方面的需求，相关行业受到较为严重的影响，而在我国对外投资中，服务业占主体地位，交通运输、住宿、旅游、餐饮等均占比较高；同时，无法外出务工和投入工作使人们的可支配收入水平有所下降，也在一定程度上抑制了大家的消费水平。因此，人们需求的下降导致了东道国的投资需求下降非常明显。另一方面，疫情期间各国采取的相关管控措施，致使主要的劳务合作国家劳动力供给能力明显下降，延误了对外投资中对劳动力需求较大项目的正常推进，筹备建设项目和在建工程的进度均受到一定影响；企业停止运行致使厂房、设备等生产工具闲置成本增加，原材料及商品流动受限导致产业链中断。疫情使经济增速整体放缓，企业收入降低、成本增加，经济形势不容乐观，降低了投资者的投资欲望，影响了企业的再投资行为，从而降低了对外投资规模与水平。

第三，政治阻碍力度加大，投资形象受损。西方发达国家的抗疫速度与中国相比存在极大差距，且对中国的物资与医疗技术等存在一定的依赖性，随着疫情形势的日益严峻，西方各国内部形成了社会焦虑氛围，国家间的矛盾也日益尖锐。因此，为转嫁国内矛盾，摆脱自身在疫情产生及扩散过程中的责任，他们不惜编造谎言、散播谣言以抹黑中国，使其演变成了政治攻击。“污名化”在一定程度上破坏了我国在国际社会上的良好形象，造成了信任危机，影响了我国对外投资的维持与拓展。同时，美国等西方国家借机在政治、经济、军事等领域对中国进行各种打压，2020年5月22日，美国商务部宣布在“实体清单”中增加33家中国企业和机构；2021年7月9日，美国将23家中国实体列入出口管制“实体清单”，给我国的对外投资不断施压，抑制我国对外投资的发展。在我国未来的经济发展及对外投资过程中，可能会受到更多的对外投资限制及不公平待遇等，甚至严重影响我国对外投资企业的正常生产经营活动。

第四，投资保护行为升级，投资风险加剧。在本次疫情影响下，外国许多企业因遭受疫情重创导致自身价值下降，欧美发达国家和地区及部分发展中国家为避免本国企业被低价并购，保护并维持国内重点行业的发展，接连进行了一系列投资审查政策的调整与转变。疫情助长了西方发达国家以“国家安全”为由的投资保护主义，从包括关键技术在内的多个特殊领域加强对外商投资的审查力度，对全球跨境投资环境造成了显著影响；审查涉及的行业范围更广、投资主体把控更严、程序更加繁杂、时间跨度更长，遏制对外投资及跨国并购的发展，增加了企业对外投资的风险和成本。

资料来源：王晓玲，王鸿屹，郑忠良. 新冠疫情背景下我国对外投资的挑战与对策[J]. 中国外资，2021（9）：100-101。

（2）技术变革，特别是微处理器与电信技术、互联网、运输技术，使全球化成为现实

第一，技术变革使交通成本降低。在漫长的人类历史上，由于我们交通技术的落后，人和人之间的交往半径经历了一个从小到大的过程。没有现代化的交通工具的情况下，人们很难和距离比较遥远的人取得直接的联系，他的交往范围往往就是一个村落、一个部落，而随着交通和通信技术的发展，特别是铁路诞生以后，这一情况就得到了显著的改观，人们的交往半径显著扩大了。1814 年英国人史蒂芬逊把瓦特的蒸汽机装在火车上，开始了陆路运输的时代，1825 年，世界上第一条铁路建成。

21 世纪我国的列车创造过 605 km/h 的极限速度，2008—2011 年，我国更是世界上唯一一个将运行速度保持在 350 km/h 高速的国家。大航海时代的帆船，虽然在速度上比早期的蒸汽火车速度快不了多少，但是因为载货量大的优势，船舶运输牢牢占据了世界航运老大的地位，直到如今最快的民用游轮不过 52 km/h，最大的核动力航母也只有 65 km/h，如果现代船舶的速度和高铁的相比，那么船舶就像拖拉机，高铁就像一级方程式赛车（F1 赛车），慢如蜗牛的海运已经越来越赶不上网络经济时代急如骤风的步伐，时间成本将颠覆运输成本，海权与陆权的天平将发生逆转，高铁对欧亚大陆的深度经济整合，将使海洋国家被边缘化，这可能是 500 年来最大的地缘变局。

随着交通成本的降低，全球市场创建，国际企业可以将生产分散到经济上和地理上相对独立的地方。现代化的交通技术，把全人类的经济文化紧密地联系在一起，每个人已无法回避全球化的到来。

第二，通信和信息处理成本降低。国际企业利用较低的通信和信息处理成本，可以创建和管理分散于全球各地的生产系统。同时，全球通信网络成本降低，更加有利于国际企业创立一个电子的全球市场、全球媒体。

案例 1-6　互联网技术的发展，成为全球化的重要推动力

在漫长的人类历史上，人们从未意识到，不同地方的人对时间的感知是不一样的，都日出而作，日落而息。但是火车第一次让人们意识到了时差的存在，美国还要区分东部时间和西部时间，飞机更让人需要倒时差才能适应。但是互联网又开始抹平时空的差距，互联网时间的概念又开始了零时差时代，一个全球统一的时间体系已经开始紧紧地联系着互联网上的人们。所谓互联网时间，就是把一天划分为 1 000 个点，每一个点相当于传统计时单位的 1 min 26.4 s，从 1998 年 10 月 23 日起互联网时间开始正式运行，英特尔的首席执行官说过这样一句话，世界现在是以互联网时间在运转，互联网时间的出现，使不同时期的互联网使用者可以共用一个时间标准，不用像过去的，首先要规定一个时区的时间，然后折算成当地的时间。另外，这一时间计量标准用的是十进位制，而不是传统计时标准的 60 进位制，同我们的数字计算规则一致，在计算时间的时候也更加方便。全球化时代，无论你是在中国西部的山区里，还是在华尔街的股市上，你和整个世界都互联在一起。

打开电脑，连上互联网，世界变得触手可及，我们可以访问国外的网站，时差仿佛消失了，互联网更是抹平了时空和地域的界限，让全球化的现象变得如此直观，地球好像真的成为一个村落，我们都是地球村的村民。

资料来源：王俊棋，王昕. 全球化与中国文化[M]. 成都：西南交通大学出版社，2020：7。

1.3　全球化的争议

21 世纪以来全球化遭遇多重挑战，“9・11”事件及美国的疯狂报复预示着全球化在文明层面出现断裂，金融危机更暴露了全球化经济体制内部已经溃烂，英国脱欧、难民危机、民粹政党坐大标志着区域一体化样板倒塌，规范全球化运行的国际机制一一陷入治理危机，去全球化背景下乱象丛生、极化撕裂的美国使全球化的政治维度触底……全球化正面临着全方位转型和多维度危机，人类再次走到了十字路口，面临着不确定的未来。以习近平同志为核心的党中央高举构建人类命运共同体旗帜，积极推进全球化进程，为动荡性和风险性越来越大的世界提供明确的解决方案，展现美好的未来前景。①

事物的矛盾法则，即对立统一的法则，是唯物辩证法最根本的法则。② 全球化趋势在不断向前发展的过程中，有时也会遭遇“反全球化”的阻力。“反全球化”既是一种反动的思潮，也是一种不正常的心态；既是一种无处不在的现象，也是一种实实在在的政策行为；既是一种政治口号，也是一种意识形态。③

第一，全球化如何影响就业与收入？

全球化的支持者相信，全球化会拉动贸易和跨国投资的增长，自由贸易的本质是收益大于成本。自由贸易促使国家针对这些商品和服务进行专业化分工，因为分工之后他们能最有效地生产某些产品，并进口他们不擅长的产品。例如，Harwood 公司的工人失去了纺织工作，戴尔公司的员工失去了呼叫中心的工作，但结果是整个经济状况的改善。根据这个观点，当洪都拉斯或中国能以较低的成本生产时，美国自己生产纺织品是没有意义的。从中国进口纺织品将使美国服装价格更低，这样美国的消费者就有更多钱购买其他物品。同时，由于纺织品出口的增加，中国的工资水平提高，这有助于中国人购买更多的美国产品，如 Amgen 的药物、波音飞机、安装英特尔芯片的电脑、微软的软件和思科的路由器。④因此，自由贸易和投资带来的全球化意味着：商品和服务的价格降低、经济的更快增长、消费者收入的增加和就业机会的增多。而一些批评家担心全球化可能会导致：对就业的冲击，认为国际贸易和投资壁垒的减少实际上破坏了发达经济体，如美国和西欧的制造业，认为降低贸易和投资壁垒促使企业把制造活动转移到海外工资较低的国家。

第二，全球化如何影响劳工政策与环境？

批评者认为，公司会将生产转到那些不强制执行劳工和环境法规的国家，欠发达国家对劳工保护和环境保护的管制较少，从而导致企业滥用权利和不讲道德。通过这种方式，避免遵守法规的成本。

支持者宣称，更为严格的环境和劳工法规是伴随着经济的发展而产生的。国家在自由贸易中变得更为富裕，就会执行更为严格的环境和劳工法规。

---

① 李丹. 构建人类命运共同体[J]. 南开学报（哲学社会科学版），2022（2）：1-11.

② 毛泽东选集（第 1 卷）[M]. 北京：人民出版社，1991：299.

③ 江时学.“逆全球化”概念辨析[J]. 国际关系研究，2021（6）：1-17.

④ 查尔斯・希尔，托马斯・霍特. 国际商务[M]. 11 版. 郭羽诞，等译. 北京：中国人民大学出版社，2019：25.

第三，全球化如何影响国家主权？

今天的全球经济是否将经济权力从各国政府转入诸如世界贸易组织、欧盟和联合国等超国家组织？

批评者认为，非选举产生的官僚能够把政策强加给经民主选举产生的国家政府，因此破坏了这些国家的主权，使这些国家对自身命运的控制能力受到限制。因为全球化促进了人员和商品在全球范围内的流动，所以在一定程度上淡化了主权。①

支持者认为那些超国家组织的权力根据各国家政府所同意授予的程度而受到限制。如世界贸易组织的权力就是由各个国家集体同意授予的。一些超国家组织的支持者指出，这些组织的权力多数靠劝说其成员遵循某项行动规范来体现。如果这些组织违背了成员的集体利益，成员就不会再支持它们，这样，这些超国家组织就会迅速瓦解。因此真正的权力仍将属于单个国家，而不属于超国家组织。

第四，全球化如何影响世界上的穷国？穷国和富国之间的差距是否被扩大了？

全球化导致富国与穷国的差距进一步扩大。处于不同发展阶段的国家从全球化中获取的收益是不可相提并论的。发达国家利用其在资金、技术、国际规则以及综合国力等方面的优势，从全球化中获取的利益明显大于发展中国家。例如，世界银行在 2018 年发表的题为《变化中的国家财富》的报告中指出，1995—2014 年，世界上大多数国家的人均财富在增长，但有 25 个国家的人均财富却在减少。又如，富国在科技研发领域不断取得进步，享受到的科技进步好处越来越多，而穷国既无法开展真正意义上的研发，也无法享受到科技进步的所有好处。再如，富国在世界经济领域（尤其是国际经济规则领域）拥有很大的发言权，而穷国的发言权则微乎其微。

支持者认为，穷国最好通过以下方式改善它们的境地：减少贸易和投资壁垒。执行基于市场经济的经济政策。接受债务免除，不应为其独裁的前任偿还债务。

经济全球化是人类发展和世界经济发展的必然结果。它有利于资本和产品的全球性流动，促进不发达地区的经济发展，有利于先进科技在全球中的应用，与此同时，经济全球化也是一把“双刃剑”，既是机遇也是挑战。马克思曾指出：“通过殖民统治而建立起来的资本主义世界体系必然是不平等，正像它使农民的民族从属于资产阶级民族，使东方从属于西方。”②虽然经济已经发展到全球化的阶段，但部分国家还将自身的利益高于一切。当前全球生态危机正处于不平衡的发展过程中：发达国家通过先进的科学技术和雄厚的经济实力制定不合理的秩序保护着本国的生态效益，也直接威胁了发展中国家的生态安全；此外发展中国家多年来一直遭受着资本主义国家的生态掠夺及危机转嫁；发展中国家因急于发展，让发达国家购入大量廉价的自然资源，发达国家则以消耗型的生产模式，在使用大量的生态资源后，生产出数亿吨的垃圾通过跨国公司渠道、全球投资等方式制造“洋垃圾转嫁”。因此绿色可持续发展，是全球化的必要途径。

---

① Kuttner R. Managed trade and economic sovereignty in U.S. trade policy and global growth[R]. New York：Economic Policy Institute，1996.

② 马克思，恩格斯. 马克思恩格斯选集（第一卷）[M]. 北京：人民出版社，1995：277.

1.4　绿色全球化

1.4.1　新的全球化模式的开端

2007年8月，中国国家林业局和商务部联合编制的《中国企业境外可持续森林培育指南》正式发布，可以说这是世界上第一份旨在从可持续发展的角度出发规范本国企业在海外行为的文件。该指南促使中国企业不能仅满足于遵守其东道国的法律，还应当为当地管理和保护环境以及社区发展做出贡献，即使当地法律没有这样的规定。指南提出，在海外经营林业的中国企业需要在进入东道国之前，对其项目做环境影响评价，必须确保其经济活动不会造成严重的环境问题。为减轻对当地群众可能造成的有害影响，企业应当设立补救资金或生态补偿资金，帮助当地居民增加收入，从事新的环境友好型经营活动。

这对于有关各方（中国企业、东道国和当地社区）来说都将是“双赢”模式。它要求经营者不要只看到短期利润。生态文明和科学发展观的理念无疑将增强这种意识。所有这些都意味着，走向海外寻求新的投资机会的中国企业，必须提高社会责任感和环境意识。更重要的是，这些新的动向标志着与传统的全球化观念分道扬镳：在过去的全球化中，先发展的工业国往往以他国环境为代价使自己致富。

推动中国企业带着中国的绿色政策和它们一起走向海外的努力，代表了一种全球化的新观念。这可以成为一种新的全球化模式的开端——绿色全球化。

由全球资本发动的全球化模式已经过于“棕色”了，而且享受到其利益的人实在太少。它使很多发展中国家的空气、水和土地变色、变质，剥夺了很多人的健康。基于生态文明和科学发展观理念的绿色全球化，肯定会成为使这个星球更适宜每个人生活的大众的全球化。

1.4.2　绿色全球化是大势所趋

工业文明强调总生产和总消费模式，在与自然的关系方面强调以征服自然代替尊重自然。工业文明带来了社会分配不均、反复出现经济金融危机、环境污染、气候变化等诸多问题。更为严重的是，全球化使发达国家可以把低附加值、高能耗、高污染的产业和服务转移到发展中国家。2012年，“里约+20”峰会召开，各国都根据“里约+20”峰会所提倡的理念调整国内发展方向，绿色经济和生态文明成为绝大多数参会者的发展愿景。

“里约+20”为推动工业文明向生态文明转变并实现绿色经济全球化提供了重要历史契机。第一次工业革命将全球1/10的人口带入了现代文明，同时也使能源、污染转移、资源匮乏等成为全球难题。随着全球化和新兴发展中国家的崛起，全球1/2甚至更多的人口将进入经济高速发展和资源环境破坏并发的时期，因此推动生态文明替代工业文明，推动绿色经济全球化替代全球化，将是“里约+20”峰会留下的最大遗产。

1.4.3　绿色全球化是新全球化的必然之路

Boyce 认为，全球化——被视为一个包含治理和市场化的经济一体化过程——可能导致全球向更高或更低的环境质量趋同，或导致环境两极分化，其中全球北方的“绿化”伴随着“全球南方的褐变”①。

我国经济学家胡鞍钢认为，“新全球化”要走一条绿色低碳发展的道路，要以保护地球生态安全和人类社会的可持续发展为目标，促进经济增长和环境保护的协调统一，这正是我国所提出的人与自然和谐共生的生态文明理念。

在全球化经济时代，各国单纯地把经济发展放在第一位，忽略了对环境的保护。而新全球化是把绿色可持续发展、环境保护放在重要的位置。要求每个国家在经济发展中要从不平衡到平衡，从不包容到包容，从不可持续到可持续；倡导新能源产业的发展，逐渐减少对化石能源的依赖，或者以更加高效的科技手段来提高化石能源的能效并减少污染物排放；大力发展绿色环保产业，倡导绿色出行；在全球贸易方面倡导绿色贸易、绿色金融。届时，生态足迹的扩大只是绿色生态足迹的扩大，不会是污染足迹的扩大。

世界银行中国区首席经济学家 John Litwack 认为：“现在美国针对环保方面的政策还在进行一些政治运动。这种做法能坚持多久，还是一个未知数。在刺激传统经济的措施下，美国可能会迎来更加高速的经济增长和更多的资本流入，但是中长期而言会降低在该领域的竞争力，从而导致资本和技术流向像中国这样重视环保产业的国家。”

生态环境部环境规划院环境战略部秦昌波认为：“新全球化”要让全球大多数国家分享到发展的成果，还要分享到环境治理的成果。在过去几年中，发展中国家特别是贫穷国家与发达国家在发展方面的分化在加大。一些发展中国家和贫穷国家受制于资金和技术，无法向高新技术和绿色经济方面转型，往往只能以降低环保标准来吸引投资从而获取经济增长。而企业为了降低经营成本、增加收入，在投资中往往会选择环境标准较低的区域去投资建设。由此一来，产业的转移就会带来污染方面的转移。所以，在新全球化发展过程中，我们倡导汇集全球的大多数国家在环保领域的合作，统一环保标准。让低环保、高污染的产业无法落地。

绿色全球化，暗含的意思是在全球性环保体系的构建中，每个国家、每个地区都要努力去尽到自己的责任②。

就像习近平总书记所提出的，应对气候变化是人类共同的事业，让我们携手努力，为推动建立公平有效的全球应对气候变化机制、实现更高水平全球可持续发展、构建合作共赢的国际关系做出贡献！③

1.5 全球化中的绿色国际商务案例

绿色发展是实现世界经济可持续发展的长远之策。中国提出要坚持人与自然和谐共生，积极应对气候变化，促进绿色低碳转型，努力构建地球生命共同体，赢得国际社会广泛认同。

世界各国在参与国际合作的同时，越来越重视气候变化和绿色能源的开发利用。

东南亚各国减缓气候变化的目标以及主要的能源政策和措施如下：新加坡和马来西亚

① Boyce J K. Green and brown? Globalization and the environment[J]. Oxford Review of Economic Policy，2004，20（1）：105-128.

② CBN 圆桌讨论：绿色全球化——如何共建全球化的环保体系[N]. 第一财经日报，2009-09-01.

③“绿色”将成为“新全球化”的主题——中外专家学热议“新全球化”下的中国作用[N]. 中国矿业报，2017-04-09.

使用排放强度减排指标；文莱、菲律宾因极易受气候变化影响，减排积极性较高，相对基准情景的绝对量减排达 60%～70%。具体见表 1-1。

表 1-1　东南亚各国国家自主贡献承诺的气候目标

国家	减缓气候变化的目标	主要的能源政策与措施
文莱	与 2015 年基准情景相比，到 2035 年，能源消耗减少 63%，可再生能源发电量占总发电量的 10%，早高峰车辆产生的 CO_2 排放量减少 40%，森林覆盖率达到 55%	推动太阳能发电技术发展；利用 10～15 MW 废能资源的潜力；能源强度目标：以 2005 年为基准年，减少 45%的单位国内生产总值的石油当量/吨；制定能效和节能政策、法律；陆地运输白皮书
菲律宾	到 2030 年，温室气体排放量相对于基准情景（BAU）降低 70%	2011 年国家气候变化行动计划、2000 年生态固体废物管理法、2006 年生物石油法、2008 年可再生能源法
马来西亚	碳排放强度到 2030 年在无条件情景下降低 35%，在有条件情景下降低 45%（基准年为 2005 年）	国家石油政策（1975 年），国家能源政策（1979 年），国家资源枯竭政策（1980 年），四种燃料多样化政策（1981 年），国家森林政策（1992 年修订），国家生物多样性政策（1998 年），物种燃料政策（2001 年），国家环境政策（2002 年），国家固体废物管理战略计划（2005 年），国家生物燃料政策（2006 年），国家能源政策（2008 年），国家绿色技术政策（2009 年），国家气候变化政策（2009 年），新经济模型、政府转型计划和经济转型计划（2010 年），可再生能源政策和行动计划（2010 年），低碳城市框架（2011 年），国家汽车计划（2014 年）
柬埔寨	2020—2030 年，与基准年排放相比，在无条件情景下最多减排 27%，其中能源工业 16%、制造业 7%、交通 3%、其他部门为 1%；有条件情景下：森林覆盖率达到 60%，土地利用、土地利用变化和林业减排 57%	制造业、能源和交通部门气候变化行动计划（2014—2018 年），在网和离网可再生能源发电，推动终端能效，制造业可再生能源利用，通过环保驾驶、混合电力车、电动车和自行车的使用，改善交通能效，提升建筑和炉灶能效，利用生物发酵和滤水器降低废物排放，太阳能灌溉
新加坡	2030 年碳排放强度与 2005 年相比降低 36%，并在 2030 年前后实现碳排放达峰	国家气候变化战略（2012 年）、可持续新加坡蓝图（2015 年）、提升太阳能光伏部署计划（2030 年可再生能源发电量将达到新加坡电力需求峰值的 8%）
泰国	在无条件情景下：截至 2030 年，温室气体减排 20%；在有条件情景下：温室气体减排 25%。 国家能源目标：到 2036 年可再生能源发电份额占 20%；可再生能源在最终能源消费中占比达 30%；在 2010 年水平上，能源强度降低 30%	电力发展计划 B.E. 2558-2579（2015—2036 年），泰国智慧电网发展总体规划 B.E. 2558-2579，替代能源发展规划，能效规划，环境可持续交通系统规划 B.E. 2556-2573（2013—2030 年），气候变化总体规划 B.E. 2558-2593（2015—2050 年），国家工业发展总体规划 B.E. 2555-2574（2012—2031 年），废物管理路线图

国家	减缓气候变化的目标	主要的能源政策与措施
越南	到 2030 年，在无条件情景下，温室气体排放与基准情景水平相比减少 8%，能源部门能源强度降低 20%；在有条件情景下，温室气体排放减少 25%，排放强度降低 30%	能源经济和有效利用法（6/2010）；国家气候变化战略（12/2011）；国家绿色增长战略（9/2012）；温室气体排放管理；碳信用世界市场交易活动（11/2012）；推动能源生产和消费中新能源和可再生能源的有效开采，并提高其份额；提高能源使用效率和有效性，减少能源消耗；调整工业和交通部门的燃料结构
印度尼西亚	到 2030 年，在无条件情景下，温室气体排放减少 29%；在有条件情景下，温室气体排放减少 41%	新能源和可再生能源在一次能源供给中所占份额：2025 年至少为 23%，2030 年至少为 31%；与基准情景相比较的气候减缓行动；清洁煤电技术利用；可再生能源发电（7.4 GW，132 TW·h）；交通领域中生物燃料的使用（90%）；额外的天然气配气线路；额外的压缩天然气燃料站
缅甸	截至 2030 年：水电发电量为 9.4 GW，农村电气化能源至少 30%来自可再生能源，工业过程中电力消耗节能潜力达 20%，2016—2031 年分发约 260 000 个炉灶	国家能源政策；长期能源总体规划草案；国家电气化总体规划草案；农村电气化规划草案；国家能效和节能政策、战略和路线图
老挝	到 2025 年，可再生能源（<15 MW）在能源消费总量中占比提高到 30%，生物燃料在交通燃料需求中所占份额增加到 10%	农村用户可使用电网电力，减少离网燃料消费；建设大装机水电厂（>15 MW），为邻国提供清洁电力

资料来源：东南亚各国国家自主贡献报告、东盟能源合作行动计划（2016—2025 年）。

再来看英国应对气候变化目标以及应对措施和政策。英国政府 2020 年 11 月发布《绿色工业革命十点计划》，提出了包括发展海上风电、推动低碳氢发展、提供先进核能、加速向零排放汽车过渡等在内的 10 个计划要点，为未来 10 年内英国在工业、运输和建筑行业减少 2.3 亿 t 碳排放的目标制定行动规划，并计划在绿色行业创造数以万计个就业岗位。

2020 年 12 月，英国政府发布《能源白皮书：为零碳未来提供动力》，对能源系统转型路径作出规划，明确了力争 2050 年能源系统实现碳净零排放目标。为此，英国积极推动清洁能源技术的开发和应用。2021 年，英国商业、能源和工业政策部成立了一项 1 750 万英镑的市场竞争基金，以支持海上风力发电。在核能方面，继续推动大型核电项目，与西泽韦尔 C 核电项目投资商进行对接，以达成最终投资决定。在传统能源方面，英国宣布到 2024 年 10 月逐步淘汰现有的煤炭发电厂。

2021 年 1 月 1 日，英国启动了《碳排放交易计划》，为工业制造业企业规定温室气体排放总量上限。英国的排放交易计划遵循“上限和交易”原则，对可以排放的某些温室气体总量设定上限，企业还可以通过二级市场交易碳排放配额。

2021 年 3 月，英国在七国集团国家中率先推出《工业脱碳战略》，支持低碳技术的发展，提高工业竞争力，减少英国重工业和能源密集型行业的碳足迹，并大力开发碳捕获利用和储存、氢燃料转换技术。英国计划到 2030 年大幅减少制造业企业二氧化碳排放，到 2040 年打造全球首个净零排放工业区。

交通运输业碳排放是英国最大的温室气体排放来源，英国推出多项促进步行和自行车出行的公共服务支持计划，鼓励公众绿色低碳出行。在公共交通方面，2021 年 3 月，英国发布《国家公共汽车战略》，提出了公共汽车行业绿色转型的计划，同时有近 38%的全国铁路网完成电气化。2021 年 7 月，英国发布《交通脱碳计划》，进一步整合铁路、公共汽车、航空等交通运输低碳转型规划，推动公共交通和私人交通电气化转型。目前，英国已有超过 60 万辆插电式电动汽车，新能源汽车的产量超过汽车总产量的 1/5。

各国对气候变化和绿色能源的关注和重视，为企业进行国际投资、国际项目合作提供了更多的机会和更广阔的市场前景。下面几个绿色全球化案例，可为国际企业拓展市场提供借鉴。

案例 1-7　绿色“一带一路”

面对气候变化等给人类生存和发展带来的严峻挑战，中国与合作伙伴们一道推动高质量共建“一带一路”，一个又一个绿色项目助力当地发展，为推进全球环境治理做出实实在在的贡献，为美丽地球家园系上展现人与自然和谐共生理念的“绿”丝带。

安哥拉卡宾达供水项目，覆盖卡宾达省 95%的人口居住区域，直接受益人口超过 60 万，对卡宾达省的一些村庄而言，这是所有人一生中第一次用到自来水，中国倡导的绿色“一带一路”，帮助他们实现了盼望多年的愿望。克罗地亚佩列沙茨跨海大桥，是克罗地亚人民盼望多年的项目，大桥建成后，克罗地亚的南北土地将实现连接，往返于南北的居民们开车几分钟即可走完原来两三个小时的路程。越南芹苴垃圾焚烧发电厂，不仅解决了当地生活垃圾露天堆放造成的诸多问题，还将中国最先进的垃圾焚烧发电技术带到了越南，推动了环境技术交流和转移。

从绿色发展的角度出发，这些项目在实施过程中，践行生态文明理念，将中国严格的生态环境保护制度与国际规则相结合，根据所在地的实际情况采取了多种多样的环境保护措施。通过优化设计方案和施工方案，通过与当地政府、企业、社区的合作，通过严格控制各类污染物，通过对物种和生态系统的就地保护，取得了良好效果。

巴基斯坦卡洛特水电站在建设之前就制定了《生物多样性管理计划》，聘请鱼类专家进行了项目相关区域河段的鱼类调查，并严格制定了鱼类保护措施。加纳特码新集装箱码头项目建立了一座“海龟孕育中心”，通过与加纳野生动物保护协会合作，聘请海龟孵化专家进行指导，并组建了专业海龟保护巡逻队，截至 2019 年，累计孵化并放生小海龟 11 114 只。

中国企业用“一带一路”建设中的实际行动，诠释了生态文明和绿色发展理念，积极同各国一道打造绿色“一带一路”，为构建人类命运共同体做出贡献。

资料来源：“一带一路”绿色发展国际联盟. “一带一路”绿色发展案例报告（2020）[R]. 2020。

案例 1-8 给地球系上“绿”丝带——绿色投资合作

一颗“星”，在“咖啡故乡”预警气候灾变。

一座“岛”，在沙漠地带蓄积惠民的能量。

一条“路”，在热带雨林传输清洁电力。

2019 年 12 月 20 日 11 时 22 分，中国在太原卫星发射中心用长征四号乙运载火箭成功发射中巴地球资源卫星 04A 星，此次任务同时搭载了中国应对气候变化“南南合作”项目——赠埃塞俄比亚微小卫星以及“天琴一号”技术试验卫星等 8 颗卫星。

位于南北回归线之间的热带，阳光强烈，气候炎热。在距地面 600 多 km 的太空轨道，中国援助的气候遥感卫星，默默守护着“咖啡故乡”埃塞俄比亚。

咖啡种植是埃塞俄比亚许多家庭的经济支柱。科学家在英国《自然·植物》杂志发表论文警示说，在全球气候变化背景下，埃塞俄比亚现有种植区的 39%～59%将不再适合种植咖啡。不过，如能及早采取相应措施来适应、缓解气候变化，当地适宜种植咖啡的区域面积则能提高至少 4 倍。

对于埃塞俄比亚而言，应对气候变化关乎民生福祉。作为中国应对气候变化南南合作项目，2019 年 12 月，中国无偿援助的微小卫星成功发射，获取农林水利、防灾减灾等领域多光谱遥感数据，预警气候灾变。

这颗“星”，帮助埃塞俄比亚在应对气候变化时趋利避害，下好“先手棋”，也为埃塞俄比亚咖啡种植“未雨绸缪”。

天上有“星”，地上有“岛”。

肯尼亚东北部，位于沙漠地带的加里萨郡，整齐密集的太阳能板如同一座座深蓝色的“能量之岛”，蓄积这里的太阳能惠及千家万户。这是东非最大光伏电站——肯尼亚加里萨 50 MW 光伏发电站，由中企承建，有效缓解了肯尼亚“电荒”。

泰国，乌汶府诗琳通水库，也漂浮着这样的深蓝“岛屿”。那是中泰两国联合承建的诗琳通大坝综合浮体光伏项目，实现了浮体光伏与水电设备交替或同时发电，使得可再生能源成功避开天气的不确定性从而长时间连续发电，每年减少约 4.7 万 t 温室气体排放。

能源高速路，在热带雨林传输清洁电力。

亚马孙河为巴西提供了巨大的能源资源，但这一世界上流域面积最大的河流孕育的热带雨林却给电力传输竖起了天然屏障：水电资源集中于巴西西北部的亚马孙河流域，用电负荷却跨过亚马孙雨林，集中在人口稠密的东南部和南部。

作为掌握全套特高压输电技术和装备制造的国家，中国和巴西合作建设了一条贯穿南北的“能源高速路”：巴西美丽山水电特高压直流送出一期和二期工程先后建成投运，里程数达到 4 500 km 以上且沿途损耗极低，解决了巴西能源资源与需求的逆向分布困局。

它们是“一带一路”合作中低碳能源项目的缩影。

资料来源：葛晨，张忠霞，罗国芳，等. 给地球系上“绿”丝带——推进全球环境治理的绿色“一带一路”[N]. 新华社，2021-11-22。

案例 1-9 圣地亚哥街头的比亚迪和宇通生产的电动公交车

坐落在“南美洲脊梁”安第斯山脉与太平洋之间的智利，拥有全球生物多样性最丰富的生态系统之一。然而，因为地形、气候和能源结构等多种因素，这个国家时常遭受雾霾困扰。

2018 年年底，一抹“中国红”成为智利首都圣地亚哥街头的独特风景，那是中国企业比亚迪和宇通生产的电动公交车，如今已在当地投放数百辆。时任智利总统皮涅拉亲自为它代言：“座椅非常舒适，(行驶)非常安静……最重要的是，它不污染环境。”

改善智利空气质量、缓解巴西环境污染、助力西班牙可持续发展、让芬兰居民更好享受绿色出行……从拉美到欧洲，越来越多的城市路面上出现了中国新能源汽车。

在经济全球化中，绿色低碳能源领域的合作将会越来越多，为从事国际经营的企业提供更多机遇。

资料来源：葛晨，张忠霞，罗国芳，等. 给地球系上“绿”丝带——推进全球环境治理的绿色“一带一路”[N]. 新华社，2021-11-22。

案例 1-10 卡塔尔卢赛尔体育场——绿色建筑合作

从卡塔尔首都多哈往北约 15 km，一座以椰枣碗和珐琅灯笼为设计灵感的建筑格外引人注目，这就是作为 2022 年卡塔尔世界杯主场馆的卢塞尔体育场。该体育场是卡塔尔人引以为傲的地标性建筑，2020 年就被印在卡塔尔中央银行发行的纸币上。

中国铁建国际集团有限公司(以下简称铁建国际)的工程师正在体育场内进行空气监测，脚下球场绿草茵茵。卢塞尔体育场将承担卡塔尔世界杯半决赛、决赛和闭幕式等重大赛事活动。为了确保场馆内空气质量达到低碳、绿色环保要求，项目工程师每周都会仔细核对并记录空气质量监测仪显示的数据。

体育场总建筑面积 19 万 km^2，可容纳 8 万名观众。这是中企在海外建造的规模最大、容纳人数最多的专业场馆，也是中企首次以设计施工总承包身份参与世界杯主场馆建设。在中企统筹下，来自 15 个国家的 110 家大型分包企业、4 600 多名建设者共同参与了项目建设。

卢塞尔体育场的设计和施工符合可持续发展和绿色发展理念。体育场达到全球可持续发展评价体系（GSAS）五星级认证标准，“树立了绿色建筑的典范”。

资料来源：沈小晓. “树立了绿色建筑的典范”(共建“一带一路”)[N/OL]. 国务院新闻办公室网，2022-06-20. http://www.scio.gov.cn/31773/35507/35515/35523/Document/1725784/1725784.htm。

案例 1-11　肯尼亚内马铁路建设项目

内马铁路是肯尼亚 2030 年远景规划 1 的旗舰项目，起点位于内罗毕，终点位于肯尼亚与乌干达边境城市马拉巴，全长约 489.57 km。项目建成后，将与蒙内铁路和乌干达境内铁路接轨，并逐步与坦桑尼亚、卢旺达、布隆迪、南苏丹等国家的铁路实现联网，构成东非公共交通的“大动脉”，进一步推动东非次区域互联互通和一体化进程。由中国交通建设集团有限公司（以下简称中交集团）采用集设计、施工、采购于一体的 EPC[①]总承包方式实施，采用中国铁路一级标准设计。

肯尼亚大部分地区常年干旱，河砂匮乏，且肯尼亚非常注重环境保护，河砂开采受到限制。为了保护生态环境，项目全部采用了机制砂，这又带来了另一个难题。中国国内生产机制砂大多数采用石灰岩，内马铁路沿线没有石灰岩，均为火成岩[②]。面对这种情况，中交集团组织国内专家开展技术攻关，使得火成岩机制砂成功应用于铁路混凝土施工。火成岩机制砂在内马铁路的成功应用，大幅降低了运输成本和能源消耗，节约了施工工期，保护了环境，降低了碳排放，经济、环境和社会效益巨大。

肯尼亚影响力最大的媒体之一《旗帜报》报道称，内马铁路一期项目施工就地利用当地火成岩生产机制砂来代替传统河砂，既符合肯尼亚当地实际，又节能环保，值得在肯尼亚基础设施项目中推广。报道指出，肯尼亚裂谷地区火成岩资源丰富，但未得到有效开发利用。因内马铁路而研发的该工艺为当地开发利用原本闲置的火成岩资源提供了路径。而就地取材火成岩也为裂谷地区铁路、公路、建筑等项目施工提供了环保、高效、节能的用砂解决方案，有利于推动大批项目成本的降低和施工效率的提高。

资料来源：肯尼亚内马铁路一期[R/OL].（2021-02-20）. https://www.greenbr.org.cn/sjal/xmal/8a7beee876711d8b0177bd66c2b903b6.html。

案例 1-12　巴基斯坦卡洛特水电站——清洁能源合作

巴基斯坦清洁能源资源丰富，开发潜力巨大，但开发率较低，电力市场供需矛盾也较为突出。卡洛特水电站的建成将有助于缓解巴基斯坦电力供需矛盾，促进巴基斯坦的经济社会可持续发展，推动巴基斯坦落实《2030 年可持续发展议程》目标 7（SDG7）“确保人人获得负担得起的、可靠和可持续的现代能源”的进程。随着中巴经济走廊的建设，清洁能源有望成为巴基斯坦国家能源结构中的突出亮点，在为巴基斯坦工业化进程持续供能的同时，带来丰厚的社会、环境效益。

2015 年 4 月，丝路基金、三峡集团与巴基斯坦私营电力和基础设施委员会在伊斯兰堡共同签署了《关于联合开发巴基斯坦水电项目的谅解合作备忘录》。项目采用 BOOT（建设—拥有—经营—转让）模式，2016 年 2 月开工建设，计划 2021 年投入运营，运营期 30 年，到

① EPC 是 Engineering Procurement Construction 的缩写，是指公司受业主委托，按照合同约定对工程建设项目的设计、采购、施工、试运行等实行全过程或若干阶段的承包。通常公司在总价合同条件下，对其所承包工程的质量、安全、费用和进度进行负责。

② 火成岩（igneous rock）也称“岩浆岩”，是岩浆侵入地壳或喷出地表后冷凝而成的岩石。

期后无偿转让给巴基斯坦政府。卡洛特水电站规划装机容量 720 MW，电站建成后，每年可提供约 32 亿 kW·h 的清洁电能，相当于巴基斯坦全国水电 2017 年发电量的 10%，能够满足 200 多万户巴基斯坦普通家庭一年的用电需求。根据中国电力企业联合会发布的数据，按照火电发电量二氧化碳排放约 844 g/（kW·h）[①]计算，卡洛特水电站每年至少可减少二氧化碳排放量 270 万 t。

严格的环境和生物多样性管理措施。卡洛特项目的环境影响评价不仅要满足巴基斯坦当地环境管理法律法规的要求，还要参照国际金融公司（IFC）的环境和社会责任框架，环评报告也要同时得到巴基斯坦政府和 IFC 的批准。环评报告批准后，地方环保部门向卡洛特项目下发了环境许可证。

绿色施工措施。项目建设过程中，建筑材料尽可能就近取材，促进项目资源合理有效利用。如大坝填筑，通过技术研究与比选，选用了附近河流天然砂砾石为主要原料，开采过程中严格遵守环境和生物多样性保护要求。

配套基础设施建设。在卡洛特水电站的建设期内，三峡公司计划在受工程影响的地区实施总投资超过 640 万美元的社会责任项目，包括改善当地的教育和医疗设施条件、维修公共供水系统和道路、修建公共图书馆等，通过切实改善基础设施条件，提升当地居民生活水平。截至 2020 年 9 月，已向当地政府移交 2 所医院、4 所学校、1 栋职工宿舍。目前仍在规划建设 1 条公共道路、1 所学校、1 所医院，正在对周边村庄的道路、医疗以及供水条件进行前期调研，具备条件后立即启动实施。

带动当地就业和劳动技能培训。截至 2020 年 9 月，项目雇用的中方工人 1 253 人，巴方工人 3 374 人，中巴比例为 1∶2.7，极大地带动了当地的就业。

资料来源：“一带一路”绿色发展国际联盟.“一带一路”绿色发展案例报告（2020）[R]. 2020。

思考题

1. 技术革命如何影响市场全球化和生产全球化？
2. 互联网如何影响国际商务活动和世界经济全球化？
3. 经济全球化带来的影响有哪些？
4. 在绿色全球化中，我们能做些什么？

① 中电联理事会办公厅. 发电行业碳排放权交易启动情况调研报告[R]. 2018-12-31.

第 2 章　国际商务环境

近年来，全球经济结构不断调整升级，各国经济交往日益频繁。经济全球化的同时，国际商务环境日益复杂，直接影响到企业在国际商务活动中的成果。自改革开放以来，中国广泛参与全球分工，国际贸易生态体系良好。近年来由于政治、经济的不稳定性，国际商务环境多变。在贸易保护主义、霸权主义、单边主义的基础上，贸易摩擦愈演愈烈，掀起一股“逆全球化”潮流。企业的发展离不开国际商务环境，要塑造并维持适当的营商环境，需要企业顺势而行，积极作为。在当今全球化进程中，国际商务环境不确定因素陡增，企业面临世纪罕见的两大挑战。一是某些国家的遏制和打压加剧，国际贸易规则的区域性、排他性明显；二是新冠疫情暴发，对国际秩序产生较大冲击，成为“逆全球化”的重要推手。

案例 2-1　俄乌冲突下在俄中企经营严重受损

2022 年年初，俄乌局势紧张，国际金融形势也发生了巨大变化，卢布汇率快速贬值，半个月贬值幅度超过 30%。穆迪将俄罗斯主权信用评级由 BAA3 下调至 B3 级，并指出俄罗斯“主权债务偿还受到干扰的风险加剧”。惠誉将俄罗斯的评级从“BBB”下调 6 个等级至“B”，并将该国列入“负面评级观察名单”。惠誉表示，俄罗斯外部和公共财政状况恶化、经济增长放缓、地缘政治风险上升以及可能受到进一步制裁；制裁措施“加剧了俄罗斯宏观金融稳定风险”，对俄罗斯的信用基本面构成了巨大冲击。在俄中国企业和商人的经营活动受到影响。

国内一家钢铁企业在俄罗斯分公司的负责人表示，俄乌局势升级以来，他们公司的钢材销售面临前所未有的压力，库房积压了很多钢材，所以库房也是他最近去得最多的地方。而最让他痛心的是，卢布贬值给企业带来的收入损失。前些天，同样的卢布能换 100 万美元，现在就只能换 70 万美元，损失了 30 万美元。想要避免损失，就只能被迫大幅涨价，这就给销售造成了极大的负担。

许多在俄中资企业表示，部分俄罗斯银行已经无法正常购汇，即使中资企业购买了外汇，也无法正常汇出。在俄相关企业组织已经向中国在莫斯科的工商银行寻求帮助，希望能够通过人民币方式向国内汇款。

资料来源：孙永慧.卢布半月贬值超 20%，部分俄银行无法购汇，在俄中企经营受损[EB/OL].央视财经.（2022-02-27）[2022-04-20]. https://baijiahao.baidu.com/s?id= 1725906387080629112&wfr=spider&for=pc。

2.1 国际商务环境中的政治因素

2.1.1 政府与政权

政府是国家权威的表现形式，是一种秩序化的国家管理与控制形式，是指国家行政机构中的中央与地方的行政机关，与立法与司法相并列。

政权是掌握国家主权的政治组织及其掌握的政治权力，以维护对社会的统治与管理。

无论政府还是政权，其存在都必须有其合法性，而合法性是指占人口绝大多数的民众对统治权力的同意与承认。

2.1.2 政治体制

政治体制是指一个国家的政府体制。政治体制可以从两个相关指标进行考察：一是对集体主义和个体主义的重视程度；二是民主或极权的程度。两指标是相互关联的，偏集体主义的政治体制一般倾向于集权，个人主义的政治体制则倾向于民主。

2.1.3 国际商务的政治风险

（1）政治风险

通常一国政治政策、政治事件或政治环境可能影响商务环境，从而导致企业失去部分或全部投资价值，或者迫使企业接受低于预期的收益率，这种由于国家政治的突然变动给外国投资企业带来的风险称为政治风险。其主要来源于战争、革命、民主变革以及政治动乱等。

（2）政策风险

政策风险是指政府在商业领域中推行的相关经济政策可能对企业造成的负面影响。其主要形式有：财政及货币政策变动、价格控制、贸易限制、民族主义威胁、政府相关规定改变、东道国对企业利润汇回母国的限制以及公共服务水平滞后等。

政策风险和政治风险是有差别的，政府的变更并不必然导致政策变更进而影响企业的投资与经营。

（3）社会风险

社会风险来源于人们的信念、价值观、态度等，而这些方面，政府政策与商务惯例往往是无法反映的。当人们的价值观与他们生活密切相关的各种制度所蕴含的价值观产生冲突时，他们会采取行动。我们将这种集体行动发生的可能性以及发展趋向方面的难以预知称为社会风险，表现为：社会骚动、群众暴乱、示威游行以及小规模恐怖主义等。

案例 2-2 乌克兰危机带来的政治风险

乌克兰东部的纷争始于 2014 年，以乌克兰亲欧美派推翻亲俄派政府为开端。俄罗斯支持的亲俄派武装势力占领了俄罗斯族占多数的卢甘斯克和顿涅茨克两州约 30%的土地，宣布成立独立国家。其后，亲俄武装力量一直在与乌克兰军队作战。

乌克兰危机自 2021 年以来两度升温。首先是 2021 年 3 月，因乌克兰当局炒作乌东冲突，作势进军顿涅茨克、卢甘斯克，引发俄方增加军力部署，但硝烟在几个月后迅速散去。2021 年 11 月以来，乌俄关系加速恶化，双方在两国边境地区部署了大量军事人员和武器装备。2022 年年初，俄罗斯和白俄罗斯展开军事演习。乌克兰在东部也举行军事演习，全球金融市场由此震荡。

俄乌边境危机是当前全球地缘政治风险不断升级的突出案例。新冠疫情的长期化导致一些国家内部矛盾激化，全球范围内各种冲突、博弈仍在加剧，全球地缘政治风险不断上升。

资料来源：马鑫. 乌克兰局势生变，全球地缘政治风险上升[EB/OL]. 第一财经.（2022-02-24）[2022-04-28]. https://baijiahao.baidu.com/s?id=1725632182791332305&wfr= spider & for=pc。

2.2 国际商务环境中的经济因素

2.2.1 经济体制

经济体制指经济结构与经济进程的制度安排，它引导资源配置并决定商业活动行为。基本类型：市场经济体制、计划经济体制、混合经济体制。

（1）市场经济体制

在市场经济里，所有生产性活动都是私人拥有的，而不是为国家所拥有。一个国家生产的商品和服务，以及生产的数量不是由任何人计划的；生产是由供求关系决定的，通过价格体系来传递信息。在这个体制里，消费者是上帝，消费者的购买模式通过价格机制传递给生产者，从而决定生产多少和生产什么。

（2）计划经济体制

在计划经济（指令经济）中，一国生产的商品和服务的数量及销售价格都是由政府计划指定的。指令经济的目标是由政府分配资源以求“社会利益”。另外，在指令经济中，一切工商企业均归国家所有，其基本原理是，政府能够直接按国家整体的最大利益进行投资，而不是按个人的利益进行投资。

尽管计划经济的目标是为公共利益而利用资源，然而实际发生的情况似乎有悖初衷。在计划经济中，国有企业对控制成本和提高效率缺乏动力、缺乏创新，取代经济增长和繁荣使经济趋于停滞。

（3）混合经济体制

在混合经济中，一部分是私有制和自由市场机制，另一部分是国有制和政府计划机制。混合经济是市场经济与计划经济、公有制与私有制按不同比例的混合物。

2.2.2 经济总量规模指标

（1）国民总收入

衡量经济发展水平最常用的指标是国民总收入（GNI），经济增长是指一国在一个时期中产品和劳务实际产出的增长。一般来讲，对于国际企业来讲，经营地所在国的经济增长速度较快，政局稳定是最为理想的，因为在这样的经济环境中，企业即使不扩大它的市场份额，收益也会随着经济的增长而增长。

GNI 是一个静态指标，而 GNI 增长率是描述经济潜力的主要指标。如果 GNI 增长率超过人口增长率，说明人民生活水平在提高，反之如果 GNI 增长率低于人口增长率，则该国居民生活水平在下降。

（2）购买力平价

购买力平价指如果在外国购买的一篮子商品需要一单位外币，那么在本国购买同样的一篮子商品需要多少本币。按照购买力平价来评估人均 GNI，可以使我们了解到一国消费者一单位收入的实际购买力。但人均 GNI 并不能反映一个国家真实的生活成本。

（3）人文发展程度

人文发展指数（human development index，HDI）是用来衡量一个国家人民的能力和发展，主要包括三个方面：①寿命，以出生人口的平均寿命来衡量；②教育，以成人识字率和小学、中学、大学的毛入学率来衡量；③生活标准，以 PPP 表示的人均国民总收入（人均 GNP）来衡量。

人文发展指数以 0～1 计分，低于 0.5 分的国家属于生活质量较差水平，0.5～0.8 分属于中等人文发展水平，0.8 分以上属于高人文发展水平，生活质量较高。

估计一国的商业吸引力并作出谨慎的投资和经营决策，需要管理者对一国的经济发展水平和经济潜力作出准确的评估。管理者首先考虑一国经济中商品和劳务的货币价值，即国民收入，然后考虑相关方法以改进分析，最后考虑通货膨胀、失业、债务、国际收支平衡表等反映一国经济特征的具体指标统筹。

2.3 国际商务环境中的法律政策差异

2.3.1 法律体系

一国的法律体系是一系列规则、法律以及流程。这些规则或法律可以规范人们的行为。一国的法律体系对国际商务是极其重要的，将制约着商务实践，定义商务交易活动的方式，确定商务活动有关各方面的权利和义务。

世界上比较常见的法律体系一般可分为三类：普通法系、大陆法系、宗教法系（神权法系）。

（1）普通法系

普通法系，也称英美法系或海洋法系，以传统、先例、惯例为基础，强调“遵循先例”原则，又称判例法。传统是指一个国家的法律历史，先例是指法院以前所判过的案例，惯例则是具体应用法律的形式。法庭在解释这些普通法系时，会依据这些特征行事，给普通法系带来了某种程度上的灵活性。法官有权解释法律，所以它适用于个别案例的特定情形。这样，每个新的解释便确立了一个先例，而以后发生类似案例则可按照此先例。随着新的判例的发生，法规也会变得更具适应性，更为清晰或完善，以应对新的情况。

普通法系主要应用于英国及原英属殖民地国家和地区，包括美国、加拿大、澳大利亚、印度、新西兰、中国香港等，以及大部分加勒比地区。普通法系的特点是基于不成文的原则和由习惯、惯例和以前裁决所确定的判例，因而有很强的历史追溯性。

（2）大陆法系

大陆法系，又称成文法、罗马法系，是世界上最普遍的法律体系，它起源于罗马法，大多数欧洲大陆国家如法国、德国及其前属殖民地国家，整个拉丁美洲，以及非洲、亚洲的大部分国家采用该法系。大陆法系的特点是强调成文法的作用，法律判决的准则是一套系统的、条理化的、详尽的法律条文，可以表现为刑法、民法和商法等形式。在大陆法系中，法官只有应用法律的权力。

普通法系和大陆法系的区别不仅在于不同的历史渊源、法律结构和风格，而且其性质也有很大的区别，对于同一事物，可能会有完全不同的解释和处理。

（3）宗教法系（神权法系）

宗教法系，是指以宗教教义为基础发展起来的一种法律制度，建立在与宗教信仰有关的规则上的法律，也就是所谓的“神权法系”，其核心意旨是“神的话语是法”。

伊斯兰法是当今世界使用最广泛的宗教法律制度，尽管印度教和犹太教法律的应用也持续到 20 世纪。伊斯兰法主要侧重于道德伦理，而不是一个商业法规，更倾向于全方位的管理生活。伊斯兰法是以伊斯兰经（《古兰经》）、伊斯兰教规、伊斯兰先知穆罕默德的言论以及伊斯兰学者根据《古兰经》和伊斯兰教规的原则精神所撰写的论著为基础形成的。

2.3.2 合同法

合同法就是管理合同执行的法律实体，当一方感到另一方违反了协议文本或原则时，合同有关方通常会通过合同法来解决。

在普通法框架下，合同对所有偶然因素都有非常详尽的说明；而在大陆法框架下，合同则趋向于较短和较为笼统的描述，因为在普通法合同中所涉及的许多问题在大陆法法典里都有明文规定。所以，在实施普通法系的国家中起草一份合同较为昂贵，而在实施大陆法系的国家中处理合同纠纷则可能产生很多争议。

所以，当国际贸易出现纠纷时，总会面临这样的问题，即运用哪个国家的法律来处理纠纷。要解决这一问题，包括美国在内的一些国家都以《联合国国际货物销售合同公约》（CISG）为准。CISG 为在不同国家从事商务活动的买方和卖方之间签订和执行商业合同制定了统一的规则。

当企业不愿意采用 CISG 时，通常选择仲裁，即选择一家著名的仲裁机构来解决合同纠纷。世界上最著名的仲裁机构是设在巴黎的国际商会下属的国际仲裁庭。

2.3.3 知识产权的保护

知识产权是指法律规定人们对于自己的智力劳动成果所享有的权利。知识产权可以采取不同的形式，一般可概括为专利、商标和版权这三种，其中专利权和商标权又称为工业产权。

（1）专利

专利是准许一个新产品或新工艺的发明者在一定时期内，享有制造、使用和出售该发明的专有权。即此项得到专利的发明通常只能在专利持有人的授权下，才能予以利用（制造、使用、出售、进口），对专利保护的时间限制一般为 15～20 年。在我国，专利分为发明、实用新型和外观设计三种。

（2）商标

商标是商品的生产者、经营者用以识别自己所生产经营的商品和服务的一种标志，它通常由文字、图形、记号或其组合而构成。商标主管部门对申请人审查合格，对商标予以核准注册并授予所有者商标的专用权。各国对商标权的规定有三种原则：

使用在先，即商标的最先使用人有权取得商标权，即使该商标被他人抢先注册，最先使用人可以对已注册的商标提出异议，要求予以撤销。

注册在先，与使用在先原则相反，商标权应授予商标的最先注册人，注册后取得的权利将压倒其他任何人的权利，包括商标的最先使用人。

无异议注册原则，即商标权原则上授予先注册人，但先使用人可在规定期限内提出异议，请求撤销。如果超过规定期限无人提出异议，则商标权属于先注册人；如果在规定期限内，先使用人提出异议并且异议成立，已经授予先注册人的商标权将被撤销而被授予先使用人。

目前，大多数国家采用注册在先原则。我国商标法也采用这一原则。

（3）版权

版权指赋予著作者特权，由他们自己选择出版或采取其他处置形式，包括：版权复制、版权开发、版权出售和转让、版权出版和版权公开。《尼泊尔公约》是世界上第一个保护版权的国际公约。

2.3.4　产品安全与产品责任

产品安全法与产品责任法是随着现代工业生产的需要，许多新产品投入市场，造成消费者受到伤害的案件不断增多而形成发展起来的。

产品安全法是对某一产品强制建立一定的安全标准的法律法规。

产品责任法主要是确定产品的制造者或销售者对其生产或出售的产品因有某种缺陷，致使消费者的人身或财产受到损害所应承担的法律责任。也就是意味着当一个产品引起伤害、死亡或损失时，该产品的生产企业当期主管人员应对此负责。产品责任分为民事责任和刑事责任，民事责任要求支付赔偿金，刑事责任导致罚金或监禁。

产品安全和产品责任的国家差异也给企业在海外从事商务活动带来重要的伦理问题。

案例 2-3　以科技打造绿色数据中心

作为发展绿色经济的基础设施提供商，阿里云通过采用尖端绿色科技，致力于 2030 年前实现全球数据中心 100%采用清洁能源。

时任阿里云基础设施 IDC 研发事业部总经理高山渊表示：“环保数据中心对阿里巴巴可持续营运至关重要。我们超级数据中心采用了领先的绿色科技，其中液冷和可再生电力存储技术在减少碳排放方面起到了显著的作用。以杭州数据中心为例，服务器集群被浸没在专用的液体冷却剂中，可令 IT 硬件快速冷却。”

阿里云的张北数据中心采取了同样的液冷技术，结合其他设施，该数据中心于 2021 年获北京电力交易中心颁发的绿色电力证书，并被认定为中国首个使用热泵技术的设施。随着阿里云在全球建立安全且具弹性的基础设施网络，数据中心内的先进技术，如液冷设施，有望成为新的业界标准，并在中国其他地区乃至全球广泛应用。

清洁能源是可持续发展的另一重要议题。使用清洁能源尽管解决了许多难题，但也存在不少挑战。太阳能和风能的供应或出现不稳定的情况。当天气晴朗且有风时，能源的供应可以保证，但当天气条件发生变化时，便会出现难以满足能源需求的情况。为了解决这一问题，阿里云正评估碳管理工具的使用，以更好地利用能源交易计划以及规划更稳定的能源供应。阿里云也在探索其他前沿技术，如抽水蓄能就是储存可再生能源并在需要时释放的常用方法。

为进一步减少用电量，阿里巴巴还推出了首个自主研发的芯片“倚天 710”。“倚天 710”可以容纳 600 亿个晶体管，能效比其他型号高 50%，有助减少对太阳能及风能等不可预测的能源资源的需求，因而进一步推动清洁能源的使用。

资料来源：阿里巴巴中概股. 阿里巴巴集团加入“低碳专利承诺”推动绿色科技应用[EB/OL]. 同花顺财经. （2022-04-22）[2022-04-28]. http://stock.10jqka.com.cn/hks/20220422/c638611415.shtml。

案例 2-4　一杯咖啡与 286 万美元

1992 年 2 月，79 岁的美国老太太斯黛拉·莉柏克搭乘外孙驾驶的轿车，途经当地一家麦当劳快餐店时，通过“驾车窗口”买了一杯咖啡，售价 49 美分。轿车驶离餐馆后，莉柏克需要往咖啡里添加奶精和白糖，她的外孙便停住了车。莉柏克坐在前座乘客位置上，她把杯子放在双膝之间，左手拿着奶粉袋和糖袋，右手试图打开杯盖，没料想一不小心，整杯滚烫的咖啡都泼洒在她的两腿之间，导致大腿内侧等处严重烫伤，其中“三度烫伤”面积占全身皮肤的 6%。

美国消费者保护法规定，消费者只要举证产品有缺陷，造成了人身及财产损害，往往都可以胜诉。麦当劳公司是快餐店的拥有者，有责任和义务主动对顾客提供保护；如果咖啡温度过高，而且没有事先警告，致使顾客遭受身体伤害和财产损失，顾客有权起诉赔偿。如果侵权行为属于“轻率的”和“恶意的”，那么原告在赢得官司之后，不仅会得到实际损害赔偿来偿还医药费、误工的薪酬等，而且还可能获得精神损害赔偿和巨额惩罚性赔偿。麦当劳在法庭上辩解说，咖啡温度是根据咖啡专家的建议设置的，为了提取咖啡的迷人香味，以 96℃的热水冲泡调和时口味最好，在 82～86℃饮用时口感最佳、味道醇香。麦当劳每年售出 10 亿杯咖啡，在全球快餐业名列榜首，这恰恰说明消费者喜欢麦当劳的咖啡。律师轻易就抓住了破绽，出其不意地追问一句：“贵公司除了咨询咖啡专家的‘高温’建议之外，是否从顾客人身安全的角度着想，咨询过烫伤专家的专业意见？”麦当劳只好回答：“没有咨询过。”对麦当劳更为不利的是，它一方面出售“高温咖啡”，另一方面却漫不经心、疏忽大意，没有在咖啡杯的醒目之处，以法律术语“警告”（warning）“高温热饮，小心烫伤”，仅以极小字体“提醒”（reminder）顾客注意。从法律角度来看，这是显而易见的疏忽大意，更是后患无穷的硬伤漏洞，导致了追悔莫及的致命失误。最后，陪审团一致判决，麦当劳出售的咖啡温度过高，在产品安全问题上，掉以轻心、疏忽大意，侵犯了原告的人身安全，造成了重大伤害，因此，必须承担法律责任，偿付原告 16 万美元的“补偿性赔偿”。接着，陪审团的判决涉及欧美国家民事案中常见的“惩罚性赔偿”。经闭门讨论，陪审团判定，除了“补偿性赔偿”之外，被告应偿付原告 270 万美元的“惩罚性赔偿”。这样，一杯售价 49 美分的咖啡，最终造成了麦当劳公司 286 万美元的巨额责任赔偿。

值得一提的是，因麦当劳咖啡烫伤事故发生在轿车内，为了防止再次出现类似的意外伤害事件，全球汽车厂商在车座旁边设计了安全放置饮料杯的特别位置，减少了不慎泼洒热饮的可能性。可能有人认为，一个不足挂齿的咖啡烫伤案，竟然索赔数百万美元巨款，岂不是把法律当儿戏，违背了常理世情？可是，美国有 3 亿消费者，即使其中 1/100 的人遭受大公司的恶意欺负，或因遭受侵权和欺诈造成经济和精神损害，从而被迫耗费时间和金钱去打官司或“打假”，也将是司法资源和社会成本的巨大浪费。因此，只有把伤害消费者权益的违法企业罚得倾家荡产、让它们追悔莫及，使受害的消费者得到超值赔偿，才能真正捍卫法律的尊严和消费者的权益，才能卓有成效地打击恶意侵权和商业欺诈。在法律法规的约束之下，超级跨国公司的实力越强大，往往越不敢恃强凌弱、蛮横霸道，更不敢肆无忌惮地把利润置于公众利益之上，反而如临深渊、如履薄冰。除了遵纪守法、严格自律，在产品质量和顾客服务方面，不得不视普通消费者为上帝，成为肩负社会责任、遵奉商业规范的道德楷模。

资料来源：“麦当劳咖啡烫伤赔偿案”[EB/OL]. 法律快车.（2020-04-12）[2022-05-10]. https://www.lawtime.cn/info/jiaotong/sgpcal/2010110166878.html。

2.4 国际商务环境中的文化差异

2.4.1 文化的内涵与特征

“文化”涉及的内容非常广泛，包括风土人情、文学艺术、行为规范、价值观念、思维方式等。文化的主要要素包括宗教、语言、价值、态度、习惯以及规范等。我们把文化定义为一群人所共同拥有的、为生存而设计构造的一种价值观和准则的体系。

（1）价值观

价值观是一个抽象的概念，它是指一群人相信什么是好的、正确的和可取的某种观念。价值观构成文化的基础，提供了建立和判断某种社会准则的背景，包括一个社会对个人自由、民主、真理、公正、诚实、忠诚、社会责任、女性的角色、爱情、婚姻、性等概念的态度。

（2）准则

准则是影响人们相互行为的社会准则，可以分为两类：

1）社会习俗。社会习俗是指日常生活惯例，如穿戴、节日风俗等。不同的风俗习惯对商务活动有一定的影响，如时间观念、变革的态度、财富观、风险意识。社会习俗还包括礼仪和标志性行为，礼仪和标志性行为是最能体现某种文化的形式，是某种深层价值观的外在表现。

2）道德准则。道德准则是指被普遍认同的，用来指导和支配人们行为的一系列准则，对于社会运行和社会生活至关重要，是社会发挥作用和社会生活的核心准则。

（3）特征

人类学家对文化的特征的解释概括起来主要有以下几点：

1）文化不能遗传，而是后天习得的，但可以传递。

2）文化具有强制性。包括直接文化强制和间接文化强制，文化强制使得一个人在知觉、判断及行为上往往与社会中的大多数人保持一致，具有趋同性，这种现象被称为社会从众效应。

3）文化具有适应性。任何文化都应该适应本群体生存的自然环境和社会环境，主要体现在一个社会群体的习俗上。

4）文化是不断变迁的。文化只有在不断变迁的过程中才能得到发展和进步，这是一个不以人的意志为转移的客观过程。

2.4.2 语言

语言作为表达和交流思想的工具，是人类最重要的交际工具。语言是主要的信号体系之一，文化是语言的基础，语言是文化的载体，文字则是载体的载体。语言反映一定的社会文化环境，而社会文化环境也在某些方面制约着语言的发展完善。

在开展国际商务活动时，不仅要使用口头语言和文字语言，也依赖体态语言和其他非词汇交际方式，这在一定程度上形成了高语境文化和低语境文化的差异。

（1）高语境文化

高语境文化中的交际很大程度上依赖所谈话题的来龙去脉或肢体语言、特殊腔调和环境的细微差别，大部分信息不能通过语言直接获得，必须根据事情的前因后果以及自己的揣摩意会才能获得，以中国和日本为代表。

（2）低语境文化

低语境文化中，明确的语言文字就已经传播了大部分信息，在商务活动中表现得较为直接，尤其是在进行商务谈判时会直接切入主题，而避免寒暄，以瑞士和德国为代表。

2.4.3 跨文化管理战略

跨文化管理涉及对不同文化背景群体下的人、事、物的管理。其主体是跨国公司，手段是文化，对象是具有不同文化背景的群体，包括企业的管理者和员工、民族、政府等。

跨文化管理的目的是在不同文化背景下设计出一种可行的交叉文化下企业管理的有效模式，其中包括组织结构和管理机制，同时寻找存在于交叉文化下超越文化背景的企业目标，让不同文化背景下的员工能够遵循统一的行为准则，最大限度地利用企业的潜力和价值。

（1）占领支配式战略

占领支配式战略是一种比较偏激的战略，是指跨国公司在进行全球扩张时，强行将母公司的企业文化代入不同文化背景的子公司中，并且子公司只保留母公司的文化。这种战略一般适用于强弱文化对比悬殊，并且东道国对于母公司的文化可以完全接受的情形，实际应用得非常少。

（2）本土化战略

本土化是指把当地的文化理念融入企业经营管理中，在企业跨国经营过程中的生产、营销等环节都应该充分考虑本地的文化、理念、风俗等，本着“思维全球化和行动当地化”的原则进行跨文化管理。

（3）文化相容战略

当投资国文化和东道国文化都是强文化时，一般会考虑文化相容战略。根据相容程度可分为两种战略：

1）文化平行相容战略。母、子公司的文化虽然存在巨大文化差异，但并不排斥，且相互补充。而子公司融合母公司文化和当地文化作为公司的主题文化，在公司运营中，充分发挥跨文化的优势。

2）隐去两者主体文化的和平相容战略。管理者刻意模糊文化差异，去异求同，隐去容易发生冲突的文化，减少可能发生的摩擦。这种战略主要适用于在投资国和东道国的文化都为强文化，且其存在巨大的文化差异，容易产生“文化摩擦”的情况下。

（4）文化渗透战略

文化渗透战略是指投资国凭借强大的经济实力所形成的文化优势，对东道国公司的当地员工进行逐步的文化渗透，并逐渐将其转化为该文化的执行者和维护者。文化渗透战略是一个长期的观察和培育过程，是一种长期战略。

（5）文化规避战略

母国和东道国的文化存在巨大差异，虽然子公司的文化主体是母国文化，但是在子公司的运营过程中仍旧无法忽视东道国文化的巨大影响。管理人员需要避开双方文化的重大不同之处，以免在敏感地带造成文化冲突。

（6）借助第三方文化战略

当母国的文化和东道国之间文化差异巨大，并且东道国子公司无法在短时间内适应这种完全不同于母国的经营环境时，跨国公司采用与母国文化已达成一定程度共识的第三方文化，对子公司进行管理，以避免母国文化与东道国文化发生直接的冲突。

（7）文化创新战略

对母国的文化和东道国当地的文化进行整合，利用各种渠道促进两种文化相互了解、适应和融合，从而在此基础上形成一种新型的子公司的文化，并以它作为子公司的主体文化。这种新型文化融合了母国文化的特点，同时又与东道国当地的文化环境相适应，有助于对子公司进行高效管理。

（8）跨文化风险管理

跨文化风险是指在异质文化的共处中文化误解导致人们价值观产生冲突进而使得跨国公司实际收益与预期收益目标发生偏离的可能性。

A. 了解另一种文化，尽量使用该国的语言

1）了解东道国人们的价值观、态度和生活方式等方面的基本知识，研究目标国家的政治和经济背景，包括该国的历史以及当前的国家事务等，有助于了解对方的思想倾向，使得一些决策和事件变得非常容易理解。

2）能够运用多种语言对话的经营者更可能进行顺畅的商务交流并取得谈判成功。

B. 避免文化偏见，培养全球中心思想

1）在跨文化交际中避免文化偏见和民族中心主义的方法之一是关键事件分析。关键事件分析通过帮助经营者设身处地理解其他观点来促进对文化差异做出更加客观的反映。

2）关键事件分析包括：在某些场合必须特别注意文化方面的差异，以便与来自另一种文化的人们进行有效的交往；当遇到某种看起来古怪的行为时，需仔细观察，学会从该国的文化角度来看待这一形势或问题；学会用多种方法来解释外国人的行为，选择最合理的解释。

3）向员工灌输全球中心思维。全球中心是一种全球意识，在此意识影响下经营者能够理解一个行业或市场而不受国家限制。

C. 决策过程中充分考虑文化距离

1）在进行国际商务决策的过程中要充分考虑文化距离，因为通常企业面对文化越接近的国家，需要考虑的差异就越少，调整就越小。

2）相似国家仍可能存在影响国际商务的细微差异，企业应避免自满以致忽略重要细节。因此，管理者在跨国经营决策中可以将文化距离作为跨文化风险的一个认知指标，文化距离短并不必然意味着跨文化风险小，在选择文化距离短的国家的同时，也要注意彼此文化间的细微差异可能导致的跨文化风险并作出相应的调整策略。

案例 2-5　水土不服的跨文化风险

在经济全球化的过程中，众多企业纷纷进入国际市场，试图打造国际品牌。然而在这个过程中，成功与失败并存，有的品牌能顺利跻身国际市场，有的品牌却水土不服。

20 世纪 90 年代末，星巴克开始了中国的“跨文化”之旅。目前，这个西方咖啡品牌在具有深厚茶文化传统的中国深深地扎根发芽、开花结果并枝繁叶茂。然而，并非所有知名品牌的国际化营销都一帆风顺，比如大名鼎鼎的美国迪士尼主题公园在法国就曾遭遇滑铁卢。1992 年，接连在美国以及日本大获成功的迪士尼将目光投向了欧洲市场，并选择了各方面条件都很优越的法国巴黎作为其根据地。然而，这座耗资 28 亿美元打造的童话王国经营每况愈下，游客数量以及人均消费远低于预期，仅过了 3 年，亏损就高达 25 亿美元。

资料来源：亏损近 20 年，却要砸下 25 亿美元扩建，这个“最不争气”的迪士尼乐园想干嘛[EB/OL].（2018-10-19）[2022-05-10]. https://www.sohu.com/a/260428000_467197。

2.5　伦理、企业社会责任和绿色可持续发展

2.5.1　伦理

伦理是指在处理人与人、人与社会相互关系时应遵循的道理和准则，是指一系列指导行为的观念，是从概念角度上对道德现象的哲学思考。

实用主义伦理认为，道德行动或行为的价值取决于他们的结果。判断一个行为是否有价值要看他所产生的结果的好坏。实用主义就要保证好的结果最大化，坏的结果最小化。企业伦理的哲学，关键是要在全部社会收益和企业行动成本之间进行审慎的衡量，然后选择那些利益大于成本的决策，最佳决策是让绝大多数人获得最佳利益的策略。

但是实用主义可能会由于知识有限，对其所提出的收益、成本和风险的权衡通常具有不可操作性；另外，实用主义忽视了对公正性的考虑。

康德伦理认为，应该以人为本，永远不能将人只是视为别人达到目的的一种工具。人不像机器，不是工具；人是有尊严的，需要得到别人的尊重。血汗工厂雇用工人，强迫工人在恶劣的工作环境中长时间地工作，但所付报酬少之又少，根据康德伦理，这种做法是违背伦理的。

2.5.2　企业社会责任

企业社会责任，是指企业在创造利润、对股东和员工承担法律责任的同时，还要承担对消费者、社区和环境的责任，企业的社会责任要求企业必须超越把利润作为唯一目标的传统理念，强调要在生产过程中对人的价值的关注，强调对环境、消费者、社会的贡献。

2.5.3　可持续发展与环境保护

可持续发展是既满足当代人的需求，又不对后代人满足其需求的能力构成危害的发展；既要达到发展经济的目的，又要保护好人类赖以生存的大气、淡水、海洋、土地和森林等自然资源和环境，使子孙后代能够永续发展和安居乐业。可持续发展与环境保护既有联系，又不等同。环境保护是可持续发展的重要方面。可持续发展的核心是发展，但要求在控制人口、提高人口素质和保护环境、资源永续利用的前提下进行经济和社会的发展。发展是可持续发展的前提；人是可持续发展的中心体；可持续、长久的发展才是真正的发展。

环境保护涉及的范围广、综合性强，涉及自然科学和社会科学的许多领域等，还有其独特的研究对象。环境保护方式包括：采取行政、法律、经济、科学技术、民间自发环保组织等，合理利用自然资源，防止环境污染和破坏，以求自然环境同人文环境、经济环境共同平衡可持续发展，扩大有用资源的再生产，保证社会的发展。

碳中和是指国家、企业、产品、活动或个人在一定时间内直接或间接产生的二氧化碳或温室气体排放总量，通过植树造林、节能减排等形式，以抵消自身产生的二氧化碳或温室气体排放量，实现正负抵消，达到相对“零排放”。

碳达峰是指在某一个时点，二氧化碳的排放不再增长达到峰值，之后逐步回落。碳达峰是二氧化碳排放量由增转降的历史拐点，标志着碳排放与经济发展实现脱钩，达峰目标包括达峰年份和峰值。

碳达峰与碳中和一起，简称“双碳”。中国承诺力争在 2030 年前，二氧化碳的排放不再增长，达到峰值之后再慢慢减下去。

案例 2-6　推进社会责任建设　“中国棉花”可持续发展项目启动

2021 年 4 月，中国棉花协会发布《“中国棉花”生产管理规范》，并与六家业内大型骨干企业签订“中国棉花”可持续发展项目生产端合作协议，正式启动“中国棉花”可持续发展项目（CCSD），将以“生产可持续棉花、推广可持续棉花”为目标，鼓励可持续棉花生产方式，鼓励纺织全产业链企业和消费者更多使用和购买“中国棉花”制品。该事件也成功入选 2021 年“企业社会责任十大事件”。

中国是世界上最大的棉花消费、纺织品出口国，第二大棉花生产国。建立中国自主棉花可持续生产标准和认证体系，是中国棉花实现高质量发展的必由之路。“中国棉花”可持续发展项目的启动，意味着中国标准将在未来进一步推动我国棉花产业全产业链使用、消费可持续棉花。在这项体系工程中，还需要产业上下合力，搭建协商机制，稳住数量、提高质量，共同打造负责任的“中国棉花”品牌。

资料来源：2021 年企业社会责任十大事件・国内[J]. 可持续发展经济导刊，2022（1）：53 58。

案例 2-7　“全球可持续消费倡议”发布

2021 年 5 月，首届中国国际消费品博览会上，可持续发展经济导刊联合践行可持续消费的优秀企业代表共同发布了“全球可持续消费倡议”，号召全球企业将可持续发展融入企业长期发展战略；设计和制造可持续的产品和服务；在营销策略与销售渠道中融入可持续消费；担负倡导可持续消费和可持续生活的责任；促进消费公平，构建包容、平等的社会；与利益相关方合作，营造和促进可持续消费的社会氛围和政策机制。

新冠疫情之下消费领域正在发生深刻变化，随着环境意识的提升，消费者开始追求让自己健康、地球也健康的绿色产品，同时践行可持续发展的领先企业也纷纷开创新的商业模式，力求抓住消费需求与行为的新变化，赢得口碑、占领先机。全球可持续消费倡议就像一面旗帜、一声号角，不仅为复苏中的全球生产与消费指明方向、凝聚变革力量，同时也绘就了中国消费升级的“可持续”底色。

资料来源：2021 年企业社会责任十大事件・国内[J]. 可持续发展经济导刊，2022（1）：53-58。

2.6 国际商务环境中的绿色国际商务案例

案例 2-8 全球“微贸易”时代 敦煌网的企业社会责任

近年来，敦煌网用线上数字贸易能力，支持行业抗击疫情。最初，新冠疫情在武汉暴发，席卷中国，震荡着整个国际社会。跨境电商产业链背负重压，亿万中小微企业生计艰难。敦煌网开始了企业自救和行业自救行动。

2020 年年初疫情突发，卖家中能发货的只占 9%，欧美航空运力骤减 70%～80%。敦煌网迅速出台“重金优惠券挽留海外买家，海外仓快速配送，现货商品征集”三大政策，稳定海外需求信心，帮助平台商家恢复经营、奋起抗击疫情，并在当年 4 月底扭转局面，实现了敦煌网平台营收由负转正。

在行业层面，敦煌网尽全力扶持合作者。监测海外采购品类的瞬息变化，大数据指导卖家选品，与千百万家中国中小生产厂商并肩抗疫；开通中欧班列小包专线和中美澳海运小包专线，一定程度上缓解了疫情下出口贸易的物流之痛。

疫情下，跨境出口小微企业面临巨大的资金压力。“融资难”的关键，是金融机构难以验证小微创业者的借贷信用。敦煌网以金融科技之力，把平台上小微企业的交易数据“一键”转换成银行可识别的资信证明，和中国建行合作“电商贷”，对跨境电商小微企业“1 秒放贷”，额度高达 200 万元，年化利率低至 4.5%，帮助许多小微企业解决了资金的燃眉之急，在疫情中活了下来。

面对多国政府、商业及医疗机构对口罩等防疫物资的需求，敦煌网配合国家有关部门，协调平台上游供应链资源，为加拿大、智利、西班牙、墨西哥、秘鲁、泰国等国家和地区调配总价值接近 3 000 万美元的货源，在中国帮助国际社会抗击疫情中，体现了敦煌网的社会责任与担当。

资料来源：木兰汇. 全球“微贸易”时代，敦煌网开启“社交再造电商”[EB/OL].（2022-04-22）[2022-05-15]. http://field.10jqka.com.cn/20220422/c638596170.shtml。

案例 2-9 中国船舶：践行低碳发展 打造绿色船舶

中国船舶积极推行“节能先行，绿色引领”理念，采用“源头—管控—末端”综合治理模式，共创建国家级绿色工厂 13 家、绿色供应链管理企业 2 家、绿色设计产品 6 种、工业产品绿色设计示范企业 1 家，成功申报工信部 2019 年绿色制造系统解决方案供应商，绿色制造体系建设取得丰硕成果。

中国船舶深入推进节能、环保、低碳专项工作，健全考核体系，建立追责制度，各项工作任务深入落实。连续两年开展节能诊断工作，创新采用“咨询+改造+运维”全流程服务模式，诊断建议全部落地后可实现经济效益近 1 亿元。组织实施环境保护三年专项行动计划，开展挥发性有机物系统排查，实现污染物达标合规排放，整体提升中国船舶污染治理能力。研究制定船舶行业碳排放核算方法和普查方案，全面开展碳排放普查，梳理重点排放源，核算二氧化碳排放量，结合行业特点对碳达峰、碳中和工作深入研究，有序推动“双碳”工作进程。

中国船舶积极组织创建“无废工厂”，广船国际持续探索船舶造修行业高质量发展道路，通过树立“无废”（zero waste）治理的先进理念，攻关“绿色喷涂系统”等多项新技术，实现了工业垃圾产生量、碳排放量强度持续两年下降。

在“无废工厂”建设之初，广船国际便联合多个科研单位编制了全国首个《船舶生产企业“无废工厂”评价指标体系及评价方法》，结合大型造船企业的实际情况和低碳发展要求，确立包括碳排放强度等24个评价指标。同时，重视“源头治理”和强化“溯源式管理”，提出从生产源头到环保末端处置全过程的融合性解决方案，形成了具有企业特色的“固废治理四十条”并严格执行，取得了良好的治理成果。从2020年开始，广船国际强化垃圾分类管理，通过双向激励的手段，将废木、废纸及废割渣等固体废物在垃圾投放前进行回收，仅此一项当年就使资源回收量增加了2 866 t，直接实现降本328万元。

资料来源：中国船舶集团有限公司. 中国船舶：践行低碳发展，打造绿色船舶[EB/OL]. 国务院国有资产管理委员会.（2022-06-16）[2022-08-02]. http://www.sasac.gov.cn/n2588025/n2588124/c25118443/content.html。

案例2-10　乌干达伊辛巴水电站建设工程，彰显中国企业环境与社会责任

中国三峡集团中国水利电力对外有限公司（以下简称中水电公司）承建的伊辛巴水电站是乌干达重要的民生工程。中水电公司在项目建设过程中，积极履行企业社会责任。不仅给当地带来了更多的就业机会，提升了当地劳动力的工作技能，还帮助当地修整道路，为居民出行提供了便利；重建当地小学，给当地学校捐赠课桌、椅子和文具等物资；邀请中国驻乌干达医疗队为当地居民提供社区医疗服务。

项目部严格执行环境与社会管理计划（environment and social management plan），在工程建设过程中始终贯彻落实防尘、降噪、污水处理、固体垃圾处置、水土保持、生物多样性、水环境保护等各项环境保护管理措施。乌干达国家环保部、水资源局、劳工部、野生动物保护组织、渔业保护组织等对项目实施的全过程进行监督。得益于严格的环境管理措施，业主及各方监管单位对项目部在环境保护方面取得的成效表示高度认可。建设过程中未发生任何环境事件，也未收到乌干达各部委及组织的任何行政处罚。

资料来源：赵小超. 践行央企责任，促进中乌友谊——记三峡集团乌干达伊辛巴水电站项目[J]. 中外企业文化，2018（7）。

案例 2-11 海尔集团"基于卡奥斯工业互联网平台的可持续发展实践"

2022年9月1日，国际数据公司（IDC）正式公布了2022 IDC中国未来企业大奖优秀案例获奖名单。海尔集团"基于卡奥斯工业互联网平台的可持续发展实践"获得2022年首次设立的"可持续发展特别奖"，成为行业唯一入选案例，不仅为企业探索数字化转型和可持续发展提供了实践样本，也为工业互联网平台助力经济高质量增长和社会可持续发展提供了有益经验。

以前瞻性、公立性和国际性为特点，IDC所设立的数字化转型奖项是业界首个针对不同机构/组织/个人在数字化转型经济的大背景下对其努力与成绩进行表彰的奖项，其覆盖范围及影响力辐射中国、亚太区乃至全球。2022年，在2021年的14类奖项基础上，IDC中国全新设立"可持续发展特别奖"，旨在表彰将可持续性融入企业发展中，在实现商业价值的同时，更持续为社会贡献长远价值的企业。

以卡奥斯COSMOPlat为核心驱动力，海尔集团积极承担企业社会责任，践行环境、社会和公司治理（ESG）战略，响应国家绿色发展和"双碳"政策，在实现自身降本增效、绿色发展的同时，还从企业、园区、政府等多端入手，助力经济、社会和生态的可持续发展。

在经济责任方面，秉承"大企业共建、中小企业共享"的生态赋能模式，卡奥斯COSMOPlat携手行业头部企业，构筑了汽车、化工等15大行业生态，链接企业近90万家，服务8万家企业，并通过工业互联网助力区域数字经济发展，2021年助力青岛工业产值新增210亿元。

在社会责任方面，海尔在农村教育领域累计投入超1.22亿元，已成为"团中央希望工程中援建希望小学最多的企业"。而通过数字孪生技术的创新应用，卡奥斯COSMOPlat还助力冬奥雪蜡车研发、三星堆智慧考古等，发挥出工业互联网的社会价值。

在环境责任方面，在卡奥斯COSMOPlat智慧能源平台助力下，2021年，海尔集团单位产值能耗下降4.62%。此外，基于能源互联网、大数据、云计算等技术的应用，卡奥斯COSMOPlat智慧能源平台还打造出海尔中德园区和天津八里台工业园区等"双碳"示范园区，其中仅海尔中德园区每年就将减少二氧化碳排放8.02万t，在工业领域打造出"双碳"示范样板。

通过工业互联网等新技术的应用，卡奥斯COSMOPlat将数字化转型与可持续发展目标有机结合，为海尔实现绿色发展、创新社会价值提供了科技支撑，也为更多企业转换新动能、探索新路径提供了有益经验。下一步，聚焦绿色双碳、AIoT/感知与交互等领域，卡奥斯COSMOPlat还将助力海尔集团与行业内外的生态伙伴，强化数字关键核心技术自主创新，进一步发掘工业互联网在推进可持续发展过程中的价值。

作为首批获得IDC中国"可持续发展特别奖"的企业，未来，卡奥斯COSMOPlat也将持续推进工业互联网在各行业、各领域的深度应用，以科技创新激活企业高质量发展的"动力源"，为加速落实"双碳"目标、构建绿色可持续发展的社会贡献力量。

资料来源：海尔集团. 卡奥斯COSMOPlat创全球引领的世界级工业互联网平台[EB/OL]. https://www.haier.com/haier_cosmoplat。

思考题

1. 国际商务活动面临哪些环境因素？
2. 世界上常见的法律体系有哪些？
3. 简述高语境文化和低语境文化的区别，并举例说明。
4. 如何规避跨文化风险？
5. 简述碳达峰和碳中和在可持续发展与环境保护中的重要意义。

第 3 章　全球贸易与投资

国际贸易，通常是指跨越国境进行货物和服务的交易，主要由两部分组成，分别是进口贸易和出口贸易。国际贸易也被称为全球贸易，进出口贸易活动可以较好地调节国内的生产要素，提升其利用率，加强国与国之间的经济沟通和交流，改善国与国之间的供求关系，加大财政收入。在开展国际贸易的过程中，除了要考虑各国的需求之外，还要注意各国的政策、贸易壁垒等因素。

案例 3-1　国际碳市场发展

面对全球气候变化空前紧迫的形势，国际社会积极合作应对气候变化，以碳市场为代表的碳定价机制快速发展。碳排放交易体系（emissions trading system，ETS）是一种基于市场的节能减排政策工具，能够以最小全局减排成本实现减排目标。ETS 遵循“总量控制与配额交易”原则。“总量控制”指的是政府需要根据温室气体减排目标为企业提前设定所允许的碳排放上限。“配额交易”指的是纳入 ETS 企业的一方需要从市场上购买一定的碳排放配额，来弥补政府为其设定的排放限额，否则将面临高额的罚款；另一方在市场上出售多余的排放配额从而获得配额收益。碳交易能够向市场传递长期的价格信号，有助于企业更好地进行低碳技术的规划和投资，帮助其向绿色低碳方向加快转型。

国际碳市场发展情况。截至 2020 年 4 月，全球已经有 28 个正在运行的碳市场体系。其中欧盟作为超国家机构，其 EU ETS 所覆盖的国家数量为 31 个。另外，有 3 个司法管辖区正在计划实施碳市场：中国、德国和弗吉尼亚州。除此之外，还有 17 个不同级别的政府正在考虑实施碳市场，作为其气候政策的重要组成部分，包括日本、越南、印度尼西亚、中国台湾、土耳其、乌克兰、智利、巴西圣保罗和里约热内卢、黑山共和国、哥伦比亚、加拿大马尼托巴省、安大略省和新不伦瑞克省、美国俄勒冈州和宾夕法尼亚州，以及交通气候联盟 TCI（美国九大州与华盛顿特区）等。

资料来源：World bank. https://carbonpricingdashboard.worldbank.org/map_data。

3.1 国际贸易理论

3.1.1 古典自由贸易理论

3.1.1.1 绝对优势理论

亚当·斯密（Adam Smith）是英国资产阶级经济学古典学派的主要奠基人之一，也是国际分工理论的创始者，他的代表著作是1776年出版的《国民财富性质和原因的研究》（以下简称《国富论》）。亚当·斯密处于从工场手工业到机器大工业过渡时期。随着英国产业革命的展开，新兴的资产阶级发展资本主义的迫切要求，却受到中世纪遗留下来的封建行会规章制度的限制，以及重商主义、极端保护主义政策体系的束缚，这使他们从海外获得大量廉价原料，并开拓产品的销售市场的愿望难以实现。亚当·斯密站在产业资产阶级的立场上，1776年出版了《国富论》一书，书中批判了重商主义的“贸易差额”论和保护贸易政策，在国际分工方面提出了主张自由贸易的绝对优势（成本）学说。

亚当·斯密的绝对成本说是建立在他的分工和国际分工学说的基础之上的，他用一国内部不同职业、不同工种之间的分工原则来说明国际贸易分工。他认为：

（1）分工能提高劳动生产率，增进社会财富

亚当·斯密在《国富论》中，十分强调分工的利益。在他看来，分工可以提高劳动熟练程度；使每个人专门从事某项作业，节省了与生产无关的时间；分工还有利于发明创造和改进工具。他以手工工场中的制针业为例，认为在没有分工的情况下，一个粗工每天至多只能制造20根针，有的甚至连一根也造不出来，而在分工之后，平均每人每天可制针4 800根，每个工人的劳动生产率大幅提高，这显然是分工的效果。亚当·斯密认为，分工是交换引起的。交换是人类出于利己心并为达到利己的目的而进行的劳动，人们为了追求私利，便乐于进行这种交换，为了交换，就要生产能交换的东西，“这就鼓励大家各自委身于一种特定业务，使他们在各自的业务上，磨砺和发挥各自的天赋资质和才能”。这就产生了分工。所以，每个人都专门从事他最具优势的产品的生产，然后彼此进行交换，则对每个人都有利。他写道：“如果一件东西在购买时所费的代价比在家里生产时所费的少，就永远不会想到在家里生产，这是每一位精明的家长都知道的格言。”这种适合于一国内部不同个人和家庭之间的分工原则，亚当·斯密认为也应该同样适用于各国之间。如果每个国家都按其绝对有利的生产条件进行专业化生产，然后彼此进行交换，对每个交换国都有利。因此，分工带来的劳动生产率的提高是增加国民财富的重要条件。

（2）分工的依据是绝对优势或绝对成本

亚当·斯密认为：“若外国能以比我们自己制造还便宜的商品供应我们，我们最好就用我们有利的使用自己的产业生产出来的物品的一部分去向他们购买。”那么，一国如何确定它哪种产品的生产具有优势呢？如何判断另一国的某种商品便宜与否呢？亚当·斯密的依据是生产成本。一国应把本国生产某种商品的成本或费用与外国生产同种商品的成本或费用进行比较，以便决定是自己生产还是从国外进口。若比较结果证明一国某种商品的

生产成本绝对低于他国，则该国生产这种产品的产业就是具有绝对优势的产业；相反，则是处于“绝对劣势”的产业。各国按照这种绝对成本差异进行国际分工，生产本国最具优势的产品去进行贸易，就能使各国的资源、资本和劳动力得到最有效的利用，并大大提高劳动生产率，增加各国的物质福利。

（3）绝对优势来源于自然禀赋或后天有利条件

亚当·斯密不仅论证了国际分工的基础是各国商品间存在的绝对成本差异，还进一步指出了绝对成本差异存在的原因。他认为，每国都有适宜生产某特定产品的绝对有利的条件，因而该产品的生产成本会绝对低于别国。这种绝对优势源于两个方面：一方面是自然禀赋，即一国在气候、环境、土壤、地理、矿产资源等自然条件方面的优势，属天赋的优势；另一方面是各国人民通过后天的教育、培训而获得的知识和特殊的工艺技能。如果一国拥有其中一种优势，它的劳动生产率就会比别国高，生产成本自然就绝对比别国低了。

亚当·斯密的国际分工理论包含着科学的成分和非科学的成分。说明了国际贸易并不像重商主义者所说的只能是交易的某一方获得利益，而是贸易双方都能获得利益。贸易利益的普遍性原则为自由贸易的政策主张奠定了理论基础。该理论反映了当时社会经济中已成熟了的要求，成为英国新兴产业资产阶级革命反对贵族地主和重商主义者、发展资本主义的理论工具，在历史上起过进步作用。他关于分工能提高劳动生产率、节省劳动时间、参与国际分工对所有参加国都有利的见解，虽经历了200多年的历史，至今仍具有重大的现实意义。但是，亚当·斯密关于是交换引起分工，而交换又是人类固有倾向的观点并不正确。事实上，历史上分工是先于交换的，交换以分工为前提；并且交换也不是人类本性的产物，它是社会生产力和分工发展的结果。另外，绝对优势理论也只能说明国际贸易中的一种特殊情形，并不能解释国际贸易的全部。该理论暗含了一种前提，即贸易双方至少各拥有一种低成本的产品对外销售，但如果现实生活中，有的国家没有任何一种产品的生产成本低于别国，而另一些国家在所有的产品上都具有较高的劳动生产率时，他们是否还要参加国际贸易呢？如果此时贸易关系仍然存在，贸易双方还能从中共享利益吗？对于这一问题，亚当·斯密的理论中并未论及，这不能不说是理论的一大缺憾。

3.1.1.2　比较优势理论

亚当·斯密的绝对成本说只能解释在生产上各具绝对优势的国家之间的贸易，却不能解释事实上存在的所有产品都处绝对优势的发达国家和所有产品都处绝对劣势的经济不发达国家之间的贸易现象。英国的经济学家大卫·李嘉图（David Ricardo）在绝对成本理论的基础上，提出了比较成本理论，第一次论证了国际贸易的分工基础不仅限于绝对成本差异，只要各国之间产品的生产成本存在相对差异即比较成本差异，就可以参与国际贸易并从中获利。

大卫·李嘉图是英国产业革命深入发展时期的经济学家，也是资产阶级古典经济学的完成者。他的主要著作是1817年出版的《政治经济学及赋税原理》。

李嘉图所处的时代正值英国工业革命迅速发展，资本主义不断上升时期，当时英国社会的主要矛盾是工业资产阶级和地主贵族阶级间的矛盾，并随着工业革命的进行，矛盾日益尖锐。在经济方面，斗争主要表现在是否废除《谷物法》的问题上。李嘉图在这场斗争中站在资产阶级一边，他继承和发展了亚当·斯密的理论，在《政治经济学及赋税原理》一书中提出了以自由贸易为前提的比较优势（成本）论，为资产阶级的斗争提供了有力的理论武器。

在亚当·斯密观点的基础上，大卫·李嘉图作出了进一步的发展。

在《政治经济学及赋税原理》一书中，李嘉图写道："如果两个人都能制造鞋和帽，其中一个人在两种职业上都比另一个人强，不过制帽时只强 20%，而制鞋时只强 33%，那么这个较强的人专门制鞋，而这个较差的人专门制帽，岂不是对双方都有利么？"由个人推及国家，李嘉图认为，如果一国在两种产品的生产上都处于绝对优势地位，但优势程度不同，而另一国在这两种产品的生产上处于绝对不利地位，但不利的程度也不同，则前者选择他有利程度大的那种产品从事专门化生产，而后者应选择他不利程度较小的产品进行生产，即"两优取其重，两劣取其轻"。然后通过对外贸易，两国都能取得比自己以等量劳动生产所能得到的更多的产品，从而实现社会劳动的节约，增加双方的贸易利益。

李嘉图的比较成本理论被当代著名经济学家萨缪尔森称为"国际贸易不可动摇的基础"，它作为反映国际贸易领域客观存在的经济运行的一般原则和规律的学说，具有很高的科学价值和现实意义，标志着国际贸易学说总体系的建立。从历史作用上看，该理论为自由贸易政策提供了理论基础，促进了当时英国资本积累和生产力的发展。在此理论的影响下，1846 年英国议会终于废除了《谷物法》，这是 19 世纪英国自由贸易所取得的最伟大胜利。另外，此理论表明，不论一个国家处于什么发展阶段，不论它的经济实力是强是弱，都能确定自己的相对优势，或找出劣势中的相对优势，根据比较成本原则来安排生产，参与国际贸易和国际分工，从中获得利益。这种观点无疑为各国发展经济贸易关系提供了有力的论证，有助于世界贸易的扩大和社会生产力的发展。

但是，比较成本理论也存在一定的局限性。第一，该理论采用静态分析方法，忽略了动态分析。理论建立在一系列简单的假设条件之上，如只考虑两个国家、两种产品；坚持劳动价值论，认为所有劳动都是同质的；生产在成本不变的情况下进行；收入分配没有变化；等等。将多变的经济世界抽象为静止的均衡的世界，因而揭示的贸易各国获得的利益是静态的短期的利益。实际上，劳动生产率、科学技术并不是一成不变的，一个国家当前的相对优（劣）势，很有可能变成以后的相对劣（优）势。因此，一国参与国际分工，不能只着眼于目前的静态优势，还应注重长远的动态利益和动态优势。否则，只固定生产少数几种优势产品，将对经济的长远发展极为不利。李嘉图虽然偶尔承认，生产技术和成本的变化会引起国际分工格局的变化，但遗憾的是，他并未深入阐发这种思想，更未对理论进行修正。第二，该理论泛泛谈论了各国参与分工和贸易会从中获利，但对于参与国各获得多少贸易利益，如何分配贸易利益，各国劳动成本差异的原因等更复杂的问题，却没有触及。第三，理论以劳动价值论为基础，认为劳动是唯一的生产要素或劳动在所有产品的生产中均按相同的固定比例使用，且所有的劳动都是同质的，所以任何一种产品的价值都取决于它的劳动成本。李嘉图的这种劳动价值论是不完整的，也是不彻底的。仅用劳动成本的差异不能全面地解释比较利益。

案例 3-2 发挥比较优势，中国—东盟在能源电力合作领域优势互补明显

中国和东盟通过各种多双边合作机制进行绿色能源电力战略规划和政策对接，双方在可再生能源、能效等领域的优势互补也极为明显。在市场和商业机遇驱动下，中资企业已先于政策规划在东南亚电力基础设施投资中进行了多种尝试并积累了相当的市场份额和投资运营经验。而东南亚国家新能源和可再生能源资源丰富且急需外商投资弥补其资金缺口，双方在相关领域合作空间巨大。双方在政策和市场方面的合作可通过区域总体规划和具体国家合作分阶段进行，并在交流对话基础上定期进行调整和更新，以适应不同的政策和市场环境。

资料来源："一带一路"绿色发展国际联盟. "一带一路"绿色能源与环境分析报告[R]. 2020。

3.1.2 现代国际贸易理论

3.1.2.1 赫克歇尔-俄林贸易学说

瑞典经济学家俄林（Bertil Ohlin）是 1977 年的诺贝尔经济学奖得主。1933 年，他出版了《地区间贸易和国际贸易》（*Interregional and International Trade*），在该著作中，提出了要素禀赋论，这一理论也称为资源赋予论。因其理论采纳了其师赫克歇尔（Heckscher）在 1919 年发表的《对外贸易对国民收入之影响》中的主要论点，因此，该理论又称为赫-俄模型（H-O Model）。

要素禀赋论有狭义和广义两种含义：狭义的要素禀赋论就是生产要素供给比例论；广义的要素禀赋论还包括要素价格均等化原理。

要素禀赋论的主要假定是：只有两个区域或两个国家；在每个域际内或每个国家内部，生产要素（资本与劳动）是自由流动的，但在域际间或国家间，它们是不能流动的；贸易在自由竞争的条件下进行；生产要素是完全可以分割的，没有规模经济利益；只有有形商品贸易，贸易是平衡的，出口等于进口；两国的技术水平和生产函数一致。

（1）要素供给比例论

俄林认为，商品价格的国际差异是产生国际贸易的直接原因，只有这样，贸易双方才能够因交换而获利。而各国不同的商品价格比例是国际贸易产生的必要条件，因为，如果各国国内商品价格比例相同，就不存在比较利益，国际贸易就不可能发生。各国不同的商品价格比例又是由各国不同的要素价格比例决定的，而各国不同的要素价格比例又是由各国不同的要素供给比例决定的。他认为，整个国家的价格体系决定了国际贸易基础，但是，要素供给是中心环节，它是决定国际贸易产生的原因和决定进出口商品结构的主要因素。

所谓要素供给比例不同，是指要素的相对供给不同，也就是说，与相同的要素需求相比，各国所拥有的各种生产要素的相对数量是不同的。在各国要素需求一定的情况下，各国要素供给比例不同，对要素价格的影响是不同的，供给丰裕的生产要素价格便宜，而稀缺的生产要素价格昂贵。因此，一国生产和出口本国生产要素供给丰裕的产品有比较优势，而生产本国稀缺生产要素的产品没有优势。换言之，“每一地区在生产某些产品上具有优势，即该产品含有该地区拥有丰盛而便宜的相当大量的生产要素”。一个区域或国家应“进口那些含有较大比例生产要素昂贵的商品；而出口含有较大比例生产要素便宜的商品”。可见，一个国家出口的应是本国丰裕的生产要素生产的产品，进口的应是本国稀缺的生产要素生产的产品。

根据商品所包含的要素密集程度的不同，可以把国际贸易商品大致分为土地密集型、资源密集型、劳动密集型、资本密集型、技术密集型等。俄林认为，国际分工和国际贸易流向应该是劳动力多的国家集中生产劳动密集型产品，出口到劳动力相对稀缺的西欧、北美等地区。加拿大、澳大利亚、阿根廷等地广人稀的国家应集中生产像谷物、牛羊类农产品等土地密集型产品，出口到西欧、日本等国家和地区。而西欧和美国则应集中生产像机器设备等需要大量资本的资本密集型产品，出口到资本相对稀缺的国家和地区。

（2）要素价格均等化原理

俄林认为，各国要素供给比例不同引起的要素价格差异，将通过两条途径缩小，使要素价格趋于相等。一条是生产要素的国际移动，另一条是商品的国际贸易。

在生产要素缺乏流动性的状态下，商品国际贸易可以部分代替要素流动，拉平要素价格差距，使之趋于均等。

例如甲、乙两国，甲国劳动力丰裕、资本稀缺，因此工资低而利率高，应出口劳动密集型产品，进口资本密集型产品；乙国则相反，劳动力稀缺，资本丰裕，因此工资高而利率低，应出口资本密集型产品，进口劳动密集型产品。两国进行国际贸易后，由于甲国出口劳动密集型产品，因此对劳动力的需求增加，这样原来丰裕的生产要素变得稀缺，工资上升；相反，由于进口资本密集型产品，对国内资本密集型产品的需求减少，从而对资本需求减少，利率下降。乙国的情况正好相反，由于出口资本密集型产品，对资本的需求增加，资本由丰裕变得稀缺，利率上升；由于进口劳动密集型产品，对劳动力的需求减少，劳动力由稀缺变得丰裕，工资下降。可以看出，“在两个地区相对丰富的生产要素的需求增长了，卖的较高的价钱。而供应不足的生产要素的需求减少了，比以前获得较少的报酬。两个地区生产要素的相对稀缺性都减少了”。甲国和乙国贸易的结果使得劳动力和工资的价格趋于均等。

后来，保罗·萨缪尔森等用数学证明，两国根据比较利益原则生产各自占优势的产品，但不实行完全的国际分工，在这些特定条件下，国际要素价格均等不仅仅是一致趋势，国际贸易将使两国间同质生产要素的相对和绝对收益相等，这一结论是建立在赫-俄的要素价格均等化原理基础上的，故称为赫-俄-萨模型（H-O-S Model）。

案例 3-3　充分发挥资源禀赋优势，促进东南亚能源电力绿色转型

东南亚能源资源丰富且发展潜力巨大。随着全球一体化进程的加快和区域内经济社会的迅速发展，东南亚已经成为全球可再生能源和化石能源电力基础设施投资的热点区域。东南亚电力基础设施发展现状：可再生能源资源丰富、种类繁多，具有较大开发潜力，但各国资源禀赋和开发条件差异较大；区域电力需求较大，电力可及性有待提高，中短期内依然以煤电为主，但可再生能源发电正稳步上升；电力投资缺口较大，是世界上电力市场发展最具前景的区域之一。但东南亚资源禀赋、能源安全和电力可及目标等方面的特点，决定了大多数国家的能源规划在中短期内依然以化石能源发电为主导，不利于该区域及全球应对气候变化和可持续发展目标的实现。因此，通过政策组合工具和国内外合作，动员国内外资金流向更为低碳绿色的可再生能源基础设施，对于东南亚能源电力绿色转型非常重要。同时，中国也需通过完善对外投资政策，引导投资者充分考量其投资业务中的环境、气候、能源等风险，促进对外投资的高质量和可持续发展，在国际治理中发挥其绿色影响力和引领作用。

资料来源："一带一路"绿色发展国际联盟. "一带一路"绿色能源与环境分析报告[R]. 2020。

3.1.2.2 里昂惕夫之谜

里昂惕夫之谜（the Leontief paradox）是针对要素禀赋论所提出的一种质疑，它的提出成为西方传统微观国际贸易理论在当代的新发展的转折点。

里昂惕夫（Wassily W. Leontief）是当代著名的美国经济学家，投入-产出经济学的创始人，第四届诺贝尔经济学奖获得者。他祖籍俄罗斯，1925 年毕业于列宁格勒大学，获文学硕士学位。后入柏林大学深造，于 1928 年获哲学博士学位。他曾任哈佛大学讲师、助理教授、副教授、教授和纽约大学教授。担任过美国劳工部、商务部等机构和联合国秘书长顾问，还曾任美国经济计量学会会长和经济学协会会长等职。其代表作为《投入产出经济学》（1966 年），该书收录了他从 1947—1965 年公开发表的 11 篇论文，其中有两篇主要是研究国际贸易的，即《国内生产与对外贸易：美国地位的再审查》（1952 年）和《要素比例和美国的贸易结构：进一步的理论和经济分析》（1956 年）。第二次世界大战后，在第三次科技革命的推动下，世界经济迅速发展，国际分工和国际贸易随之迅猛发展，贸易商品结构和地区分布发生了很大变化，传统的国际贸易理论显得越来越脱离实际，于是引起经济学家们对包括要素禀赋论在内的已有学说的怀疑，并促成他们对一些理论模式的检验。1953 年开始，里昂惕夫挑起了经济学界针对赫克歇尔—俄林模式展开的大论战。通过检验，里昂惕夫提出了要素禀赋论的反论——里昂惕夫之谜。

里昂惕夫的研究发现，美国进口替代品的资本密集程度反而高于出口品的资本密集程度（约高出 30%），因而得出与要素禀赋论相反的结论："美国参加国际分工是建立在劳动密集型生产专业化的基础上，而不是建立在资本密集型生产专业化基础上。换言之，这个国家是利用对外贸易来节约资本和安排剩余劳动力，而不是相反。"里昂惕夫的惊人发现引起了经济学界的极大关注，被称为里昂惕夫之谜。里昂惕夫 1956 年又利用投入产出法对美国 1951 年的贸易结构进行第二次检验，检验结果与第一次是一致的，谜仍然存在。

里昂惕夫之谜不仅促成了一些类似的研究工作，也引起了经济学家们对"谜"作出不同的解释。归纳起来，对谜的产生主要有以下几种具代表性解释。

（1）劳动效率的差异

里昂惕夫认为各国的劳动生产率是不同的，1947 年美国工人的生产率大约是其他国家的 3 倍，因此在计算美国工人的人数时应将美国实际工人数乘以 3。这样，按生产效率计算的美国工人人数与美国拥有的资本量之比，较之其他国家，美国就成为劳动力丰富而资本相对短缺的国家，所以它出口劳动密集型产品，进口资本密集型产品，与要素禀赋论揭示的内容是一致的。

这种解释是行不通的，里昂惕夫后来自己也否定了这种解释。因为，如果说美国的生产效率高于他国，那么工人人数和资本量都应同时乘以 3，这样美国的资本相对充裕程度并未受到影响。

（2）人力资本的差异

人力资本（human capital）是指所有能够提高劳动生产率的教育投资、工作培训、保健费用等开支。

克拉维斯（J. B. Kravis）、基辛（D. B. Keesing）、凯能（P. B. Kenen）和鲍德温（R. E. Baldwin）等经济学家用人力资本的差异来解释"谜"的产生。这些经济学家认为，里昂惕夫计量的资本只包括物质资本（physical capital），而忽略了人力资本，若将人力资本部分加到有形资本当中，将很明显地得出美国出口资本密集型产品，进口劳动密集型产品。因为美国劳动比国外劳动包含更多的人力资本。他们还曾作过实际的估算和研究，成功地消除了"谜"。

（3）贸易壁垒的存在

这种解释认为，里昂惕夫之谜产生的原因是市场竞争不完全。国际商品流通因受贸易壁垒的限制而使要素禀赋论揭示的规律不能实现。有人认为，美国政府为了解决国内就业，制定对外贸易政策时有严重保护本国非熟练劳动的倾向。如果实行自由贸易或美国政府不实行这种限制的话，美国进口品的劳动密集程度必定比实际高。鲍德温的研究表明，如果美国的进口商品不受限制的话，其进口品中资本和劳动之比率将比实际高 5%。

（4）自然资源因素被忽略

里昂惕夫是用双要素模型来进行分析的，未考虑其他生产要素如自然资源。而实际上，一些产品既不是劳动密集型产品，也不是资本密集型产品，而是自然资源密集型产品，比如，美国的进口品中初级产品占 60%～70%，而且这些初级产品大部分是木材和矿产品，而这些产品的自然资源密集程度很高，把这类产品划归资本密集型产品无形中加大了美国进口品的资本与劳动的比率，使"谜"产生。如果考虑自然资源这个因素在美国进出口贸易结构中的作用，就可以对谜进行解释，里昂惕夫后来在对美国的贸易结构进行检验时，在投入—产出表中减去 19 种自然资源密集型产品，结果就成功地解开了"谜"，取得了与要素禀赋论相一致的结果。这个原因也可用来解释加拿大、日本、印度等国的贸易结构中"谜"的存在。

里昂惕夫之谜是西方传统国际贸易理论发展的界碑。里昂惕夫对要素禀赋论的检验具有重大的理论意义，推动了战后国际贸易理论的新发展。他的投入—产出分析法对美国贸易结构的计算分析，开辟了用统计数据全面检验贸易理论的道路。

"谜"和"谜"的检验说明，要素禀赋论已不能对战后国际贸易的实际作出有力的解释，因为战后科学技术、熟练劳动力在生产中的作用日益加强，已构成一个非常重要的生产要素，而建立在庸俗学派要素理论基础上的要素禀赋论已脱离战后的经济现实。"谜"与要素禀赋论的矛盾是理论与实践的矛盾，"谜"的解释正是结合实际对要素禀赋论前提中的劳动同质（劳动生产率相同）、两要素模型和完全竞争的假定进行了修正。

国际经济学界关于“谜”与要素禀赋论的旷日持久论战是以对要素禀赋理论前提的修正结束的。当今西方传统国际贸易理论中居主导地位的仍然是以比较优势为核心、经过修正的要素禀赋论，它被誉为西方传统国际贸易理论的基石之一。

3.1.2.3　产业内贸易理论

产业内贸易（intra-industry trade）是指同一产业部门内部的差异产品（differentiated products）的交换及其中间产品的交流。例如，美国和日本相互交换电脑，德国与法国交换汽车，意大利和德国相互交换打字机等。产业内贸易是相对于产业间贸易（inter-industry trade）而言的。当今世界，两种类型的国际贸易均有发生。

国家间要素禀赋的差异，从而比较成本的差异是产业间贸易发生的基础和原因。国家间的要素禀赋差异越大，产业间贸易量就越大。这是传统的贸易理论对产业间贸易的解释。国际贸易中的产业内贸易现象显然不能用传统的贸易理论来解释，因为传统贸易理论有两个重要的假定：一是假定生产各种产品需要不同密度的要素，而各国所拥有的生产要素禀赋是不同的，因此贸易结构、流向和比较优势是由各国不同的要素禀赋来决定的；二是假定市场竞争是完全的，在一个特定产业内的企业，生产同样的产品，拥有相似的生产条件。而这些假定与现实相差甚远。综观西方经济学界对产业内贸易的种种理论说明可知，产品差异论、规模经济或规模报酬递增论及偏好相似论可以解释产业内贸易现象。

（1）产品差异性

在每一个产业部门内部，由于产品的质量、性能、规格、牌号、设计、装潢等的不同，甚至每种产品在其中每一方面都有细微差别而形成由无数样产品组成的差别化系列产品。各国在财力、物力、人力的约束和科学技术的差距，使它们不可能在具有比较利益的部门生产所有的差别化产品，而必须有所取舍，着眼于某些差别化产品的专业化生产，以获取规模经济利益。因此，每一产业内部的系列产品常产自不同的国家。而消费多样化造成的市场需求多样化，使各国对同种产品产生相互需求，从而产生贸易。例如，欧共体（现欧盟）建立以后，随着关税的下降并最后取消及共同体内部贸易的扩大，各厂商得以专业化生产少数几种差异化产品，使单位成本较之过去生产许多种差异产品时大为下降，成员国之间的差异产品交换也大大增加。

与产业内差异产品贸易有关的是产品零部件的贸易的增长。为了降低成本，一种产品的不同部分往往通过国际经济合作形式在不同国家生产，追求多国籍化的计较优势。例如，波音 777 飞机的 32 个构成部分，波音公司承担了 22%，美国制造商承担了 15%，日本供给商承担了 22%，其他国际供给商承担了 41%。飞机的总体设计在美国进行，美国公司承担发动机等主要部分的生产和制造，其他外国承包商在本国进行生产设计和制造有关部件，然后运到美国组装。显然，波音 777 飞机是多国籍化的产物。类似的跨国公司间的国际联盟、协作生产的零部件贸易，正促进各国经济的相互依赖和产业内贸易的扩大和发展。

（2）规模经济或规模报酬递增与不完全竞争

规模报酬递增与不完全竞争是最普遍被用来解释产业内贸易的理论。规模经济或规模报酬递增是指厂商进行大规模生产，使成本降低，报酬递增。对于厂商而言，规模经济有外部的和内部的。前者不一定带来市场不完全竞争（imperfect competition），后者则将导致不完全竞争，如垄断性贸易（monopolistic competition）、寡占（oligopoly）或独占（monopoly）。这是因为国际贸易开展后，厂商面对更广大的市场，生产规模可以扩大，规模经济使扩大生产规模的厂商的生产成本、产品价格略降，生产相同产品而规模不变的其他国内外厂商因此被淘汰。因此，在存在规模经济的某一产业部门内，各国将各自专于该产业部门的某些差异产品的发展，再相互交换（开展产业内贸易）以满足彼此的多样化需求。

国家间的要素禀赋越相似，越可能生产更多相同类型的产品，因而它们之间的产业内部贸易量将越大。例如，发达国家之间的要素禀赋和技术越来越相似，它们之间的产业内贸易相对于产业间贸易日益重要。

（3）偏好相似

这是林德理论的应用，发达国家之间产业结构相似，它们之间的分工大多是部门内产品内分工。它们收入水平相近，消费结构大体相同，对对方的产品形成广泛的相互需求。因重合需求大，所以发达国家间产业内贸易量大。

案例 3-4　促进绿色贸易　助推低碳经济

《中共中央　国务院关于完整准确全面贯彻新发展理念做好碳达峰碳中和工作的意见》提出，加快建立绿色贸易体系；《“十四五”对外贸易高质量发展规划》将大力发展高质量、高技术、高附加值的绿色低碳产品贸易，严格管理高耗能、高排放产品出口等，作为构建绿色贸易体系的重要任务；《关于推进绿色“一带一路”建设的指导意见》将加强绿色供应链管理，推进绿色生产、绿色采购和绿色消费作为推动绿色贸易发展的重要内容。

绿色贸易是与绿色生产、绿色消费相对应和并行的概念，即绿色贸易强调贸易体系的全面绿色转型，而不是仅指增加一些绿色产品和服务的贸易。展望 2035 年，我国外贸高质量发展跃上新台阶。贸易结构更加优化，进出口更趋平衡，创新能力大幅提升，绿色低碳转型取得积极进展，安全保障能力显著提高，参与国际经济合作和竞争新优势明显增强。贸易自由化便利化达到全球先进水平，维护全球贸易合法合规，对全球经济发展和治理体系改革贡献更加突出。

资料来源：“十四五”对外贸易高质量发展规划[EB/OL]. 中华人民共和国商务部网，http://wms.mofcom.gov.cn/article/xxfb/202111/20211103220081.shtml。

3.2　国际直接投资与区域经济一体化

3.2.1　国际直接投资

3.2.1.1　国际直接投资概述

国际直接投资（foreign direct investment）是指一个国家的投资者投资于本国以外的公司来获得持久的利益，并以控制国外企业经营管理权为核心的对外投资。国际直接投资又称外国直接投资、对外直接投资或海外直接投资。国际直接投资的基本形式包括绿地投资和跨国并购。

美国等发达国家在 20 世纪开始对欧盟等国家进行投资，新兴的经济体也开始向发达国家投资，其中，以跨国公司为主体的国际直接投资逐渐扩大。国际直接投资对流减缓，空间流动可以进行大规模调整。随着各国经济的增长，生产力的提高，产业结构也在进行变化，由农业转向制造业与服务业，国际直接投资将加快服务贸易的发展。

3.2.1.2 国际直接投资的分类与特征

根据国际直接投资的动因可将其分类为：

1）自然资源导向型投资动机。属于生存层次的投资动机，为获取国内稀缺的要素资源。

2）成本节约导向型投资动机。以利用外国相对廉价的原材料和生产要素为目的，达到降低企业的综合生产成本、提高经营效率并且增强企业竞争力的效果。

3）市场导向型投资动机。以扩大、巩固和开辟市场为目的，具体包括四个方面：绕开贸易壁垒的投资动机、稳定与扩大市场的投资动机、开辟新市场的投资动机和跟进型投资动机。

4）技术与管理导向型投资动机。为了获取和利用先进国家的技术、产品设计和管理经验等而进行的投资。

5）分散投资风险导向型投资动机。这种投资是为了分散风险，规避单一的投资风险，从而进行投资的多元化布局。

随着经济的全球化，投资贸易自由化和信息技术的推广，进一步促进了统一的世界市场的形成。跨国公司是对外直接投资的产物，并逐渐发展成为推动世界经济发展的主导力量。国际资本流动呈现了大规模发展趋势，国际直接投资规模日益扩大。发展中国家的国际直接投资逐渐活跃。在信息技术的推动下，国际金融市场取得了快速发展，同时也促进了劳动力资源等相关生产要素的全球流动。下面从宏观层面分析国际直接投资发展的主要因素：

（1）投资者本国的经济状况

本国经济状况发展良好，企业具有活力且资本充足时，对外直接投资活动也会增长较快，相反当国内经济发展低迷，投资者对经济形势不看好持观望态度，对外投资也会相对萎缩。

（2）东道国的经济发展状况

投资者一般会投资政治稳定、具有政策优惠、投资环境良好的国家，所以东道国的经济发展水平、市场的完善程度、金融的支持力度都对国际直接投资的发展产生了很重要的影响。

（3）两国间政策的影响

东道国与投资国的政治经济关系对两国之间的投资影响很大，当两国经济政治关系友好时，两国的互相投资也会较快发展，相反若两国关系紧张，则最先受到冲击的就是双方的互相投资。

3.2.1.3 国际直接投资与环境保护

（1）环境库兹涅茨曲线

环境库兹涅茨曲线（EKC）是用来描述环境退化各指标与人均收入之间的假设关系。

西蒙·库兹涅茨（Simon Kuznets）将人均收入和收入不平等之间的关系描述为倒U型，后被称为库兹涅茨曲线。这条曲线被修改以表示来自美国的两位经济学家格罗斯曼（Grossman）和克鲁格（Krueger）对北美自由贸易协定所做的工作及其对环境的影响，称为环境库兹涅茨曲线（EKC）。EKC显示了人均收入与环境退化之间的关系，随着收入的增加，环境退化也增加。然而，一旦达到收入的临界值，这种退化就开始消退。

1991年格罗斯曼和克鲁格从三个方面分析了贸易自由化对空气污染的影响，它们分别是规模效应、结构效应和技术效应。第一，对外直接投资对环境的经济规模效应是由扩大生产规模和提高经济收入所引起的一种综合效应，它有正、负两种效应。一方面，当地的生产活动由于外国直接投资的流入而扩大了发展规模，从而对可再生和不可再生资源的消费也随之增加，最终造成更多的环境污染。另一方面，得益于外商直接投资，当地扩大了生产活动，从而增加了人们收入，人们会注重生活质量的提升，花费更多的时间和金钱来改善环境。而最终外商直接投资产生的规模效应取决于正负两种效应。第二，外商直接投资对东道国的产业结构的影响表现为结构效应。一方面，由于发达国家的环境保护意识和严格的环境监管政策，当地企业投资设厂的成本会相对较高；另一方面，由于发展中国家的环境标准低于发达国家，常常追求粗放型的经济增长方式。因此，为了追求更多的利润、降低经营成本，来自发达国家的企业会将重污染的工厂转移至发展中国家。最终的外商直接投资产生的结构效应取决于重污染产业相对于外商直接投资的比例。如果重污染产业占比更高，那么引进外商直接投资则会扩大污染密集型的产业部门，从而对环境产生不利影响。第三，对外直接投资对环境的技术效应表现为技术的转让和溢出效应。一般来说，由于外商直接投资的流入，可以引进先进的生产过程、管理技巧和技术经验，从而提高一国利用资源的效率、生产效率和环保技术，减少空气污染，改善环境质量。

（2）"污染天堂假说"和"污染光环假说"

国际直接投资是否造成并加剧了东道国的环境污染一直存在争议，并形成了"污染天堂（又名污染避难所）假说"和"污染光环（又名污染光晕）假说"两种相互矛盾的观点。"污染天堂假说"认为，发达国家将高污染高能耗产业转移到发展中国家，加剧了东道国的环境污染；而"污染光环假说"认为，国际直接投资可以通过技术溢出效应改善东道国的环境条件。

3.2.2 区域经济一体化

3.2.2.1 区域经济一体化概述

区域经济一体化也称为"区域经济集团化"。同一地区的两个以上国家逐步让渡部分甚至全部经济主权，采取共同的经济政策并形成排他性的经济集团的过程。其组织形式按一体化程度由低到高排列，包括优惠贸易安排、自由贸易区、关税同盟、共同市场、经济联盟和完全的经济一体化。

3.2.2.2 区域经济一体化的形式

（1）优惠贸易安排

即在成员国间，通过协定或其他形式，对全部商品或一部分商品给予特别的关税优惠，这是经济一体化中最低级和最松散的一种形式，典型的有 1932 年英国与一些大英帝国以前的殖民地国家之间实行的英联邦特惠制。

（2）自由贸易区

即由签订有自由贸易协定的国家组成一个贸易区，在区内各成员国之间废除关税和其他贸易壁垒，实现区内商品的完全自由流动，但每个成员国仍保留对非成员国的原有壁垒。

（3）关税同盟

即成员国之间完全取消关税或其他壁垒，同时协调其相互之间的贸易政策，建立对外的统一关税。这在自由贸易区的基础上又更进了一步，开始带有超国家的性质，典型的有欧洲经济共同体（现称“欧盟”）。

（4）共同市场

即成员国在关税同盟的基础上进一步消除对生产要素流动的限制，使成员国之间不仅实现贸易自由化，而且实现技术、资本、劳动力等生产要素的自由流动。典型的如欧洲统一市场。

（5）经济同盟

即在共同市场的基础上又进了一步，成员国之间不但实现商品和生产要素的自由流动，建立起对外的共同关税，而且制定和执行某些共同经济政策和社会政策，逐步消除政策方面的差异，形成一个庞大的经济实体，典型的如欧盟。

（6）完全经济一体化

完全经济一体化是区域经济一体化的最高组织形态。意味着最终形成了一套放大至区域尺度的国民经济体制，超国家的管理机构享有相当充分的国家主权，从而拥有为区域内各成员国充分认可的经济、政治、社会等领域的立法、行政及司法权。

这是经济一体化的最高阶段。成员国在经济、金融、财政等政策上完全统一，在国家经济决策中采取同一立场，区域内商品、资本、人员等完全自由流动，使用共同货币。

3.2.2.3　区域经济一体化的作用

区域经济一体化是市场经济发展到一定阶段的产物。由于交通、信息技术、互联网的发展，实行市场经济的国家增多，以及各国开放程度的不断提高，都在一定程度上加速了区域经济一体化的进程。各国或地区参与区域经济一体化的目的很显然是在区域经济一体化过程中获得经济利益。区域经济一体化主要具有以下几方面的作用：

（1）区域经济一体化有助于促进经济全球化

区域经济一体化内部经济组织联系程度的强弱和全球化的发展程度密切相关，区域经济一体化内部经济组织联系的加强，是经济全球化发展的重要基础，目前全世界 50%～60%的贸易额是通过区域经济一体化组织内部完成的，目前欧盟和美国的逆全球化行动，在区域内采取贸易保护主义、设置贸易壁垒等方式禁止区域外国家进入的这种逆全球化行为，并不能说明区域经济一体化阻碍了经济全球化的发展。2008 年以来全球金融危机对欧美等西方发达国家的影响等因素导致其出现逆全球化行径，这只是支流，决定不了全球化的发展方向，因为区域经济一体化的本质就是若干地区、若干民族、若干国家之间消除经济交往障碍而形成“经济利益共同体”，最终实现完全一体化，而且区域经济一体化也有利于国际投资的发展。

（2）区域经济一体化有助于实现区域间优势互补

无论是一个国内各区域或者世界范围的各区域，其自然条件和比较优势肯定是不同的，只是差别的程度不同而已，这就决定了各区域具有互补性和竞争性，所谓竞争性，是指各区域的劳动力、自然资源、资本和技术等生产要素的差异性较小，各区域会生产相似产品并进行激烈竞争；而区域经济的互补性是指这种差异性较大，区域之间会在生产要素的供求关系上形成相互依赖。与此同时区域经济的互补性与竞争性既有按照生产要素的差别的标准来定义的潜在的互补性和竞争性，又有以生产出的产品的差别来定义的现实的互补性和竞争性，由于区域内部具有这种互补性和竞争性，区域经济一体化组织内各国家或地区之间可以通过资源整合、优势互补、共享发展等更好地发展经济，因此区域经济一体化有助于区域内优势互补，从而实现效益最大化。

（3）区域经济一体化有助于规模经济的实现

区域经济一体化的规模经济既是指区域规模的大小所实现的规模经济，又指生产要素的大小和水平的高低所实现的规模经济，因此区域经济一体化具有两层含义。对于区域规模的大小，不同的学者有不同的观点，有的学者认为可以根据地理面积的大小来界定，有的学者认为可以根据人口指标的大小来界定。在学术界获得相对多数认可的是阿林·杨提出的按照产量（国民生产总值）多少的标准来界定。在实施区域经济一体化的过程中，各生产要素自由流动和优化配置，使各种产品的市场由一个地区或一个国家扩大到多个地区或多个国家，并使各种产品的生产规模日益扩大，从而助推规模经济的实现。

（4）区域经济一体化有助于降低交易成本

区域经济一体化包括劳动力、资本、信息、技术等生产要素、产品市场以及政策法规等的逐步统一的发展演化过程，也就是市场的一体化过程。在市场的一体化过程中只有降低交易成本，才能实现产品和生产要素的自由流动和优化配置。例如，通过降低关税、减少贸易壁垒，或者由于交通、信息技术的发展，促使运输成本降低，而且随着区域经济一体化进程的加快，各区域的社会风俗文化的距离也在拉小，导致消费习惯趋于一致，也有利于交易成本的降低，减少生产资源的浪费。

案例 3-5　共建“一带一路”绿色发展，为区域经济一体化和经济全球化注入绿色动力

中国积极推动建立共建“一带一路”绿色低碳发展合作机制，与联合国环境规划署签署《关于建设绿色“一带一路”的谅解备忘录》，与有关国家及国际组织签署 50 多份生态环境保护合作文件。与 31 个共建国家共同发起“一带一路”绿色发展伙伴关系倡议，与 32 个共建国家共同建立“一带一路”能源合作伙伴关系。发起建立“一带一路”绿色发展国际联盟，成立“一带一路”绿色发展国际研究院，建设“一带一路”生态环保大数据服务平台，帮助共建国家提高环境治理能力、增进民生福祉。积极帮助共建国家加强绿色人才培养，实施“绿色丝路使者计划”，已为 120 多个共建国家培训 3 000 人次。制定实施《“一带一路”绿色投资原则》，推动“一带一路”绿色投资。中国企业在共建国家投资建设了一批可再生能源项目，帮助共建国家建设了一批清洁能源重点工程，为所在国绿色发展提供了有力支撑。

资料来源：国务院新闻办公室，新时代的中国绿色发展白皮书[R]．2023。

3.3　国际服务外包与绿色服务外包

3.3.1　外包与服务外包的概念

外包（outsourcing），又称“外部资源利用”或“资源外取”，指企业生产或经营环节中某一个或几个环节交由其他（专门）公司来完成，从而达到整合资源，提高资源效率，增强竞争力和应变能力的目的。

外包作为一种管理模式，它具有整合利用其外部最优秀的专业化资源，从而达到降低成本、提高效率、充分发挥自身核心竞争力和增强企业对环境的迅速应变能力的本质属性。

按照领域和对象的不同，外包可以分为制造业外包和服务外包。

（1）制造业外包

制造业外包又称“蓝领外包”，指产品制造过程外包，是企业将生产过程中非核心生产业务或加工方式外包给外部生产企业承担，在充分利用企业外部最优秀专业化资源的同时，使发包企业集中精力于核心业务，达到降低成本、提高经济效益、增强核心竞争力的目的。

制造业外包是外包的早期和初级形式，这种外包形式的诞生结束了企业自给自足的生产方式。20世纪80年代，制造业外包的显著趋势和普遍规模已经形成，目前在欧洲、美国、日本等发达国家和地区被普遍采用。

在传统产业之外，新技术产业也不乏外包成功案例。计算机领域的成功外包商如惠普、宏碁，手机领域如爱立信、摩托罗拉、诺基亚等。很多国际知名公司通过成功实施制造业外包获得丰厚的经济收益。世界主要制造业公司均不同程度地实施外包，制造业外包仍在继续。

（2）服务外包

服务外包又称“白领外包”，是指通过服务外包提供商向服务外包发包商提供包括IT系统架构、应用管理及业务流优化在内的产品支持与服务，达到后者的业务目标的一种新型经营业态。

《中国服务外包发展报告》认为，服务外包中涉及的服务性工作（包括业务和业务流程）可以通过计算机操作来完成，并采用现代通信手段进行支付。企业通过服务外包重组价值链，优化资源配置，降低成本，并增强企业核心竞争力。

服务外包作为一种新兴的贸易方式，从软件开发和测试外包开始兴起于20世纪80年代，90年代中期以后获得了迅速发展。许多企业将一些原来由企业内部人员负责的重要的、非核心的业务，如信息技术、人力资源管理、财务结算转移给其他企业或专业机构去做，以降低成本、优化产业链、提高质量、提升企业的核心竞争力。随着经济全球化的加强和科学技术的不断进步，越来越多的企业为了保持在全球竞争中的优势地位纷纷开始采用这种新的经营模式。

3.3.2　国际服务外包的特点

大家熟知的外包行业是从制造业的外包开始发展的，起初外包的目的是降低成本，在全球范围内进行资源优化配置，利用各自的优势发展全球经济。如今这种经营特殊策略进入了服务行业以及各个领域，最大的原因仍然是成本驱动，发达国家和发展中国家巨大的资源成本差距使很多发达国家的发包商将很多工作交由各种资源价格都很低廉的国家来做。这样不仅节省了很大一部分成本并且可以集中更多的精力来发展核心竞争优势。但是发展到今天，这仅仅成了服务外包的一个小小的特点，不断前进的脚步赋予了国际服务外包更多新的特征。

（1）业务专业化，服务水平更高

服务项目外包，客户的初期目标是降低成本，而随着专业服务外包企业在业务流程的优化、创新方面的开发逐步完善和用户业务流程成熟后，质量、效率、可依赖性成为客户追求的目标。

承接服务外包的服务商往往是某个领域的专家级接包商，对于接包的业务更具优势，更加专业化，服务水平也更高。

（2）与传统的制造业外包相比，附加值更高，高增值产业

与制造业相比，服务外包项目几乎没有进项原材料支出，项目的成本组成为：物业租金、电脑折旧、水电费用、人力成本。收入约等于增值。

IBM 公司的调查数据显示，制造业来料加工的增值部分是总规模的 2%～3%，最高不超过 5%，而服务外包的增值几乎是 100%。而从收益上，同样金额的出口，服务外包对中国经济的贡献是来料加工的 20 倍以上。显而易见，服务外包的高附加值性，对接包商来说，其目标就是用同样的投入获得更多的利益，加入服务外包市场无疑是好的选择。

相关产业带动高税收。由于进入服务外包行业的员工，属于智力密集型劳动，其平均收入远高于制造业。

（3）知识密集型，对人力资源要求很高

接受过高等教育的人力资源是产业的核心，服务外包企业价值与人员规模成正比。服务外包属于知识密集型产业，很多业务都需要从业人员有相关的培训教育经历和丰富的实践经验，并非像制造业一样，只要是对工人进行简单的技能培训就可以进行生产。因此对人力资源的要求很高。

（4）绿色产业，低消耗，无污染

服务外包不用进行实物生产，多数是依赖 IT 设备，对资源的消耗比制造业低很多，也没有废弃物的排放，是非常环保的产业。

（5）不受地域限制

服务的接包商可以在本国也可以在世界上任何一个角落，发包方不用担心对方在哪里，只要能提供高水平的服务，无论在哪里，都可以进行合作。

（6）外包成果无形化，难以量化评估

外包最终形成的成果并非是实物化的产品，而是一种服务，这就难以对成果量化而进行评估。国际上逐渐有一些团体开始研究建立外包成果的评价体系，如软件外包领域内的 CCMM 国际标准，就是对软件外包接包商能力的一种评价指标。

（7）很大程度上依赖互联网和通信技术

大部分的服务外包合作双方都处于不同的地区，即通常所说的离岸外包，双方合作关

系的确立以及业务的进行都依赖现代化的通信手段——互联网和通信技术。对于互联网和通信技术的过分依赖使得服务项目外包逐步形成了一种新的风险：一旦通信网络出现问题，双方的业务马上就会被终止，不能继续下去。

3.3.3　服务外包的种类

3.3.3.1　信息技术外包、业务流程外包和知识流程外包

按照业务性质划分，服务外包主要有三种不同的形式，分别是信息技术外包（information technology outsourcing，ITO）服务、业务流程外包（business process outsourcing，BPO）服务和知识流程外包（knowledge process outsourcing，KPO）服务。各类外包业务又发生着交叉和传递影响。

3.3.3.1.1　信息技术外包服务

（1）定义

信息技术外包是企业向外部寻求并获得包括全部或部分信息技术类的服务。即服务外包发包商以合同方式委托信息技术服务外包提供商向企业提供部分或全部信息技术服务功能。企业以长期合同的方式委托信息技术服务商向企业提供部分或全部的信息功能。

（2）特征

ITO 强调技术，更多涉及成本和服务，对服务承接方的 IT 知识技术及软件技术要求较高。

（3）业务范围

其一，系统操作服务，是指企业将系统操作外包。例如，企业将员工数据库的录入、查询、报表生成、图像处理等操作外包给第三方。目前数据中心是 ITO 中最大的细分市场，占 4/5。

其二，系统应用服务，是指企业将其应用系统的设计、升级、维护等活动外包。例如，企业将其投资的大型 ERP（企业资源规划）系统的日常维护外包给第三方。目前，在所有 ITO 业务范围中，系统应用管理服务增长势头最强劲。

其三，基础技术服务，是指企业将 IT 系统技术支持外包。例如，企业可将其 IT 系统支持交给诸如微软等专业公司。员工在工作中遇到需要解决的技术问题可通过微软专用技术支持热线寻求帮助。技术支持服务的发展源于国际化公司越来越关注与建设自身的核心能力。

3.3.3.1.2　业务流程外包服务

（1）定义

业务流程外包是企业将自身基于信息技术的业务流程委托给专业化服务提供商，由其按照服务协议的要求进行管理、运营和维护服务等。服务内容包括企业内部管理服务、企业业务运作服务、供应链管理服务等。

业务流程外包将两个强大的业务手段糅合在了一起，即业务流程管理和外包。业务流程管理利用技术打破了传统功能性瓶颈之间的障碍，例如在财政、订单处理、呼叫服务中心等。业务流程外包包括组成业务流程及其相应的职能部门，将这些流程或职能外包给专门的服务供应商，并由供应商对这些流程进行重组。

（2）特征

跨国公司将其企业的服务职能或流程（非核心业务）外包到国外某些成本较低的第三方，由第三方按照契约和既定的一系列标准来完成这些服务职能或流程。BPO 更强调业务流程，解决的是有关业务的效果和运营的效益问题。BPO 往往涉及若干业务准则并常常要接触客户，因此意义和影响更重大。不仅 IT 行业需要 BPO，而且 BPO 的每项业务都离不开 IT 业务的支持，从而产生 IT 外包机会。

（3）业务范围

BPO 主要包括三类业务，分别是：

①企业内部管理数据库服务，如人力资源管理、销售管理、财务管理。

②企业业务运作服务。如呼叫中心，客户咨询、金融信用。

③企业供应链管理数据库服务，如采购、仓储、运输。

3.3.3.1.3 知识流程外包

（1）定义

近年来，知识流程外包这一术语变得很普遍，它用来描述作为流程一个部分的服务，这些服务都使用更高层次的知识（领域、主旨、数据挖掘），也包括更深的内涵。与传统的 BPO 相比，知识流程外包强调对跨国公司业务流程生产的高端环节（知识管理业务）进行转移，从而使接包企业获得更高的附加值。知识流程外包过程涉及要求领域专业技能的知识密集型业务流程。

知识流程外包是指利用书籍、数据库、专家、新闻、电话等多种途径来获取信息，并对信息进行即时、综合的分析研究，最终将报告呈现给客户，作为决策的借鉴。KPO 服务使企业缩短了从设计到市场的导入时间；有效管理关键硬件；提供有关市场、竞争情况、产品和服务的研究；提升组织在业务管理的有效性；帮助快速处理预想的业务场景。

（2）特征

KPO 是 BPO 的高智能延续，是 BPO 最高端的一个类别，是新近发展起来的，专指那些比较高端、附加值大、主要处于价值链上游的国际 IT 外包服务业务。其中心任务是以业务专长而非流程专长为客户创造价值。由此，KPO 将业务流程外包更甚者整个外包产业推向更高层次的发展，更多地寻求先进的分析与技术技能，以及果断的判断。

同时，由于 KPO 更加集中在高度复杂的流程，这些流程需要由广泛教育背景和丰富工作经验的专家们完成。工作的执行要求专家们对某一特殊领域、技术、行业或专业具有精准、高级的知识。

（3）业务范围

KPO 主要业务范围包括产品研发、金融分析、市场研究等服务外包。

3.3.3.2 境内外包、近岸外包、离岸外包

按服务外包供应商地域划分，分为境内外包、近岸外包、离岸外包。服务外包经历了从境内服务外包到近岸服务外包、离岸服务外包的发展过程。

3.3.3.2.1　境内服务外包

（1）定义

境内服务外包（on-shore outsourcing）也称在岸服务外包，是指外包转移方（外包商）与其外包承接方（供应商）来自同一个国家，外包工作在国内完成。

（2）特征

境内服务外包更强调核心业务战略、技术和专门知识，注重价值增值、在岸外包对于国内市场广阔的国家有特别重要的意义。

外包范围十分广泛，涉及 IT 服务、人力资源管理、金融、保险、会计、物流、研发、产品设计等众多领域。

3.3.3.2.2　近岸服务外包

（1）定义

近岸服务外包又称近海服务外包（nearshoring outsourcing），即发包国选择将服务业务外包给与自己更邻近的国家。

（2）优势

时区：近岸外包提供与发包商处于相同时区的开发人员、支持团队，并能同时服务相同的用户群体。时区是外包活动需要考虑的主要因素之一。

地理相邻：外包项目能够正常运行，通常要面对面地交流，这不仅是项目经理的主要工作，具体的实施人员同样需要面对面的沟通。地理的相邻近是构建有效合作关系的重要因素。

移民优势：合作期间，双方都需要进行拜访。一个海外项目的 CIO 需要拜访合作伙伴和考察现场。各国对此有相关优惠政策，如北美贸易协定（NAFTA）规定，近岸工作的专业人员可以享受灵活的签证待遇，即在美国、加拿大和墨西哥可以延长停留时间。

文化相似性（cultural affinity）：除语言之外，近岸外包的双方具备更紧密的工作关系。两个国家相邻并具有相似的历史溯源，如美国和墨西哥都有 200 多年的历史，两个国家的文化也具有更大的相似性。当两个相邻国家的人员共同参与一个复杂项目时，相似的文化背景更容易促使项目更好地完成。

成本优势（cost advantage）：所有之前提及的优势都必将归结到成本优势上。

3.3.3.2.3　离岸服务外包

（1）定义

离岸服务外包（off-shore outsourcing）是指外包转移方（外包商）与其外包承接方（供应商）来自不同的国家，外包工作跨国完成。

（2）优势

离岸外包能带来明显的效益。

其一，节约成本。据统计一半以上的网络运营商进行离岸外包的初衷就是削减成本。那些较早采取离岸外包战略的企业，可节省 20%～30%的成本开支以及其他额外开支，比如劳动力开支、招聘费用、国家保险费用和房地产等。仅是劳动力开支这一项，印度员工的薪酬可能只有美国员工的 1/10 左右。

其二，提高质量。随着因特网的发展，电信业迈向先进的数字化服务，离岸的技术熟练而薪酬要求较低的员工对发包商非常重要，在印度等发展中国家，受过良好教育的员工甚至比美国本土的员工具有更高的素质。

其三，有助于加强企业的竞争力。由于接包方遍布于世界不同市区，可以全天 24 小时不停运作，缩短了开发应用方案所需的时间。

其四，有助于业务流程再造和过程改善。

（3）风险

虽然离岸外包能够带来明显的经济利益，但同时也带来了风险。如政治、地域、文化、法律、价值观及管理方法等方面的差异，使得外包项目在其生命周期过程中存在风险。

案例 3-6　中国的国际服务外包

近年来，中国服务外包企业数量快速增长，截至 2020 年年底，中国服务外包企业数量达 60 574 家，比 2015 年增长 76.7%，年均增长 12.1%，其中新增企业数量达 6 026 家，较 2019 年增加了 407 家，同比增长 7.24%，尽管面临全球新冠疫情大流行、世界经济衰退、国际经贸环境复杂化等多重不利因素影响，中国企业承接服务外包业务仍保持扩张态势。

离岸服务外包成为中国服务出口增长主引擎，中国顺应数字技术发展趋势，抢抓全球数字经济发展战略机遇，加快推进数字产业化和产业数字化进程，以产业转型升级和市场需求为导向，积极发展云计算服务、软件研发服务、集成电路和电子电路设计服务等信息技术外包，促进离岸服务外包成为可数字化服务出口的主要模式，2020 年中国离岸服务外包占服务出口的比重达 37.7%，占可数字化服务出口的比重达 68.2%，对可数字化服务出口的增长贡献率达 78.0%。其中，离岸信息技术外包执行额占电信计算机和信息服务出口的 76.3%，贡献率达 53.1%。2020 年新冠疫情全球大流行以来，远程医疗、供应链服务、在线教育、共享平台、协同办公、跨境电商广泛应用，服务外包企业积极响应市场需要、加快复工复产，扩大服务交付能力，满足市场需求，为稳定全球产业链供应链和推动国际抗疫合作发挥了重要作用。

资料来源：商务部. 中国服务外包发展报告 2020[R]. 2021。

3.3.4　绿色服务外包

相对于部分高能耗、高污染的制造业，服务外包产业的信息技术承载度高、资源消耗低、环境污染少、附加值高，是一种非常典型的绿色低碳经济。近年来，以服务外包作为产业升级的一个重要方向，服务外包产业得到高速发展，逐渐成为对外贸易增长新亮点和经济转型升级的“绿色引擎”。

作为世界上最大的发展中国家，中国把发展“绿色经济”作为 21 世纪社会经济发展的一项重大战略。而履行这一战略，发展国际服务外包不可或缺。大力承接国际服务外包，发展高端服务业，对于发展中国家调整经济结构、构建“环境友好型”和“资源节约型”社会，实现绿色生产具有重要的意义。

案例 3-7　服务外包点亮桐乡“低碳经济”

作为浙江省桐乡市最早一家实行服务业与制造业分离的物流企业，浙江宇石国际物流有限公司（以下简称宇石物流）近年来不断发展壮大，吸引了众多国际级企业的目光。在宇石物流的合作名单上，包括国际零售业巨头沃尔玛的配送中心、日本的松下电子、玻纤集团、巨石集团等。随着桐乡大型制造企业深入实行“走出去”战略，宇石物流为传统制造业企业提供仓储、订舱、报关、报检、运输等专业服务。这种从产品附加值最低的制造业中剥离出来的模式，使得企业实现“低投入、高产出”。桐乡以服务外包带动产业升级，服务外包产业点亮桐乡“低碳经济”。

资料来源：服务外包点亮桐乡“低碳经济”[EB/OL].（2021-06-19）[2022-09-18]. https://www.tongxiang.net/article/article_9537.html。

3.4　全球营销与绿色营销

3.4.1　国际市场产品策略

3.4.1.1　国际市场整体产品策略

现代营销理论认为，产品整体概念包含核心产品、有形产品、附加产品三个部分。

（1）核心产品

核心产品是指消费者购买某种产品时所追求的利益，是顾客真正要买的东西，因而在产品整体概念中也是最基本、最主要的部分。

（2）有形产品

有形产品是核心产品借以实现的形式，即向市场提供的实体和服务的形象。产品的基本效用必须通过某些具体的形式才能得以实现。

（3）附加产品

附加产品是顾客购买有形产品时所获得的全部附加服务和利益，包括提供信贷、免费送货、保证、安装、售后服务等。

产品整体概念整合了产品实体性和实质性，将产品的基本利益与非物质形态的效用有机结合起来。在产品日益丰富的国际市场上，它为企业采用标准化或差异化的产品策略提供了依据，成为企业获得竞争优势的重要来源之一。产品整体概念是现代营销观点的具体体现。

3.4.1.2　国际市场产品生命周期

在产品生命周期理论过程中，任何一项成功的产品都会经历一个从新颖到衰退的过程，即从投入市场到退出市场的过程。这一过程叫产品生命周期。产品生命周期一般包括投入期、成长期、成熟期和衰退期四个阶段。

（1）投入期

投入期是产品生命周期的第一个阶段，即产品开始按批量生产并全面投入企业的阶段。这一阶段最主要的特征是销量低、销售增长缓慢。

如果该产品在投入期即被消费者拒绝，那么，企业为此作出的努力将前功尽弃。产品只有度过艰难的投入期才能茁壮成长。产品在投入期的市场特点是消费者不了解新产品，购买者少，经销商不愿多进货，销售渠道少，因此，销售增长率十分缓慢。由于产品还不能大批量生产，因而，产品生产成本高，企业无利甚至亏本。对全新的产品来说，一般没有直接的竞争者，因而，促销的重点在于介绍产品特点，刺激消费需求。产品在市场投入期的行销策略，着重于新产品如何推销宣传和如何制定产品的收益目标，即制定价格。

（2）成长期

新产品从投入期转入成长期的标志是销售量迅速增长。对于非耐用消费品来说，具有创新精神的初试者由于使用产品的满足开始重复购买，并通过消费者交叉影响使新产品迅速向市场扩散。这一阶段另一个最重要的特征是竞争者纷纷介入，当新产品盈利较高时更是如此。

（3）成熟期

成熟期的特点是产品在市场上基本饱和，虽然普及率继续有所提高，而销售量则趋于基本稳定。

由于竞争日益激烈，特别是出现价格竞争，产品差异化加剧、市场更加细分，顾客对品牌的忠实感开始建立，产品市场占有率主要取决于重复购买率的高低。维护市场占有率所需的费用仍然很高，因此少数财力不足的企业被迫退出市场。

（4）衰退期

由于竞争势态、消费偏好、产品技术及其他环境因素的变化，产品销售量减少而进入衰退期，从而诱发出更新的产品问世。这时原有产品普及率迅速降低，成本回升，分销环节转向营销新品。因此，营销的策略应有计划地逐步缩短以及撤出生产线，处理存货，考虑设备工具的再利用。销售旺季一过，产品将不可避免地步入衰退阶段。此种衰退有的可能甚缓，有的可能来之迅速。

在产品生命周期中，四个不同阶段的不同运用会给企业带来不同的营销策略，因此，只有正确运用其中的策略，产品才能立于不败之地，或者使其生命周期维持得更长。

3.4.1.3 国际市场产品品牌策略

品牌是企业为自己的产品或服务确定的一个名称、术语、标记、符号、图案或者是这些因素的组合，目的是让购买者识别产品的制造商和销售商或识别服务的提供者。

（1）品牌化策略

即企业使用品牌与否的策略，包括使用品牌还是不使用品牌，以及品牌决策是否注册为商标。

（2）品牌归属策略

企业在决定使用品牌后，应对使用谁的品牌问题作出决策，在品牌的选择与使用上可以有 4 种选择：①使用生产者品牌；②使用经销商的品牌；③使用特许品牌；④使用共同品牌。

（3）品牌名称策略

如果企业决定其大部分或全部产品都使用自己的品牌，就要进一步决定其产品是分别使用不同的品牌，还是统一使用一个或几个品牌。企业可供选择的品牌策略主要有以下四种：①个别品牌策略；②对所有产品使用不同类别的家族品牌策略；③统一品牌策略；④公司名称和单个产品名称相结合的策略。

（4）品牌战略选择策略

①产品线扩展；②品牌延伸；③合作品牌；④多品牌策略。

3.4.2　国际市场定价策略

3.4.2.1　国际市场产品定价方法

（1）成本加成定价法

成本加成定价法是一种传统的产品定价方法。成本加成就是以商品总成本为基础，再加上一个百分比作为利润来确定价格。

成本包括生产成本（包括固定成本与变动成本）和经营成本（包括销售费用、管理费用、运费、关税等）。

成本加成定价是企业最基本、最普遍采用的定价方法，这种方法简便易行，计算准确，但由于缺乏竞争性，没有考虑消费者的需要，是很难制定出最适宜的价格的。

若以 C 表示产品单位成本，以 S 表示利润率，P 表示价格，则有：

$$P = C(1 + S)$$

上式中，C 除了指产品的制造成本外，还应考虑许多国际营销所特有的成本项目，根据这些费用是由生产厂家负担，还是由出口商或进口商负担，决定制定价格时是否将这些成本计算在内。

也可以从商品价格出发，倒扣利润率，求得进价。

$$C = P(1 - S)$$

例如，公司生产出口某型号的电视机 1 万台，每台固定成本 200 元，变动成本 1 000 元，预期利润率 10%。

用顺加法计算售价：

$$P = 1\,200(1 + 10\%) = 1\,320（元）$$

用倒扣法计算进价：

$$C = 1\,320(1 - 10\%) = 1\,188（元）$$

同一比例的加成，倒扣法算出的价格与成本和顺加法都不相同。从中我们可以体会到倒扣法的作用。与顺加法相比，在成本相同的情况下，倒扣法有较高的价格，或者说市场价格相同，而倒扣率较低，其迷惑性较强；企业欲统一市场价格或维护既定的定价策略，可根据经营条件的不同给零售商以不同的扣率，而形成统一的市场价格，以避免价格战。

成本加成定价法之所以受到企业界欢迎，主要是由于这一方法有以下几个方面的优点：

第一，相对于需求的不确定性而言，成本的不确定性一般比较少，根据成本决定价格可以大大简化企业定价的过程。即使企业对国外市场上的需求、竞争等因素了解不多，产品只要能够卖得出去，根据成本加成定出的价格就能保证企业的正常经营。

第二，如果同行业中所有企业都采取这种定价方法，则价格在成本与加成相似的情况下也大致相似，价格竞争也会因此减至最低程度。

第三，许多人感到成本加成法对买方和卖方讲都比较公平，当买方需求强烈时，卖方也不利用这一有利条件谋取额外利益，同时又能获得公平的投资报酬。

成本加成法的主要缺点就是忽视了市场供求关系的变化及影响产品销售的其他因素，当市场出现供大于求时，因企业定高价而未及时改变，使产品难以销售出去，当市场出现供不应求时，产品定低价，一方面未能及时提高利润率以加快收回投资，另一方面使购买者认为企业产品质量低劣，影响企业和产品形象。

我国企业在运用成本加成法制定产品价格时，还要考虑国外市场对倾销的认定。由于我国劳动力成本低，产品低成本和低售价有时在国外市场上被他国政府认定为有倾销倾向。这也是我们在制定产品价格时要考虑的一个因素。

（2）目标利润定价法

目标利润定价法也称为投资收益率定价法。它是根据企业的总成本和计划的总销售量，加上按投资收益率制定的目标利润作为销售价格的定价方法。

这种方法的实质是将利润看作产品成本的一部分来定价，将产品价格和企业的投资活动联系起来，一方面强化了企业经理的计划性，另一方面能较好地实现投资回收计划。国外大型的工业企业，因为投资大，业务具有垄断性，又与公众利益息息相关，政府对它的定价有一定的限制，常采用这种方法。

价格=（总成本+目标利润）/总销量

用公式表示：

$$P=(\mathrm{TC}+R)/Q$$

其中：

总成本=固定成本+变动成本

目标利润=投资额×预期利润率

例如，某企业生产一种产品，投资额为 300 万元，预期利润率为 12%，预计产量为 15 万件。假定企业固定成本为 60 万元，单位变动成本为 6 元，根据目标利润定价法，产品售价多少才能实现预期收益？

总成本=600 000+6×150 000=1 500 000（元）

目标利润=3 000 000×12%=360 000（元）

价格=（15 000 000+360 000）/150 000=12.4（元）

在目标利润定价法中，价格与销量的关系是由需求弹性决定的。因此，在采用此法时，要明确：第一，要实现的目标利润是多少；第二，大致的需求弹性是多少，最后才能考虑价格，把定价定在能使企业实现目标利润的水平上。

目标利润定价法的不足之处在于价格是根据估计的销售量计算的，而实际操作中，价格的高低反过来对销售量有很大影响。销售量的预计是否准确，对最终市场状况有很大影响。企业必须在价格与销售量之间寻求平衡，从而确保用所定价格来实现预期销售量的目标。

（3）价值定价法

价值定价是指尽量让产品的价格反映产品的实际价值，以合理的定价提供合适的质量和良好的服务组合。这种方法兴起于 20 世纪 90 年代，被麦卡锡称为是市场导向的战略计划中最好的定价方法。

价值定价与认知定价是有区别的，消费者对企业产品的认知价值是主观的感知并不等于企业产品的客观的真实价值，有时两者之间甚至会有较大的偏离。企业价值定价的目标就是尽量缩小这一差距，而不是通过营销手段使这一差距有利于企业的方向扩大。企业要让顾客在物有所值的感觉中购买商品，以长期保持顾客对企业产品的忠诚。

在零售业中，沃尔玛被认为是实施价值定价法的成功典范。它的“天天低价”策略比传统零售商的“高—低”定价策略（平时的定价较高，但频繁地进行促销，使选定商品的价格有时会低于沃尔玛的价格）更加受顾客青睐。值得强调的是，所谓的低价是相对于商品的质量及服务而言的，任何以牺牲质量为代价的低价正是价值定价法所反对的。此外，价值定价不仅仅只涉及定价决策，如果企业无法让消费者在现有的价格下感觉到物有所值，那么企业就必须对产品重新设计、重新包装、重新定位以及在保证有满意利润的前提下重新定价。

（4）倒推定价法

这种定价方法不以实际成本为主要依据，而是以市场需求为定价的出发点。可以通过以下公式计算价格：

$$批发价 = 零售价/（1 + 零售商毛利率）$$

$$出厂价 = 批发价 \times（1 + 批发商毛利率）$$

显然这一方法仍然是建立在最终消费者对商品认知价值的基础上的。它的特点是：价格能反映市场需求情况；有利于加强与中间商的良好关系，保证中间商的正常利润，使产品迅速向市场渗透；并且根据市场供求情况及时调整，定价比较简单、灵活。这种定价方法特别适用于需求价格弹性大、花色品种多、产品更新快、市场竞争激烈的商品。

（5）差别定价法

从根本上说，随行就市定价法是一种防御性的定价方法，它在避免价格竞争的同时，也摒弃了价格这一竞争武器。产品差别定价法则与之形成了鲜明的对比，一些企业依据企业自身及产品的差异性，特意制定出高于或低于市场竞争者的价格，甚至直接利用低价格作为企业产品的差异特征。主动降价的企业一般处于进攻地位，这就要求它们必须具备真正的实力，不能以牺牲顾客价值和顾客满意为降价的代价。而实施高价战略的企业则只有保证本企业的产品具备真正有价值的差异性，才能使企业在长期竞争中立于不败之地。

3.4.2.2　国际市场产品定价策略

（1）FOB[①]原产地定价与到岸价格

FOB 原产地定价或离岸价，就是顾客按照厂价购买某种产品，企业只负责将这种产品运到某种运输工具上（如卡车、火车、船舶、飞机等）交货。交货后，从产地到目的地的一切风险和费用都由顾客承担。采用这种定价方法，与企业相邻国家的顾客负担的费用小，离企业远的国家的顾客负担的费用大，有可能导致离得远的国家的顾客不愿意购买这个企业的产品，而购买离他们近、运费低的企业的产品，使本企业失去地理位置较远的

① FOB，即 free on board 的缩写，意指“离岸价”或“原产地定价”。

市场。

到岸价格是指离岸价格加上保险费和运费所构成的价格。

（2）统一交货定价

统一交货定价和 FOB 原产地定价正好相反。它是企业对于卖给不同地区顾客的产品，都按照相同的厂价加相同的运费（按平均运费计算）定价，保证企业全球市场上的顾客都能以相同价格买到同一产品。这种策略便于企业的价格管理，有助于企业在各国的广告宣传中保持价格的统一。很明显，这种策略有利于巩固和发展离企业远的目标市场的占有率，但容易失去距离较近的部分市场。

（3）分区定价

分区定价是指企业把销售市场划分为若干区域，对于不同区域的顾客，分别制定不同的地区价格，例如出口到美洲各国用一种价，在欧洲各国用另一种价，在亚太地区用第三种价格。产品在同一地区的价格相同，在不同地区价格有差异，离得远的区域产品的价格略高一些。企业采用分区定价也有问题：①在同一价格区内，有些顾客距离企业较近，有些顾客距离企业较远，前者就不合算。②处在两个相邻价格区附近的顾客，他们相距不远，但是要按高低不同的价格购买同一种产品。相邻区域的价格差异有可能导致中间商随意地跨区域销售，不利于企业对区域价格的控制。企业在划分区域时，要注意这些问题。

（4）基点定价

基点定价是企业选定某些地点作为基点，然后按同样的价格向其他地点供货，顾客购买价格的差异只包含离基点远近运费的不同，采用这种方法，减少了顾客购买价格的差异，有利于统一产品的市场价格。企业可以选定多个基点，按照顾客离得最近的基点计算运费。例如，企业出口产品到欧洲，可将产品先运输到荷兰的港口，然后通过集装箱将产品运到欧洲各地。

（5）运费免收定价

有些企业为了尽快开拓某个国家的市场，由企业负担全部或部分实际运费。企业认为，如果产品销量增加，其平均成本就会降低，能够弥补运费开支。采取运费免收定价，有利于企业在国外市场实现快速渗透，在新市场尽快站稳脚跟。

3.4.3 国际市场分销策略

3.4.3.1 国际分销渠道模式

国际分销渠道（international distribution channel），是指使所有产品及其所有权从生产者转移到国际消费者的过程中所经历的各种通道和市场组织的总和。

在国际分销系统中，一般具有三个基本因素：制造商、中间商和最终消费者。制造商和消费者分别为分销系统的起点和终点。当企业采取不同的分销策略进入国际市场时，产品或服务从生产者向消费者的转移就会经过不同的营销中介机构，从而形成不同类型的国际分销结构。出口企业管理分销渠道主要有两个目标：一是将产品有效地从生产国转移到产品销售国市场；二是参加销售国的市场竞争，实现产品的销售和获取利润。

企业产品进入国际市场时，面临不同营销渠道的选择。由于各国的历史背景、市场特点、竞争状况及经济发展程度不同，分销渠道模式的特点也各不相同。国际销售渠道的基本模式如图 3-1 所示：

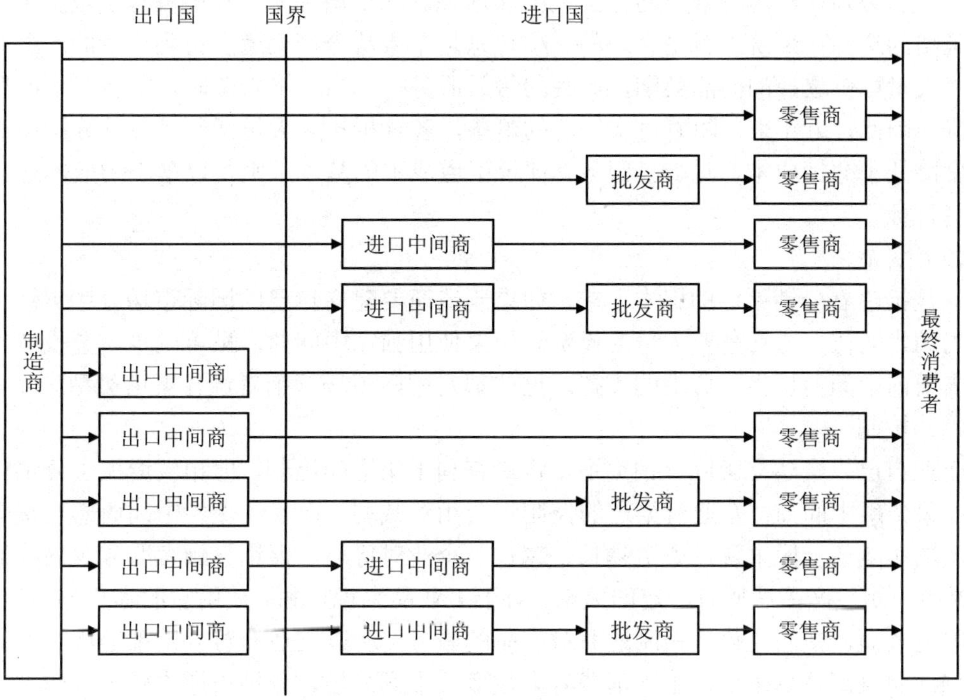

图 3-1 国际销售渠道的基本模式

从图 3-1 可以看出，企业出口产品既要通过本国的分销渠道，还要通过国外目标市场国国内的分销渠道，所以在国际市场上销售产品要经过三个环节：第一个环节是出口国国内的销售渠道，第二个环节是由出口国进入进口国的销售渠道，第三个环节是进口国国内的销售渠道。

这样就会形成多种分销渠道，企业面临不同的销售模式的选择。前五种模式企业省去了国内中间商环节，将产品直接销往国外市场，称为直接渠道，其中，第一种模式是企业将产品直接销售给国外最终购买者，销售层次最少，分销渠道最短：后五种模式是企业通过国内中间商间接向国外销售产品，称为间接渠道。我国企业产品的分销渠道大多采用这些销售模式进行产品的出口，所以认识这些产品分销模式有助于企业产品顺利进入国际市场。

3.4.3.2 国际市场分销模式选择

企业在选择国际分销渠道时一般要考虑六个因素：成本（cost）、资金（capital）、控制（control）、覆盖（coverage）、特性（character）和连续性（continuity）。这六个因素被称为分销渠道的六个“C”。

（1）成本

包括开发渠道的投资成本和维持渠道的持续成本。在这两种成本中，维持成本是主要的、经常的。它包括维持企业自身销售队伍的直接开支，支付给中间商的佣金，物流中发生的运输、仓储、装卸费用，各种单据和文书的费用，提供给中间商的信用、广告、促销等方面的维持费用，以及业务洽谈、通信等费用。支付渠道成本是任何企业都不可避免的，营销决策者必须在成本与效益间作出权衡和选择。如果增加的效益能够补偿增加的成本，渠道策略的选择在经济上就是合理的。顾客总是希望从分销渠道上得到更多的服务：及时交货，大量可供选择的商品类别，周到的售后服务等。当经济萧条时，顾客要求的服务就会下降。因此，近年来，随着日本经济的萧条，各种折扣店大量涌现，各种分销商也相应大幅度降低了分销成本，减少了服务。评价渠道成本的基本原则是以最小的成本达到预期的销售目标。

（2）资金

这是指建立分销渠道的资本要求，如果制造商要建立自己的国际市场分销渠道，使用自己的销售队伍，通常需要大量的投资。如果使用独家中间商，虽可减少现金投资，但有时却需要向中间商提供财务上的支持。这些都对国际市场营销者选择渠道类型产生影响。

（3）控制

企业自己投资建立国际分销渠道，将最有利于渠道的控制，但相应增加了分销渠道成本。如果使用中间商，企业对渠道的控制将会相对减弱，而且会受各中间商愿意接受控制的程度的影响。一般来说，渠道越长、越宽，企业对价格、促销、顾客服务等的控制就越弱。渠道控制与产品性质有一定的关系。对于工业品来说，由于使用它的客户相对比较少，分销渠道较短，中间商较依赖制造商对产品的服务，所以制造商对分销渠道进行控制的能力较强。而就消费品来说，由于消费者人数多，市场分散，分销渠道也较长、较宽，制造商对分销渠道的控制能力较弱。

（4）覆盖

渠道的市场覆盖面，是指企业通过一定的分销渠道所能达到或影响的市场。营销者在考虑市场覆盖时要注意三个要素：一是渠道所覆盖的每个市场能否获取最大可能的销售额；二是这一市场覆盖能否确保合理的市场占有率；三是这一市场覆盖能否取得满意的市场渗透率。市场覆盖面并非越广越好，主要看其是否合理、有效，能否给企业带来好的效益。国外不少大企业在选择分销渠道时，并不是以尽可能地拓展市场的地理区域为目标，而是集中力量在核心市场中进行尽可能地渗透。

（5）特性

营销者在进行国际市场分销渠道设计时，必须考虑自身的企业特性、产品特性以及东道国的市场特性、环境特性等因素。

（6）连续性

保持渠道的连续性是营销者一项重要的任务。中间商是谋求自身利益最大化的组织，在确保产品能在市场站稳脚之前，一般不会介入。它们从生产厂商那里挑选市场需要的品牌，而不会为推销产品作任何努力。并且一旦无利可图，即使是一时出现短期困难，制造商也可能被它们放弃。

3.4.4 国际市场促销策略

促销，顾名思义就是促进销售，是指企业为了打开市场、扩大产品销售，把有关本企业产品和服务的信息，通过相适应的方式和手段向目标顾客传递，促使其了解、熟悉、信赖企业的产品和服务，从而达到激发顾客购买欲望、促成顾客购买行为的目的的一系列活动。

3.4.4.1 国际市场广告促销

广告效果的好坏在很大程度上取决于广告媒介选择的适当与否。广告媒介主要有报纸、电视、广播、邮寄、期刊、户外广告牌等，各种媒介各有其特点。

在国际市场广告促销活动中，使用最多的广告媒介仍是报纸、杂志、广播与电视三大媒介，而计算机网络则是一种新兴的广告媒介。

3.4.4.2 国际市场推广策略

在国际促销活动中，除广告、人员推销、公共关系以外，所有鼓励最终用户购买产品，提高零售商和中间商推销能力并改进其合作态度的市场营销活动，都属于营业推广。广告对消费者购买行为的影响往往是间接的，营业推广则刺激消费者立即作出购买决策。

在营销组合各种要素中，营业推广用得最为频繁，但在含义上却最为含糊。销售推广由一系列促销工具构成，都是世界各国企业长期致力于产品竞销的结果，同时，又有不少工具正在企业的促销实践中得到创造。

在国际市场上，进入一个新市场，如能把营业推广和广告手段结合起来运用，往往可能获得成功。近年来，营业推广的使用范围和程度都有加速发展的趋势。导致营业推广迅速增长的因素在于：品牌的大量增加，竞争者更富有促销头脑，通货膨胀和衰退使消费者更容易接受促销的影响，广告的有效性由于成本增加、媒介杂乱和法律的限制而在降低。营业推广的特点在于其非规律性和非周期性以及灵活多样性和短期效益明显。

营业推广的方式很多，主要分为三类：一是针对最终消费者的，如免费样品，折价券、现金兑换、竞赛、现场示范、附带廉价品等；二是针对中间商的，如购买折扣、合作广告、推广津贴、经销竞赛等；三是针对推销人员的，如奖金、推销竞赛等。许多公司的国际营销实践证明，营业推广在国际营销中也是一种行之有效的促销方式。

（1）现场推广方式

1）国际博览会。国际博览会又叫国际集市，是指在一定地点定期举办的由一国或多国联合组办、邀请各国商人参加交易的国际营销形式。在国际博览会上，一边把各种产品展出，一边就地进行交易。被邀请的各国，不但可以与主办国进行交易，而且互相之间也可以进行交易。国际博览会分为两类：一类是综合性国际博览会，又称“水平型博览会”；另一类是专业性国际博览会，又称“垂直型博览会”。由于博览会参展商集中，且集展示与交易于一体，所以能够提供较多的商业机会。

2）演示促销。演示促销是指在销售现场或展览会上提供实物证明，进行商品的使用表演，使购买者亲见商品的使用方法与效能，激起购买行为。在国际营销中，由于营销范围较广，常采用由专业人员组成流动演示组的方法，在消费者密集地区（市场）巡回告示。流动演示成本较高，但由于与目标市场接触面大，商品透明度高，能够取得较好的促销效果。演示促销对一些新产品或是操作使用较为复杂的产品推广特别有效，其可大大加深顾客对商品的印象，缩短消费者与商品之间的距离。

（2）直接对消费者的推广方式

对国际市场消费者的营业推广，其主要目的是提高产品的知名度，鼓励消费者购买，刺激销售量增加。这种促销手段可以按照功能和目标分为以下几类：

1）用于推出新产品的手段有赠送样品、优惠价格和试用可退换。赠送样品，对于迅速开拓市场、建立顾客对产品的信任感，加强消费者与企业的合作关系最为有效，特别是对于在国际市场上刚刚进入一个目标市场的非耐用消费品，更是经常使用这种方法，但这种方法成本较高。

2）用于保证某种产品更多地被消费购买的办法是折价出售、奖励、补贴、大奖赛和抽奖等。这类手段目的在于以一些小型的奖励或是少数人获得高额奖励的机会激励消费者更多地购买某一种产品。但消费者对这种方法已逐渐习以为常，因而商家都在努力地寻求新的方法以刺激购买。

3）直接吸引顾客到零售店去购买的促销方法是优惠券、零售附单和零售试用。代价券或优惠券，是给持有人一个证明，证明他在购买某种商品或在本企业购买一定数量的商品时，可以免付一定金额的钱。优惠券可以在广告中附送、邮寄、当面奉送等。

（3）对中间商的推广方式

为了争取批发商和零售商等中间商的合作，生产厂家常采取一些针对中间商的推广方式，如购买折扣、推广津贴、推销竞赛、分期付款、资金资助等。

1）购买折扣是指在规定的时期内，购买者购买某种商品可享受一定购货折扣。这种折扣既可以直接支付，也可以从发票金额中减除，目的在于鼓励经销商去购买一定数量的商品或者经营那些他们通常不愿进货的新品种。

2）推广津贴，即批发商购买某种产品达到一定数量时，制造商特别赠送一些商品或现金。广告津贴是为酬谢中间商替生产商的产品代登广告而给予的报偿。类似的还有陈列津贴。

3）推销竞赛，即制定一个奖励办法，内容包括销售数量、新产品推销、市场开拓、价格控制，销售服务合作时间的功能。成绩优异的中间商，有机会得到一定奖金或奖品，用以刺激、鼓励他们努力推销本企业产品。

案例 3-8　方太集团开展“地球情书”活动，在柴米油盐中致敬环保

2022 年 3 月，方太集团开展了以“地球情书”为主题的环保活动，发布了《地球情书》的 TVC，影片主要讲述了三个地球守护者的感人故事，分别是：黄沙上的一对夫妻奉献自己的一生去治沙造林；湿地中的护鸟人不惧危险与偷鸟贼对峙；织女不因金钱利益动摇，坚持用天然的方式染料。这则影片通过讲述个体鲜活的故事，自然融入方太厨电节能环保的卖点，生动地传达出了方太集团的环保价值观念，具有真实和亲切感，更容易让大众接受方太集团树立的环保形象。

另外，方太集团还联合了多个品牌书写“告白地球的 100 句情话”，发布了一组海报，每一张海报都聚焦于环保主题，结合品牌特点推出了三行情话表白地球，既是呼吁大众环保绿色生活，也体现出了品牌的环保属性。而除了联合各大品牌扩大活动影响外，方太集团还面向全网征集“告白地球的 100 句情话”，充分调动大众的参与度。从《地球情书》故事短片到联合品牌、全网征集“告白地球的 100 句情话”，方太集团的环保形象深入人心。

资料来源：壹串通品牌策划集团. 盘点 2022 各大品牌绿色营销案例[EB/OL].（2022-05-11）[2022-09-20] .https://www.sohu.com/a/545896571_196915。

3.4.5 绿色营销

绿色营销是一种能辨识、预期及符合消费的社会需求，并且可带来利润及永续经营的管理过程。美国威尔斯大学的肯毕提教授曾指出："绿色营销是一种能辨识、预期及符合消费的社会需求，并且可以带来利润及永续经营的管理过程。"从本质内涵上看，绿色营销是企业以环保观念作为其经营指导思想，以绿色消费为出发点，以绿色文化作为企业文化核心，在满足消费者绿色消费需求的前提下，为实现企业目标而进行的营销活动。它是传统市场营销的进一步扩展和深层次延伸，也比传统市场营销意义更深远，更具时代性。绿色营销包括以下五个方面的内容。

（1）树立绿色营销观念

绿色营销观念是在绿色营销环境条件下企业生产经营的指导思想。企业营销决策的制定必须首先建立在有利于节约能源、资源和保护自然环境的基础上，促使企业市场营销的立足点发生新的转移；对市场消费者需求的研究，是在传统需求理论基础上，着眼于绿色需求的研究，并且认为这种绿色需求不仅要考虑现实需求，更要放眼于潜在需求；企业与同行竞争的焦点，不在于传统营销要素的较量，争夺传统目标市场的份额，而在于最佳保护生态环境的营销措施。与传统的社会营销观念相比，绿色营销观念注重的社会利益更明确定位于节能与环保，立足于可持续发展，放眼于社会经济的长远利益与全球利益。

（2）设计绿色产品

企业实施绿色营销必须以绿色产品为载体，为社会和消费者提供满足绿色需求的绿色产品。所谓绿色产品是指对社会、对环境改善有利的产品，或称无公害产品。这种绿色产品与传统同类产品相比，至少具有下列特征：

1）产品的核心功能既要能满足消费者的传统需要，符合相应的技术和质量标准，也要满足对社会、自然环境和人类身心健康有利的绿色需求，符合有关环保和安全卫生的标准。

2）产品的实体部分应减少资源的消耗，尽可能利用再生资源。产品实体中不应添加对环境和人体健康有害的原料、辅料。在产品制造过程中应消除或减少"三废"对环境的污染。

3）产品的包装应减少对资源的消耗，包装的废弃物和产品报废后的残物应尽可能成为新的资源。

4）产品生产和销售的着眼点，不在于引导消费者大量消费而大量生产，而是指导消费者正确消费而适量生产，建立全新的生产美学观念。

（3）制定绿色产品的价格

实施绿色营销要研究绿色产品价格的制定。一般来说，绿色产品在市场的投入期，生产成本会高于同类传统产品，因为绿色产品成本中应计入产品环保的成本。主要包括以下几方面：①在产品开发中，因增加或改善环保功能而支付的研制经费；②在产品制造中，因研制对环境和人体无污染、无伤害而增加的工艺成本；③使用新的绿色原料、辅料而可能增加的资源成本；④由于实施绿色营销而可能增加的管理成本、销售费用。

（4）绿色营销的渠道策略

企业实施绿色营销必须建立稳定的绿色营销渠道，策略上可从以下几方面努力：

1）启发和引导中间商的绿色意识，建立与中间商恰当的利益关系，不断发现和选择热心的营销伙伴，逐步建立稳定的营销网络。

2）注重营销渠道有关环节的工作。为了真正实施绿色营销，从绿色交通工具的选择、绿色仓库的建立，到绿色装卸、运输、贮存、管理办法的制定与实施，认真做好绿色营销渠道的一系列基础工作。

3）尽可能建立短渠道、宽渠道，减少渠道资源消耗，降低渠道费用。

（5）搞好绿色营销的促销活动

绿色促销是通过绿色促销媒体，传递绿色信息，指导绿色消费，启发引导消费者的绿色需求，最终促成购买行为。绿色促销的主要手段有绿色广告、绿色推广、绿色公关。

3.5 全球贸易中的绿色国际商务案例

案例 3-9 欧盟碳关税 2023 年生效，全球“双碳”步伐进一步加快，四川挺进绿色贸易新蓝海

自 2023 年 10 月 1 日起，欧洲碳边界调整机制（CBAM，又称碳关税）协议将正式生效，这意味着在严格实施碳减排政策的国家或地区，其进口（出口）高碳产品时将缴纳（返还）相应的税费或碳配额，第一批名单涵盖了钢铁、水泥、铝、化肥、电力等领域。此外，欧盟还做出一项决定：从 2035 年起禁止生产新的燃油车。能源体系变革加速，绿色贸易增幅明显。位于成都经济技术开发区的神龙汽车有限公司成都工厂总装车间内，随着数条全自动智能生产线匀速转动前进，雪铁龙、标致、东风富康等品牌的新能源汽车纷纷下线，其中不少将直接出口欧洲。距离神龙汽车工厂 25 km 外的中创新航科技（成都）有限公司，生产的锂电池源源不断向成都经开区汽车整车制造企业供货。两家企业都在成都经开区，正以产业链形式将园区串联起来，与上、下游企业共同组建出一个超大的“汽车制造城”，规模化、集约集群化做大产能，发展进出口业务。随着“双碳”步伐加快，四川推动能源装备、晶硅光伏、动力电池、新能源汽车、钒钛等一大批四川造低碳产品进军国际市场，向绿色贸易新蓝海挺进。

资料来源：陈碧红．欧盟碳关税 2023 年生效，全球“双碳”步伐进一步加快，四川挺进绿色贸易新蓝海[N]．四川日报，2023-03-15（9）。

思考题

1．为什么说比较优势理论是“国际贸易不可动摇的基础”？
2．什么是产品生命周期理论？
3．如何解释里昂惕夫之谜？
4．离岸外包具有哪些优势和风险？
5．什么是绿色营销？如何树立绿色营销观念？

第 4 章　跨境电子商务

跨境电子商务作为推动经济一体化、贸易全球化的技术基础，具有非常重要的战略意义。跨境电子商务不仅冲破了国家间的障碍，使国际贸易走向无国界贸易，同时也正在引起世界经济贸易的巨大变革。对企业来说，跨境电子商务构建的开放、多维、立体的多边经贸合作模式，极大地拓宽了企业进入国际市场的路径，大大促进了多边资源的优化配置与企业间的互利共赢；对消费者来说，跨境电子商务使他们非常容易地获取其他国家的信息并买到物美价廉的商品。

案例 4-1　中国跨境电子商务发展迅速

2021 年，我国按美元计价的外贸规模历史性首次超过 6 万亿美元，外贸发展新动能不断激发，外贸新业态日新月异。近年来，跨境电子商务等国际商务新业态新模式是我国外贸发展的有生力量，也是国际贸易发展的重要趋势。疫情下传统贸易受到严重冲击，跨境电商等新业态新模式在保订单、保市场、保份额方面发挥了重要作用。新冠疫情发生以来，我国跨境电商发挥在线营销、在线交易、无接触交付等特点优势，积极培育参与国际合作和竞争的新优势，进出口规模持续快速增长。

2021 年以来，跨境电商方面，B2B 出口试点全面铺开，“中欧班列”“集拼转口”等新模式融合发展。为助力跨境电商出口企业更好地开拓国际市场，2021 年下半年，跨境电商 B2B 出口监管试点在全国海关正式复制推广，配套政策不断完善。与此同时，“上合示范区—明斯克”、“义新欧”、“苏新欧”、合肥至德国汉堡、威廉港等跨境电商专列先后开通并常态化开行，实现了“中欧班列”与跨境电商模式融合。海关统计数据显示，2021 年我国跨境电商进出口额 1.98 万亿元，增长 15%；其中出口额 1.44 万亿元，增长 24.5%。

资料来源：国务院新闻办就 2021 年全年进出口情况举行发布会[EB/OL].（2022-10-15）[2022-09-28]. http://www.gov.cn/xinwen/2022-01/15/content_5668472.htm。

4.1　跨境电子商务概述

4.1.1　跨境电子商务概念

电子商务是基于泛在网络的电子交易行为或以达成交易为目标的商务行为，交易的客体包括有形商品和数字化产品及服务，主要表现形式包括网络零售和企业间的电子商务交易等。

跨境电子商务是指分属不同关境的交易主体，通过电子商务平台达成交易、进行支付结算，并通过跨境物流送达商品、完成交易的一种国际商业活动。

跨境贸易电子商务是利用现有产业平台与资源优势，探索制定跨境电子商务综合服务体系以及跨境电子商务进出口所涉及的在线通关、检验检疫、退税、结汇等基础信息标准和接口规范，实现海关、国检、国税、外管等部门与电子商务企业、物流配套企业之间的标准化信息流通。

我国跨境电子商务主要分为企业对企业（B2B）和企业对消费者（B2C）的贸易模式。B2B 模式下，企业运用电子商务以广告和信息发布为主，成交和通关流程基本在线下完成，本质上仍属传统贸易，已纳入海关一般贸易统计。B2C 模式下，我国企业直接面对国外消费者，以销售个人消费品为主，物流方面主要采用航空小包、邮寄、快递等方式，其报关主体是邮政或快递公司，目前大多未纳入海关登记。

4.1.2 跨境电子商务特征

跨境电子商务是基于网络发展起来的，网络空间相对于物理空间来说是一个新空间，是一个由网址和密码组成的虚拟但客观存在的世界。网络空间独特的价值标准和行为模式深刻地影响着跨境电子商务，使其不同于传统的交易方式而呈现自己的特点。

4.1.2.1 全球性

网络是一个没有边界的媒介体，具有全球性和非中心化的特征。依附于网络发生的跨境电子商务也因此具有了全球性和非中心化的特性。电子商务与传统的交易方式相比，其一个重要特点在于电子商务是一种无边界交易，丧失了传统交易所具有的地理因素。互联网用户不需要考虑跨越国界就可以把产品尤其是高附加值产品和服务提交到市场。网络的全球性特征带来的积极影响是使信息的最大限度的共享，消极影响是用户必须面临因文化、政治和法律的不同而产生的风险。任何人只要具备了一定的技术手段，在任何时候、任何地方都可以让信息进入网络，相互联系进行交易。美国财政部在其财政报告中指出，对基于全球化的网络建立起来的电子商务活动进行课税是困难重重的。因为：电子商务是基于虚拟的电脑空间展开的，丧失了传统交易方式下的地理因素；电子商务中的制造商容易隐匿其住所而消费者对制造商的住所是漠不关心的。例如，一家很小的爱尔兰在线公司，通过一个可供世界各地的消费者点击观看的网页，就可以通过互联网销售其产品和服务，只要消费者接入了互联网。很难界定这一交易究竟是在哪个国家内发生的。

这种远程交易的发展，给税收当局制造了许多困难。税收权力只能严格地在一国范围内实施，网络的这种特性给税务机关对超越一国的在线交易行使税收管辖权带来了困难。而且互联网有时扮演了代理中介的角色。在传统交易模式下往往需要一个有形的销售网点的存在，例如，通过书店将书卖给读者，而在线书店可以代替书店这个销售网点直接完成整个交易。而问题是，税收当局往往要依靠这些销售网点获取税收所需要的基本信息，代扣代缴所得税等。没有这些销售网点的存在，税收权力的行使也会发生困难。

4.1.2.2　无形性

网络的发展使数字化产品和服务的传输盛行。而数字化传输是通过不同类型的媒介（如数据、声音和图像）在全球化网络环境中集中进行的，这些媒介在网络中是以计算机数据代码的形式出现的，因而是无形的。以一个 E-mail 信息的传输为例，这一信息首先要被服务器分解为数以百万计的数据包，然后按照 TCP/IP 协议通过不同的网络路径传输到一个目的地服务器并重新组织转发给接收人，整个过程都是在网络中瞬间完成的。电子商务是数字化传输活动的一种特殊形式，其无形性的特性使得税务机关很难控制和检查销售商的交易活动，税务机关面对的交易记录都体现为数据代码的形式，这使税务核查员无法准确地计算销售所得和利润所得，从而给税收带来困难。

数字化产品和服务基于数字传输活动的特性也必然具有无形性，传统交易以实物交易为主，而在电子商务中，无形产品却可以替代实物成为交易的对象。以书籍为例，传统的纸质书籍，其排版、印刷、销售和购买被看作是产品的生产、销售。然而在电子商务交易中，消费者只要购买网上的数据权便可以使用书中的知识和信息。而如何界定该交易的性质、如何监督、如何征税等一系列的问题却给税务和法律部门带来了新的课题。

4.1.2.3　匿名性

由于跨境电子商务的非中心化和全球性的特性，因此很难识别电子商务用户的身份和其所处的地理位置。在线交易的消费者往往不显示自己的真实身份和自己的地理位置，重要的是这丝毫不影响交易的进行，网络的匿名性也允许消费者这样做。在虚拟社会里，隐匿身份的便利迅即导致自由与责任的不对称。人们在这里可以享受最大的自由，却只承担最小的责任，甚至干脆逃避责任。这显然给税务机关制造了麻烦，税务机关无法查明应当纳税的在线交易人的身份和地理位置，也就无法获知纳税人的交易情况和应纳税额，更不要说去审计核实。该部分交易和纳税人在税务机关的视野中隐身了，这对税务机关是致命的。以 eBay 为例，eBay 是美国的一家网上拍卖公司，允许个人和商家拍卖任何物品，到目前为止，eBay 已经拥有 3 000 多万用户，每天拍卖数以万计的物品，总计营业额超过 50 亿美元。但是 eBay 的大多数用户都没有准确地向税务机关报告他们的所得，存在大量的逃税现象，因为他们知道由于网络的匿名性，美国国内收入服务处（IRS）没有办法识别他们。

电子商务交易的匿名性导致了避税现象的恶化，网络的发展，降低了避税成本，使电子商务避税更轻松易行。电子商务交易的匿名性使得应纳税人利用避税地联机金融机构规避税收监管成为可能。电子货币的广泛使用，以及国际互联网所提供的某些避税地联机银行对客户的“完全税收保护”，使纳税人可将其源于世界各国的投资所得直接汇入避税地联机银行，规避了应纳所得税。美国国内收入服务处在其规模最大的一次审计调查中发现大量的居民纳税人通过离岸避税地的金融机构隐藏了大量的应税收入。而美国政府估计大约 3 万亿美元的资金因受避税地联机银行的“完全税收保护”而被藏匿在避税地。

4.1.2.4　即时性

对于网络而言，传输的速度和地理距离无关。传统交易模式，信息交流方式如信函、电报、传真等，在信息的发送与接收间，存在长短不同的时间差。而电子商务中的信息交流，无论实际时空距离远近，一方发送信息与另一方接收信息几乎是同时的，就如同生活中面对面交谈。某些数字化产品（如音像制品、软件等）的交易，还可以即时结清，订货、付款、交货都可以在瞬间完成。

电子商务交易的即时性提高了人们交往和交易的效率，免去了传统交易中的中介环节，但也隐藏了法律危机。在税收领域表现为：电子商务交易的即时性往往会导致交易活动的随意性，电子商务主体的交易活动可能随时开始、随时终止、随时变动，这就使得税务机关难以掌握交易双方的具体交易情况，不仅使得税收源泉扣缴的控管手段失灵，而且客观上促成了纳税人不遵从税法的随意性，加之税收领域现代化征管技术的严重滞后作用，都使依法治税变得苍白无力。

4.1.2.5 无纸化

电子商务主要采取无纸化操作的方式，这是以电子商务形式进行交易的主要特征。在电子商务中，电子计算机通信记录取代了一系列的纸面交易文件。用户发送或接收电子信息。由于电子信息以比特的形式存在和传送，整个信息发送和接收过程实现了无纸化。无纸化带来的积极影响是使信息传递摆脱了纸张的限制，但由于传统法律的许多规范是以规范“有纸交易”为出发点的，因此，无纸化带来了一定程度上法律的混乱。

电子商务以数字合同、数字时间截取了传统贸易中的书面合同、结算票据，削弱了税务当局获取跨国纳税人经营状况和财务信息的能力，且电子商务所采用的其他保密措施也将增加税务机关掌握纳税人财务信息的难度。在某些交易无据可查的情形下，跨国纳税人的申报额将会大大降低，应纳税所得额和所征税款都将少于实际所达到的数量，从而引起征税国国际税收流失。例如，世界各国普遍开征的传统税种之一的印花税，其课税对象是交易各方提供的书面凭证，课税环节为各种法律合同、凭证等，而在网络交易无纸化的情况下，物质形态的合同、凭证形式已不复存在，因而印花税的合同、凭证贴花（完成印花税的缴纳行为）便无从下手。

4.1.2.6 快速演进

互联网是一个新生事物，现阶段它尚处在幼年时期。网络设施和相应的软件协议的未来发展具有很大的不确定性。但税法制定者必须考虑的问题是网络，像其他的新生儿一样，必将以前所未有的速度和无法预知的方式不断演进。基于互联网的电子商务活动也处在瞬息万变的过程中，短短的几十年中电子交易经历了从 EDI 到电子商务零售业的兴起的过程，而数字化产品和服务更是花样出新，不断改变着人类的生活。

而一般情况下，各国为维护社会的稳定，都会注意保持法律的持续性与稳定性，税收法律也不例外。这就会引起网络的超速发展与税收法律规范相对滞后的矛盾。如何将分秒都处在发展与变化中的网络交易纳入税法的规范，是税收领域的一个难题。网络的发展不断给税务机关带来新的挑战，税务政策的制定者和税法立法机关应当密切注意网络的发展，在制定税务政策和税法规范时充分考虑这一因素。

跨境电子商务具有不同于传统贸易方式的诸多特点，而传统的税法制度却是在传统的贸易方式下产生的，必然会在电子商务贸易中漏洞百出。网络深刻地影响人类社会，也给税收法律规范带来了前所未有的冲击与挑战。

案例 4-2 “买全球、卖全球”，打造“网上丝绸之路”

2021 年 5 月 10 日，第五届全球跨境电子商务大会在郑州开幕。多国政要、国际组织负责人、跨境电商领域专家学者、阿里巴巴等企业代表共 1 200 余人参加开幕式，围绕跨境电商创新与合作，尤其是后疫情时代如何更好地运用跨境电商模式促进全球贸易开展等问题进行探讨交流，为全球跨境电商发展贡献经验和智慧。50 个重大项目在开幕式结束后进行集中签约，合作内容涉及跨境园区建设、国际物流、跨境采购、人才培养等，签约额达 186 亿元。

全球跨境电子商务大会自 2017 年起，每年在郑州举办一届。在全球疫情防控形势依然不容乐观的大背景下，此次盛会的举办，必将对创新国际经贸合作方式，促进国际贸易尽快恢复，深化数字贸易规则创新等起到积极促进作用。

资料来源：第五届全球跨境电子商务大会在郑开幕[EB/OL].（2021-05-11）[2022-09-30]. https://www.zhengzhou.gov.cn/news1/5001117.jhtml。

4.2 跨境电子商务的产生和发展

4.2.1 跨境电子商务的产生

跨境电子商务是基于网络发展起来的，网络空间相对于物理空间来说是一个新空间，是一个由网址和密码组成的虚拟但客观存在的世界。网络空间独特的价值标准和行为模式深刻地影响着跨境电子商务，使其不同于传统的交易方式而呈现自己的特点。跨境电子商务是一种全新贸易运作方式，它打破了地域分离，缩短了信息流动时间，使生产和消费更为贴近，降低了物流、资金流及信息流的传输处理成本，是对传统贸易方式的一次彻底革命。电子商务产生的时间不长，但是最近几年表现出了迅猛的发展势头。

近年来，随着电子商务产业环境的变化，外贸电商逐步走入公众的视野。首先，以阿里巴巴为代表的 B2B 经历过一轮火热发展，现在，新浪潮引领者来自外贸 B2C，一批外贸 B2C 势力正在迅速崛起。

4.2.2 跨境电子商务发展的原因

（1）贸易的碎片化趋势促使传统贸易模式发生变革

随着国际分工的深化和互联网的发展，外贸领域逐步出现一种崭新的贸易模式——跨境电子商务模式，进口商出于资金风险的考虑，倾向于将传统的大额交易转为中小额交易，长期采购变为短期、多批次采购，进口商采购行为的变化使用互联网开展的跨境小额批发或零售业务迅速发展起来；同时一些个人购买者也可以在全球购物网站上进行比价和购买，这些数量众多、散布在全球各地的长尾需求，也成为推动跨境电子商务发展的强大引擎。

（2）技术创新及配套服务的完善扩充了跨境电子商务的在线交易功能

随着相关 IT 技术的不断完善，以 PayPal 为代表的国际性第三方在线支付平台在全球范围内的广泛使用，新兴第三方在线支付平台的不断涌现，以及各类传统金融、支付机构迅速开发网上支付业务，使得跨境电子商务所依托的跨境支付模式日趋成熟。

（3）产业链利润的重新分配成为促进跨境电子商务快速发展的内生动力

国际贸易未来的发展趋势必然是销售渠道缩短，国内企业可以通过跨境电子商务直接建立国内产品与境外批发商/终端消费者的营销渠道，自主掌控产品的境外营销环节，重新拥有产品的国际市场定价权，把产业链的主要利润留存在国内经营者手中；同时，可以直接和消费者联系，更清楚目标市场的需求，更好指导产品的研发、设计和生产。

4.2.3 跨境电子商务发展的总体状况

（1）全球国际电子商务介于实物与虚拟之间

目前，全球国际电子商务涉及货物、服务、会展、旅游、保险、金融等国际经济的各个领域，正处于快速发展时期。特别是国际电子商务改变了以往国际贸易的交易模式，利用因特网技术实现了企业之间信息流、资金流、单证流的便捷流转，促进了国际贸易企业在线上无纸化和线下传统经营模式上取得重大突破。

（2）全球国际电子商务的模式以 B2B 为主

全球电子商务交易模式涵盖了 B2B、B2C、C2C、C2B、B2G 等电子商务的基本模式，并在不断适应国际市场的需求，出现了更新的商务模式。但不可否认，B2B 模式仍是国际电子商务的主要模式，大量的国内外企业通过国际互联网寻找商机，建立起了更多的贸易伙伴关系，从而表现为企业与企业之间的国际电子商务贸易仍是主流。

（3）全球国际电子商务的法律环境日趋规范

从 1981 年欧盟推出贸易数据交换指导原则以来，不同国际组织和国家已经推出了涉及电子商务和贸易的各种框架协定和文件近百个。特别在 WTO 多哈回合谈判陷入僵局的情况下，2010 年，联合国国际贸易委员会开始起草“跨境电子商务交易网上争议解决——程序规则”，目前已经取得重要进展。同时，作为电子商务的一个重要法律基础，电子签名法案在美国、欧盟等多个国家陆续签署，为跨境电子商务的开展奠定了实施基础。

（4）全球国际电子商务发展不平衡但潜力巨大

美国、日本、新加坡、韩国等国的国际电子商务发展环境建设和成效明显，处于第一梯队。中国、俄罗斯、智利等国的跨境电子商务在政策环境，技术水平应用层次和效果上处于极有潜力的发展阶段。同时，还有很多国家处于起步和改善追赶过程中。根据联合国贸易和发展会议报告称，从国际贸易的观点来看，预计未来 10 年将是跨境电子商务发展的黄金时期。

案例 4-3 跨境电商已成外贸业态“黑马”

以跨境电商为代表的外贸新业态新模式，是我国外贸发展的有生力量，成为驱动外贸转型升级的新引擎。自 2015 年以来，国务院分 5 批设立了 105 家跨境电商综试区，基本覆盖全国，形成了陆海内外联动、东西双向互济的发展格局。

在我国外贸业态格局里，跨境电商成为一匹“黑马”。2021 年 1 月至 8 月，我国进出口规模达到 24.78 万亿元人民币，创历史新高，增速达 23.7%。其中，跨境电商等新业态持续高速增长，占外贸比重不断提升。

“跨境电商是发展速度最快、潜力最大、带动作用最强的一种外贸新业态。”我国跨境电商规模 5 年增长 10 倍，市场采购贸易规模 6 年增长 5 倍，已成为外贸发展新动能、转型升级新渠道和高质量发展新抓手。我国外贸新业态新模式发展迅速，成效显著。2021 年上半年，跨境电商增速同比达到 28.6%，跨境电商出口同比增长 44.1%。

据全球化智库 2021 年发布的《B2C 跨境电商平台“出海”研究报告》显示，中国和美国目前是全球跨境电商的主要平台方所在地，也是全球跨境电商交易的主要市场。以 B2C（企业到消费者）交易模式为例，据全球跨境电商主要支付机构 PayPal 统计，全球约有 26% 的 B2C 跨境电商交易发生在中国大陆，美国以 21%、英国以 14%、德国以 10%、日本以 5% 的占比分别排名第二到第五。

依托创新技术及政策扶持的跨境电商，正成为我国外贸增量的重要一环。展望未来，其发展前景备受各方期待。

资料来源：依琰. 跨境电商已成外贸业态“黑马”[EB/OL]. 中国商报.（2021-09-22）[2022-09-30]. https://baijiahao.baidu.com/s?id=1711570515067722420&wfr=spider&for=pc。

案例 4-4　各地持续发力，支持跨境电商发展

2021 年以来，关于支持外贸新业态发展的举措已密集出炉。例如，国务院办公厅印发《关于加快发展外贸新业态新模式的意见》，进一步释放了外贸业态和模式创新领域的重大利好。商务部发布的《“十四五”商务发展规划》明确，促进跨境电商健康持续创新发展，推进跨境电商综合试验区建设，优化跨境电商零售进口监管，探索跨境电商交易全流程创新，巩固壮大一批跨境电商龙头企业和优秀产业园区。

作为跨境电商聚集地，广东省跨境企业众多，规模在全国处于领跑地位。作为我国 13 个跨境电商综合试验区排名第一的城市，深圳市拥有全国近 40%的跨境电商卖家和 80%的跨境平台、服务商。而广州通过海关跨境电商管理平台进出口规模从 2014 年的 14.6 亿元增长到 2020 年 1 月至 11 月的 419.9 亿元，一直稳居全国前列，进口规模连续 7 年全国第一。

为助力相关企业发展，广东省、深圳市有关部门开展了相关扶持事项。例如，《深圳市商务局关于组织开展 2021 年度中央外经贸发展专项资金支持事项申报工作的通知》显示，支持中国（深圳）跨境电子商务综合试验区内具备一定实力的跨境电子商务企业，通过独立销售渠道开拓海外市场，通过提升数字化水平强化市场开拓能力。广东省海关则推进跨境电商 B2B 试点实现与地方产业对接。新的监管模式充分考虑了业务实际需求和企业发展诉求，受到省内企业特别是中小企业的欢迎。

浙江省也在不断加大对跨境电商的扶持力度。中国人民银行杭州中心支行、浙江省商务厅、国家外汇局浙江省分局联合印发了《关于金融支持浙江省跨境电子商务高质量发展的指导意见》，出台了金融支持跨境电商九条举措，从跨境人民币、外汇、支付、融资等方面助跑跨境电商企业，为浙江跨境电商高质量发展增添强劲动力。

此外，财政部在推动贸易转型升级方面，也明确支持长江经济带沿江省市发展跨境电商等外贸新业态，促进外贸转型升级和创新发展。

资料来源：罗珊珊.试点扩围 跨境电商迎来新机遇[EB/OL].(2022-04-06)[2022-09-30]. http://www.gov.cn/xinwen/2022-04/06/content_5683577.htm。

4.3 跨境电子商务运营

“乱花渐欲迷人眼”，这是目前跨境电商模式给人们带来的最强烈感受。根据不同的业务形态可以将跨境电商现有的主要营运模式分为以下几类：B2B、B2C、C2C、自主建站、跨境电商平台等。

4.3.1 B2B

B2B（BTB）是指企业对企业之间的营销关系，它将企业内部网，通过B2B网站与客户紧密结合起来，通过网络的快速反应，为客户提供更好的服务，从而促进企业的业务发展。近年来B2B发展势头迅猛，趋于成熟。

据eBay平台数据，美国、英国、澳大利亚是中国卖家的三大主要市场，出口总交易额最高的15大目的地还包括德国、加拿大、俄罗斯、法国、巴西、以色列、西班牙、挪威、阿根廷、意大利、希腊和瑞典。同时，新兴市场表现强劲，阿根廷、以色列和挪威的贸易增速最快，分别达到130%、78%与69%。

由此可见，中国跨境电商的目的地市场趋势明显。人均购买力强、网购观念普及、消费习惯成熟、物流等配套设施完善等因素使中国区卖家在成熟市场保持旺盛发展势头，而不断崛起的新兴市场将成为跨境电商零售出口产业的新动力。

在出口产品类别方面，交易额最高的五大产品依次为电子类、时尚类、家居园艺类、汽配类和收藏品类。其中，电子类与时尚类是传统出口的拳头产品，而家居园艺、汽配成为增长最快的两大产品。

B2B电子商务网站的模式，首先会想到类似于阿里巴巴等为企业发布供求信息或撮合交易的第三方B2B平台。其实，这只是其中的一种模式而已，大型企业自营的B2B平台、垂直行业B2B网站也是B2B电子商务的模式。不同类别的B2B网站模式有自己本身的特点和运作方式。

（1）大型企业自营的B2B网站

大型企业自营的B2B网站是指大型企业为了提高效率，减少库存，降低采购、销售等方面的成本，或者其他原因，企业和它的用户或供应商之间的交易通过互联网来完成，为此建立的B2B网站。这种模式的B2B网站比较少，只有大型企业才有，比如Cisco公司。

相对第三方B2B网站来说，这种模式的B2B网站才实现了真正意义上的电子商务：企业间商务活动的绝大多数环节都可以通过网络进行，如供求信息的发布与交易的协商、电子单据的传输、网上支付与结算、货物配送以及售后服务等。事实上，大型企业自建的B2B网站的交易额在全部企业间电子商务交易总额中占支配地位。

Cisco 公司是全球最大的互联网络连接设备提供商，早在 1991 年开始采用“Pre-Web”系统，借助互联网络提供电子支持服务，1996 年 7 月，经过重新改造、设计的 Cisco 网站实现了客户通过网络直接订货。这种 B2B 网站给 Cisco 公司带来了极大利润和竞争力，估计在线销售每年可以节省 3.63 亿美元，而 Cisco 公司的网上销售额每年增长可高达 60%以上。

（2）垂直行业型 B2B 网站

垂直行业型 B2B 网站是定位在某个行业内企业间电子商务的网站，也被称为垂直门户或者行业门户网站，它是第三方 B2B 平台的一个分类，其特点是专业性强，并通常拥有该行业资源的背景，更容易集中行业资源，吸引行业生态系统内多数成员的参与，同时也容易引起国际采购商和大宗买主的关注。总的来说，垂直 B2B 网站在某个行业的专业性方面，优胜于综合型 B2B 网站，因此，垂直型 B2B 网站的发展得到了很大的进步，并逐渐受到企业的青睐。

（3）第三方经营的 B2B 网站

第三方经营的 B2B 网站是指由第三方建设的，为广大大中小企业提供信息发布或撮合交易的 B2B 平台，阿里巴巴国际站、环球资源、中国制造网等，是为买卖双方提供信息发布平台，促成交易机会，并可通过网站上的电子网照功能实现企业开展线上经营活动所需的包括供求信息发布、在线洽谈、电子合同、网上保付、网上物流等交易全流程。

第三方 B2B 平台也可称为信息平台型网站，对企业的价值主要表现为：增加市场机会、比较供货渠道、促成项目合作、企业品牌宣传等。

4.3.2 B2C

B2C 是电子商务按交易对象分类的一种，即表示商业机构对消费者的电子商务。B2C 即企业通过互联网为消费者提供一个新型的购物环境——网上商店，消费者通过网络在网上购物、在网上支付。这种形式的跨境电子商务一般以网络零售业为主，主要借助于 Internet 开展在线销售活动。如经营各种书籍、化妆品、电子产品、母婴用品、食品等商品。

B2B 使企业之间的交易减少了许多事务性的工作流程和管理费用，降低了企业经营成本。网络的便利及延伸性使企业扩大了活动范围，企业发展跨地区跨国界更方便，成本更低廉。而 B2C 是企业到客户，是指利用因特网进行全部的贸易活动，即在网上将信息流、资金流、商流和部分的物流完整地实现连接。在今天，B2C 电子商务以完备的双向信息沟通、灵活的交易手段、快捷的物流配送、低成本高效益的运作方式等在各行各业展现了强大的生命力。

之所以亚马逊、阿里巴巴等对帮助中国卖家进行跨境电商感兴趣，原因在于随着电子商务的发展，已经有越来越多的外贸卖家从面向海外卖家的 B2B 方式转向直接面对海外消费者的 B2C 方式。据海关统计，2023 年我国跨境电商进出口较 2018 年增长了 1.2 倍。跨境电商、跨境邮件快件包裹量达 70 多亿件，平均每天有 2 000 万件左右。虽然跨境电商正在蓬勃发展，但不少人仍然担心中国的产品在跨境电商平台上缺少竞争力，尤其是缺少品牌竞争力。这也是许多商家做跨境电商与之前做外贸的不同，之前更多只是追求订单，现在更多希望赢得长久的顾客信任。

传统海淘模式是一种典型的 B2C 模式。严格来讲，“海淘”一词的原意是指：中国国内消费者直接到外国 B2C 电商网站上购物，然后通过转运或直邮等方式把商品邮寄回国的购物方式。除直邮品类之外，中国消费者只能借助转运物流的方式完成收货。简单来讲，就是在海外设有转运仓库的转运公司代消费者在位于国外的转运仓地址收货，之后再通过第三方/转运公司自营的跨国物流将商品发送至中国口岸。

B2C 电子商务以完备的双向信息沟通、灵活的交易手段、快捷的物流配送、低成本高效益的运作方式等在各行各业展现了强大的生命力。目前，B2C 跨境电商主要有以下几种模式。

（1）综合型 B2C

发挥自身的品牌影响力，积极寻找新的利润点，培养核心业务。如亚马逊，借助国际化的背景，探索国际品牌代购业务或者采购国际品牌产品销售等新业务。网站建设要在商品陈列展示、信息系统智能化等方面进一步细化。对于新老客户的关系管理，需要精细客户体验的内容，提供更加人性化、直观的服务。选择较好的物流合作伙伴，增强物流实际控制权，提高物流配送服务质量。

（2）垂直型 B2C

核心领域内继续挖掘新亮点。积极与知名品牌生产商沟通与合作，化解与线下渠道商的利益冲突，扩大产品线与产品系列，完善售前、售后服务，提供多样化的支付手段。鉴于个别垂直型 B2C 运营商开始涉足不同行业，我们认为需要规避多元化的风险，避免资金分散。与其投入其他行业，不如将资金放在物流配送建设上。可以尝试探索“物流联盟”或“协作物流”模式，若资金允许也可逐步实现自营物流，保证物流配送质量，增强用户的黏性，将网站的物流、信息流、资金流（“三流”）完善后再寻找其他行业的商业机会。

（3）传统生产企业网络直销型 B2C

首先要从战略管理层面明确这种模式未来的定位、发展与目标。协调企业原有的线下渠道与网络平台的利益，实行差异化的销售，如网上销售所有产品系列，而传统渠道销售的产品则体现地区特色；实行差异化的价格，线下与线上的商品定价根据时间段不同设置高低。线上产品也可通过线下渠道完善售后服务。在产品设计方面，要着重考虑消费者的需求感觉。大力吸收和挖掘网络营销精英，培养电子商务运作团队，建立和完善电子商务平台。

（4）第三方交易平台型 B2C 网站

B2C 受到的制约因素较多，但中小企业在人力、物力、财力有限的情况下，这不失为一种拓宽网上销售渠道的好方法。首先是中小企业要选择具有较高知名度、点击率和流量的第三方平台；其次要聘请懂得网络营销、熟悉网络应用、了解实体店运作的网店管理人员；最后是要以长远发展的眼光看待网络渠道，增加产品的类别，充分利用实体店的资源、既有的仓储系统、供应链体系以及物流配送体系发展网店。

（5）传统零售商网络销售型 B2C

传统零售商自建网站销售，将丰富的零售经验与电子商务有机地结合起来，有效地整合传统零售业务的供应链及物流体系，通过业务外包解决经营电子商务网站所需的技术问题。

4.3.3 C2C

C2C 是个人与个人之间的电子商务，即消费者之间通过电子商务网站为买卖用户双方提供一个在线交易平台，使卖方可以在上面发布待出售的物品的信息，而买方可以从中选择进行购买，同时，为便于买卖双方交易，提供交易所需的一系列配套服务。

简称“海代”的海外代购模式是继“海淘”之后第二个被消费者熟知的跨国网购概念。与海淘不同的是，海外代购通常是消费者面对消费者，属于典型的 C2C 模式。简单来说，就是身在海外的人/商户为有需求的中国消费者在当地采购所需商品并通过跨国物流将商品送达消费者手中的模式。

海外代购平台的运营重点在于尽可能多地吸引符合要求的第三方卖家入驻，不会深度涉入采购、销售以及跨境物流环节。入驻平台的卖家一般都是有海外采购能力或者跨境贸易能力的小商家或个人，他们会定期或根据消费者订单集中采购特定商品，在收到消费者订单后再通过转运或直邮方式将商品发往中国。

海外代购平台走的是典型的跨境 C2C 平台路线。代购平台通过向入驻卖家收取入场费、交易费、增值服务费等获取利润。其模式优势是为消费者提供了较为丰富的海外产品类别选项，用户流量较大。劣势在于消费者对于入驻商户的真实资质报以怀疑的态度，交易信用环节可能是 C2C 海代平台目前最需要解决的问题之一；对跨境供应链的涉入较浅，或难以建立充分的竞争优势。

微信是近几年兴起的一个为智能终端提供即时通信服务的免费应用程序。微信朋友圈代购是依靠熟人、半熟人社交关系从移动社交平台自然生长出来的原始商业形态。虽然社交关系对交易的安全性和商品的真实性起到了一定的背书作用，但受骗的例子并不在少数。随着海关政策的收紧，监管部门对朋友圈个人代购的定性很可能会从灰色贸易转为走私性质。在海购市场格局完成未来整合后，这种原始模式恐怕将难以为继。

案例 4-5 绿色电商在行动

绿色电子商务企业的崛起，不仅会提升商业活动的效率，促进流通、降低交易成本，也将进一步推动低碳产业链的发展。

党的十九大报告明确提出：“我国社会的主要矛盾已经转化为人民日益增长的美好生活需要和不平衡不充分的发展之间的矛盾。”对环境保护工作来讲，就是要提供更多优质生态产品以满足人民日益增长的优美生态环境需要。过去“盼温饱”“求生存”，现在“盼环保”“求生态”。

在《电子商务“十三五”发展规划》中，首次提出绿色电子商务概念。规划中强调，要探索建立有利于环境保护和可持续发展的电子商务法规、标准、制度和模式，降低车辆排放与能源消耗，宣传倡导绿色包装、运输、仓储、快递理念；改善城市网购交付环境，鼓励发展绿色网购模式，化解网络消费新增的环保问题；依托电子商务促进再生资源的回收利用，发挥电子商务对“循环经济、低碳经济”的促进作用。

资料来源：商务部. 电子商务“十三五”发展规划[R]. 2022。

4.4 跨境电子商务绿色支付

绿色支付既可以引导经济和社会结构向绿色模式转型，还可以提升多层次支付执行主体减排降碳意识。支付清算行业作为金融消费的重要基础设施，连接数十亿个人用户、数亿商户，覆盖人群巨大、涉及领域广泛。2021 年 8 月，中国支付清算协会发布了《创新绿色支付服务，助力绿色发展——支付清算行业支持双碳战略、推进绿色支付倡议书》。

当前，我国支付产业高质量发展中不平衡、不充分的矛盾依然突出，支付产业数字化程度高、场景关联性强，关系到生产、生活的方方面面，绿色转型发展的前景广阔、潜力巨大。

4.4.1 PayPal

PayPal，就是我们通常说的“PayPal 贝宝国际”，针对具有国际收付款需求用户设计的账户类型，是目前全球使用最为广泛的网上交易工具。它能帮助客户进行便捷的外贸收款、提现与交易跟踪；从事安全的国际采购与消费；快捷支付并接收包括美元、加元、欧元、英镑、澳元和日元等 25 种国际主要流通货币。

PayPal 是目前全球最大的网上支付公司。PayPal 是 eBay 旗下的一家公司，致力于让个人或企业通过电子邮件，安全、简单、便捷地实现在线付款和收款。PayPal 账户是 PayPal 公司推出的最安全的网络电子账户，使用它可有效降低网络欺诈的发生。PayPal 账户所集成的高级管理功能，使我们能轻松掌控每一笔交易详情。

4.4.2 Escrow

Escrow Service 又称为国际支付宝，是阿里巴巴专门针对国际贸易推出的一种第三方支付担保交易服务，英文全称 Alibaba.com’s Escrow Service。该服务现已全面支持航空快递、海运、空运常见物流方式的订单。航空快递订单和海运订单已经实现了平台化，买卖双方均可在线下单。通过使用阿里巴巴 Escrow 的交易，能有效避免传统贸易中买家付款后收不到货、卖家发货后收不到钱的风险。

交易安全是整个电子商务环节中最关键环节，国内淘宝网初期的突破性发展，在很大程度上是因为支付宝帮助网民解决了其对网上购物资金安全的担忧。Escrow 的服务模式与国内支付宝类似：交易过程中先由买家将货款打到第三方担保平台的 Escrow 账户中，然后第三方担保平台通知卖家发货，买家收到商品后确认，货款放于卖家，至此完成一笔网络交易。

案例 4-6 绿色支付，大有可为

作为中国支付清算协会《创新绿色支付服务，助力绿色发展——支付清算行业支持双碳战略、推进绿色支付倡议书》的首倡者之一，腾讯财付通在绿色低碳道路上进行了积极尝试：为提升全民低碳意识、普及碳中和相关知识，微信支付联合腾讯碳中和实验室、腾讯金融研究院于“8·25 全国低碳日”发起“碳中和知识问答”科普公益行动，让 12 亿微信用户都能通过轻量化的产品设计和专业而有趣的题目设计，在轻松答题过程中了解碳中和知识，助力碳中和公益。截至 2021 年 11 月底，碳中和问答累计访问人数近 5 400 万人次，累计答题人数近 900 万人次，累计答题数超 3 000 万道，累计产生公益配捐近 200 万元。

同时，财付通积极响应中国支付清算协会号召，对微信支付生态下的低碳行为进行了梳理，包括交通、通信、教育、居住、生活用品类目的 20 项绿色场景以及食品烟酒、交通、教育、生活用品等类目的 35 项有条件绿色场景。在这些场景中，微信支付通过推进无纸化、远程办事、促进绿色出行等方式，进一步培养和巩固了居民的绿色消费习惯，推进社会向低碳绿色转型。

基于网银在线平台的京东集团绿色支付积极倡导"支付即开票"，京东零售目前已开具 60 多亿张电子发票，相当于减少了 3 万棵树木砍伐；同时，京东集团在数字人民币和自助购物机领域积极探索，成立了农村金融事业部助力农村的普惠金融，并为农村的小微商户专门定制了无纸化的支付设备。

易宝支付则在新零售领域发力，帮助小微商户及产业实现数字化升级，助力其低碳数字化转型。同时，易宝支付还与航空公司首发实现了数字人民币购买机票，并以电子发票为商户开展低碳和绿色帮扶。

支付宝的"蚂蚁森林"公益应用，用户通过步行、地铁出行、在线缴费、网络挂号、绿色外卖、二手回收等减少碳排放的绿色支付行为，积累相应的绿色能量用以在手机里"种树"，用户每养成一棵树，"蚂蚁森林"和公益伙伴就会在荒漠化地区种下一棵真正的树，以此助力公益和低碳事业。

资料来源：绿色支付，大有可为[EB/OL].（2021-12-03）[2022-10-02]. https://new.qq.com/rain/a/20211203A0AZBQ00。

4.5　跨境电子商务与绿色国际物流

国家鼓励跨境电商企业绿色发展，为碳达峰、碳中和贡献力量。在企业层面，国内主流电商平台在政策与市场的双重指引下，通过数字化的方式，实现了物流供应链优化，包装耗材减少。随着国内电商平台对绿色发展的持续探索，跨境电商在包装、物流供应链管理等方面也将复制相关经验，打造全链条绿色发展。

4.5.1　绿色物流

绿色物流，即通过充分利用物流资源，采用先进的物流技术，合理规划和实施运输、储存、装卸、搬运、包装、流通加工、配送、信息处理等物流活动，降低物流对环境影响的过程。从管理学的角度讲，绿色物流是指为了实现顾客满意，连接绿色需求主体和绿色供给主体，克服空间和时间限制的有效、快速的绿色商品和服务的绿色经济管理活动过程。

绿色物流是以经济学一般原理为基础，建立在可持续发展理论、生态经济学理论、生态伦理学理论、外部成本内部化理论和物流绩效评估的基础上的物流科学发展观。同时，绿色物流能抑制物流活动对环境的污染，减少资源消耗。

与传统的物流相比，绿色物流在目标、行为主体、活动范围及其理论基础四个方面都有自身的特点：绿色物流的理论基础更广，包括可持续发展理论、生态经济学理论和生态伦理学理论；绿色物流的行为主体更多，它不仅包括专业的物流企业，还包括产品供应链上的制造企业和分销企业，同时还包括不同级别的政府和物流行政主管部门等；绿色物流的活动范围更宽，它不仅包括商品生产的绿色化，还包括物流作业环节和物流管理全过程的绿色化；绿色物流的最终目标是可持续性发展，实现该目标的准则不仅是经济利益，还包括社会利益和环境利益，并且是这些利益的统一。

4.5.2 绿色国际物流

绿色国际物流是指以降低对环境的污染、减少资源消耗为目标，利用先进物流技术规划和实施运输、储存、包装、装卸、流通加工等物流活动，对物资进行物理性移动的一项国际商品交易或交流活动，从而完成国际商品交易的最终目的。绿色国际物流的内涵包括以下五个方面。

（1）集约资源

这是绿色国际物流的本质内容，也是物流业发展的主要指导思想之一。通过整合现有资源，优化资源配置，企业可以提高资源利用率，减少资源浪费。

（2）绿色运输

运输过程中的燃油消耗和尾气排放，是物流活动造成环境污染的主要原因之一。因此，要想打造绿色国际物流，首先要对运输线路进行合理布局与规划，通过缩短运输路线，提高运输工具装载率等措施，实现节能减排的目标。另外，还要注重对运输工具的养护，使用清洁燃料，减少能耗及尾气排放。

（3）绿色仓储

绿色仓储一方面要求仓库选址要合理，有利于节约运输成本；另一方面，仓储布局要科学，使仓库得以充分利用，实现仓储面积利用的最大化，减少仓储成本。

（4）绿色包装

包装是物流活动的一个重要环节，绿色包装可以提高包装材料的回收利用率，有效控制资源消耗，避免环境污染。

（5）废弃物物流

废弃物物流是指在经济活动中失去原有价值的物品，根据实际需要对其进行搜集、分类、加工、包装、搬运、储存等，然后分送到专门处理场所后形成的物品流动活动。

案例 4-7 高校里的“菜鸟绿色驿站”

2019 年，河北环境工程学院与阿里巴巴菜鸟网络集团签署校企合作协议，联合共建北方第一个校园绿色物流示范基地，这是阿里巴巴集团菜鸟网络第一次与高校的深度合作。走进位于校园图书馆楼下的菜鸟驿站，明亮的大厅、整洁的货架，师生凭短信可以精准找到自己的包裹；作为校园垃圾分类末端，拆掉的包装盒还可以投入回收箱二次利用（图 4-1）。大学生是网购主力军，以平均每人每月 4 次网购频率来计算，每月送入该校快递量超过 4 万件。菜鸟驿站的建成，不仅解决了校园快递“最后一公里”的问题，更推进了绿色物流、智慧物流的发展；驿站内快递包装盒的二次回收，解决了校内 60%以上可回收物回收利用问题。

资料来源：服务师生解难题 立行立改见成效[EB/OL]. 河北环境工程学院官微，（2019-11-19）[2022-10-10]. https://mp.weixin.qq.com/s/0GYU-jzlm3NU_Ts6Eehp4A。

图 4-1　河北环境工程学院校园绿色物流示范基地

案例 4-8　京东的绿色电商

关于“发展绿色电子商务”的要求，京东方面近日针对电商、外卖、快递领域的塑料垃圾等问题表示，开展绿色消费可以提高消费者的绿色环保意识，对包装循环利用、垃圾分类回收等工作开展，也对“发展绿色电子商务”发展起到重要作用。

在开展绿色环保减量包装做法与成效方面，京东表示：

（1）100%推广使用电子面单，每年减少纸张使用 6 万 t。

（2）推广使用瘦身胶带，宽度降低 15%，每年减少使用 10 亿 m。

（3）降低纸箱克重，3 层纸箱替代 5 层纸箱，每年减少纸张 100 万 t 以上。

（4）通过引入新材料技术，降低缓冲包装厚度，每年减少使用塑料 500 t 以上。

目前，京东生物降解包装袋主要用在生鲜业务上，已使用近 5 000 万个，占塑料包装材料用量的比例约 5%；二次纸箱（品牌商纸箱和回收的纸箱）循环利用约 5 亿个，占纸箱用量的 40%以上，如不能二次使用，由原纸厂进行回收再造纸，最终做成纸箱循环使用。2018 年将联合材料科研企业、回收机构等试点塑料包装回收再利用，探索塑料回收全程可追溯认证机制，做到行业减塑。将生物降解包装推广至普通业务上，通过前台包装可选系统，消费者下单时进行选择使用，预计每年可使用近 2 000 万个。已在开发的循环包装/降解包装可选系统，可以让消费者在下单时自行选择绿色包装。

另外，在生鲜业务上推广使用保温周转箱和冰板，可替代一次性 EPS 泡沫箱和一次性冰袋，每年可减少使用白色泡沫箱 8 000 万个。开始在 B2C 业务试点循环快递箱，可替代一次性纸箱，取消使用胶带，在北京、上海、广州等 10 个核心城市推广使用，预计每年可减少 1 亿个纸箱使用。

京东目前已启动青流计划，从绿色仓储、运输配送、绿色供应链和绿色包装等方面推动绿色环保，已投入新能源车/叉车，光伏发电技术，联合品牌商从源头减少包装使用。在绿色包装方面，到目前为止通过品牌商从源头进行绿色化，已减少供应商一次性包装 10 亿个左右。

不过，目前推行绿色包装、开展绿色消费等方面，也遇到了一些问题和挑战，如生物降解包装成本偏高，循环包装末端回收困难，新能源车通行证等。循环快递包装社会化推广，末端回收是难点，比如智能回收柜无法进入社区等，需政府给予一定的政策支持。具体表现在：

（1）循环包装在推行过程中最大的难点在于末端回收，需建立完善的回收机制，出台消费者押金制度，提高消费者参与使用和管理循环包装的积极主动性，用完后可自行将循环包装投放至指定地点后退回押金；

（2）生物降解包装成本居高不下，政府可通过减免税或项目补贴的形式，鼓励电商物流企业使用，市场才可以朝着可持续方向发展。

此外，京东方面还提出，垃圾分类和回收制度还需进一步完善，目前不同品类垃圾混放的现象很常见，对于垃圾的处理方式没有统一要求。推动绿色消费，最好由政府牵头，制定统一的绿色信用制度，企业可根据自身情况进行调整并落地。同时，呼吁政府对企业采取一定的监管措施，制定相应的奖励和惩罚措施，促进企业执行政府绿色环保法规。

资料来源：亿邦动力．京东绿色电商：生物降解包装已用近 5 000 万个[EB/OL].（2018-06-14）[2022-10-15]. https://baijiahao.baidu.com/s?id=1603209912367377417&wfr=spider&for=pc。

4.6 跨境电子商务中的绿色国际商务案例

案例 4-9 既要数字出海，也要绿色出海

唐翠云是惠州市联华包装制品有限公司的外贸经理，2020 年 7 月，她开发了一个加拿大的大客户，对方先从她这儿下了一笔 70 万个包装袋的订单，拿到货后非常满意。10 月时客户来沟通，是不是可以再合作一个 500 万个纸袋的大单？但是这个量级的单子（约 19 万美元）一般都需要提前看厂，考察工厂生产管理、卫生管理各方面的综合能力，才会下单。

可彼时加拿大的疫情非常严重，属于高风险国家，客户航班推迟了好几次，严重延误了看厂的时间。客户实在没办法，甚至提出了取消订单的想法。就在快要放弃时，唐翠云想起公司最近做金品诚企认证时，拍摄过一个 VR showroom 展厅，于是她通过 VR 实景的方式向客户展示工厂的各方面信息、流水线和生产能力。

客户仔仔细细地看了半个多小时，退出页面后连续发了好几个“great”，对工厂情况非常满意，接下来，按之前的预算签下了这笔 500 万个纸袋的订单。

可以算一下，通过这种 VR 实景的方式，能给唐翠云和她的客户省多少钱。加拿大往中国飞的机票一张要 2 000 加元，差不多是 1 万元人民币，按照当时各地的隔离政策，基本上是 14 天+7 天+7 天，再按照酒店一天至少 300 元来计算，仅飞机和隔离成本就接近 2 万元，还不算要搭上接近 1 个月的隔离。这中间多少的碳排放，都一并节省掉了。你以为只是一次普普通通的订单成交，实际上你已经在用绿色的方式做贸易，你已经为全球碳中和贡献了巨大的力量。

据统计，在阿里巴巴国际站平台，VR showroom 在线展厅已突破 8 000 个，不仅促成了海量订单的达成，还有效减少了跨境线下探厂 1 000 余次，助力全球碳中和，减少碳排放量 3 203 t。

既要数字出海，也要绿色出海。绿色跨境电商，就是这么给力！成立 20 多年来，阿里巴巴国际站一直都是绿色跨境电商的倡导者及践行者。阿里巴巴运用数字技术和工具，在远程营销方向推陈出新，短视频、直播、Virtual Reality Showroom（图 4-2）、21 种国家语言在线翻译等产品和服务，满足海外买家对真实体验的诉求，提升买卖双方的信任感，助力全球中小企业数字化出海。

图 4-2　阿里巴巴国际站数字多媒体技术与 VR 实景展厅

资料来源：当绿色贸易遇上云栖大会[DB/OL].（2021-10-20）[2022-10-15]. https://www.amz123.com/thread-788475.htm。

案例 4-10　环保低碳理念如何让跨国客户买单？

2017 年，郭娜为了刚出生的女儿辞去了需要常年出差的央企工作，入驻阿里巴巴国际站，做起了“代购”。但一次意外发生了，郭娜在网上给女儿买回了风靡海外的网红 DIY 树脂玩具，到手后却发现有极大的异味。根据专业实验室的检测结果，这种玩具材料里含有一种致癌物质，含量超过 60%。

无色无味无毒，本来是家长们对于孩子日常接触玩具的最低要求。但有些产品没有做到，生性要强的郭娜决定为了女儿亲自下厂研发健康的树脂涂料。但新的问题摆在了眼前，环保材料成本研发难，成本高，对于当时势单力薄的郭娜而言，这真的是一门值得投入的生意吗？一旦失败了，不仅全部存款会打水漂，就连眼下稳定的业务也会因为顾不上而彻底断掉。但郭娜还是拿出了几百万元积蓄，全力投入研发。国际贸易专业毕业的她，每日出入实验室，从头开始学习初中、高中乃至大学的化学知识，用郭娜自己的话说，“如果不学那些知识，跟研究员根本就聊不到一起，我是不服输的性格，我觉得不懂就要去学习”。尽管前途未卜，她仍没有放弃，“如果创业失败了怎么办？大不了重新找公司上班去”。但研发过程的难，还是超出了郭娜的预料。两年多的研发，四次检测未通过，已经耗光郭娜几百万元的积蓄。她顶着压力不敢和家里人讲，一直熬到产品研发成功的那一天。她把玩具拿回家，由女儿做了第一个试用者，当她听到女儿说，“妈妈，这个没有味道”时，内心除了欣喜，还有许多说不清的情愫。

实际上，好不容易克服研发的难关，郭娜的生意才开始起步，就遇到了新麻烦。甚至“第一单就不顺利”，郭娜先是找了美国最大的经销商之一 ProMarine，“刚好他们的供应商倒闭，正在找新的供应商，我就给他们去了邮件”。这单一共 18 万美元，是合计 43 t 的样品单。因为是第一单，从生产到发货，郭娜事无巨细，可最终产品还是被无情退回，“原因是集装箱内部温度五六十摄氏度，加上物流时间长，我们一代的产品没考虑到，抗氧化没做好”，样品到了美国，透明的树脂全部氧化发黄，这个单子，郭娜亏掉 20 万元。

许多人都劝郭娜先专心做国内市场，但了解跨国业务的郭娜一心认为，海外市场才是她的天下。况且，在全球范围内，这种低碳环保树脂玩具，她都算是独一份。在对成分进行了调整后，她又给 ProMarine 寄了五次样品，最终成功得到认可，成为指定供应商。有了 ProMarine 的背书后，她成功打开了海外市场。尽管定价高于一般产品 20%，但郭娜的产品秉持着绿色、环保的理念，获得了许多买家的认可。即便在 2020 年的疫情环境下，郭娜的生意还算风生水起。数据显示，2021 年以来国际化工品市场需求上涨，阿里国际站上的绿色化工品需求量同比去年增长了 100%。“我们现在有 30%～40%的客户来自阿里国际站，每个月都有几百个询盘”。疫情期间，阿里巴巴国际站也很好地承担起平台的角色，采用创新运营思路帮助郭娜的产品被更多客户看见。郭娜尤其看好阿里巴巴的“VR showroom”。一直以来，做外贸的思路，都是带着货和客户面对面沟通，展示产品，甚至邀请客户来自己的工厂做实地考察，“看，这是我的生产线；看，这是我的技术工人；看，这是我的证书。很多订单都是在这样的考察过程中达成的。”郭娜知道，2021 年，靠面对面快速增进感情是很难的，那么如何让客户看到自己的努力与实力？短视频和直播带货应运而生。2020 年 4 月，郭娜第一次尝试了直播带货，“我发现在做直播的情况下，效果非常非常好”。这让郭娜下决心“all in 直播”。郭娜还为此组建了短视频直播团队，并让业务员转型主播，因为只有“TRUE VIEW”才能够很好地为客户增加品牌记忆点。郭娜在公司设计了一个“最佳导演奖”，鼓励每个员工上传自己制作的视频。通过这个动作，新材的粉丝增加速度非常快，点击率也很高。2021 年 6 月，新材的曝光率就增加了 117.4%。在郭娜看来，B2B 生意需要和客户建立信任感，“买卖讲究的是信任，在 B2B 的生意当中，如果我不能和客户建立起第一步的信任，客户几乎不可能会在我这下单，大家的试错成本都很高”。

如今，郭娜通过阿里巴巴国际站 B2B 跨境电商平台，已经做到年出口额 5 000 万元人民币。2017 年至今，郭娜一共开通了 4 个国际站平台，其中包括一个四星平台。目前郭娜在国际站上最大的客户，每个月的订单量都在 30 万～40 万美元。

曾有一个来自马尔代夫的老客户给郭娜寄来一张照片，上面是一只晶莹剔透的蓝色小海豚，这只海豚正是使用郭娜公司生产的环氧树脂制作的，“他们在海豚上写了：树脂材料来自中国，Made In China”。“小生意”还能做出民族自豪感，这的确是一个中国外贸企业的高光时刻，让海外买家看到中国企业的责任与担当。

资料来源：高材生宝妈为女儿创业，环保产品打爆海外，2021 前半年出口额超 5 000 万[EB/OL].（2021-06-30）[2022-10-20]. https://supplier.alibaba.com/story/story/PX837074.htm。

思考题

1．跨境电子商务相对传统国际商务模式具有哪些特征？
2．如何理解“买全球、卖全球”？
3．比较 B2B、B2C 和 C2C 的异同。
4．简述绿色国际物流的内涵。
5．什么是绿色包装？请举例说明。

第 5 章　国际金融与全球绿色信贷

所谓的国际金融，是指国家和地区之间由于经济、政治、文化等联系而产生的货币资金的周转和运动，它是影响国际商务活动开展的重要影响因素之一。在进行国际商务活动时，人们往往需要关注全球货币资金的制度规定及外汇安排、全球外汇市场成本波动及外汇资金交易流动情况等方面。此外，在国际金融市场上，国际商务从业者可以利用金融衍生品来对冲资产，规避金融风险，从而实现跨国交易活动收益最大化。随着世界各国经济相互依存的加深和科技的进步，国际金融正朝向市场全球化、金融自由化、国际投融资方式证券化和绿色化以及全球经济数字化趋势不断发展。尤其是随着人们对环境问题的重视程度不断加强，各国金融机构在控制信贷资金流向时逐渐融入可持续发展理念，创造并不断完善用于支持环境改善、应对气候变化和资源节约高效利用等经济活动的绿色信贷。各国纷纷以“赤道原则”为参考和标准，制定了一系列促进资源与环境可持续的财政和信贷政策，不断推进各国环保事业和绿色经济的发展。

5.1　全球货币制度

货币制度（monetary system），又称为货币体系，是国家对货币的有关要素、货币流通的组织与管理等加以规定所形成的制度。完善的货币制度能够保证货币和货币流通的稳定，保障货币正常发挥各项职能。根据货币制度作用的范围不同，货币制度包括国家货币制度、国际货币制度和区域性货币制度；根据货币的不同特性，货币制度分为金属货币制度和不兑现的信用货币制度。

全球货币制度（global monetary system），又称为国际货币制度或国际货币体系，即国家间货币流通的组织形式。各国为了解决在国际贸易、国际结算中国际支付手段、国际储备资产等国际货币问题的需要，对于涉及国际货币流通各个方面，包括货币的兑换与汇率制定、国际收支调节、国际结算制度、国际储备体系、国际货币关系、国际金融市场等，在国际范围内自发地或经过协商谈判调节确定的一整套系统的原则、规制、办法、机构，形成国际货币体系。

全球货币体系最基本的分类是从货币本位及汇率制度这两个角度进行的。从货币本位来看，可以将全球货币体系划分为纯粹商品本位（如金本位）、纯粹信用本位（如不兑换纸币本位）、混合本位（如金汇兑本位）。从汇率制度来看，可以将国际货币体系划分为完全的固定汇率制、完全的浮动汇率制，以及介于这两者之间的可调整的盯住制、爬行盯住制、管理浮动制等。

国际货币体系是随着历史的发展不断变化的。从时间先后来看，国际货币体系大体上可分为三个阶段，即国际金本位制阶段、布雷顿森林体系阶段及现行的牙买加体系阶段。

现行的国际货币体系的缺陷也在多次金融危机中逐渐凸显，各国以及国际组织关于改革现行货币体系的呼声也愈演愈烈。改革国际货币制度，建立起一套新的合理的国际货币制度已成为举世瞩目的问题。

5.1.1 全球货币体系的主要内容及类型

如同一国国内经济，世界经贸往来自以货币为媒介起，世界经济的发展与稳定就与货币问题紧密地联系在一起。全球货币体系问题实质上是为国际货币金融运行制定规则或打造平台的问题，既关系到每一个主权国家的经济利益与安全，又关系到世界经济的稳定与发展，因此对全球货币体系的研究至关重要。

全球货币体系的主要内容具体包含以下四个方面：

（1）汇率及汇率制度

一国货币与其他货币之间汇率应该如何确定与维持；一国货币能否自由兑换成支付货币；在对外支付方面是否加以全部或部分限制，或者完全不加限制；该国采取固定汇率制、浮动汇率制或者钉住某一货币的钉住汇率制；等等。

（2）国际储备资产的确定

为应对国际支付的需要和平衡国际收支，一国需要一定数量的国际储备，保存多少数量且为世界各国普遍接受的国际储备资产、其构成以及新的储备资产如何供应与创造等。

（3）国际收支及其调节机制

当一个国家的国际收支出现不平衡时，各国政府应采取什么方法弥补缺口，各国之间的政策措施又应该如何相互协调以及如何使各国在国际范围内公平地承担国际收支调节的责任等问题。

（4）国际货币事务的协调和管理

国际货币事务的协调和管理问题实质就是协调各国之间的国际货币金融政策，具体又包括国际金融组织的建立，解决国际金融问题的规则、惯例和制度的制定等。

国际货币体系按不同的分类标准可分为不同的类型。一般而言，国际货币体系可以从汇率制度和储备资产保有形式两个角度进行区分。按汇率制度分，国际货币体系可以分为永久性的固定汇率制、可调整的固定平价汇率制、宽幅度波动汇率制、爬行钉住汇率制、管理浮动汇率制和完全自由浮动汇率制。按照国际储备资产的保有形式分，国际货币体系可以分为：纯商品本位制，即所有储备都是商品储备，如金本位制；纯信用本位制，即所有储备都是信用储备，如不兑现的纸币本位制；混合本位制，即储备由商品与信用储备混合而成，如金汇兑本位制。

有时也可以同时将汇率制度和国际储备资产的保有形式作为国际货币体系分类的标准，如金本位制下的固定汇率制、以不兑现的纸币（如美元）为本位币的固定汇率制、以黄金和外汇作为储备的可调整的固定汇率制或管理浮动汇率制、完全不需要保有国际储备资产的纯粹自由浮动汇率制等。

按全球货币体系历史演进过程以及国际上的习惯称谓划分，全球货币体系可以分为金本位制、金汇兑本位制、布雷顿森林体系（美元本位制度）以及当前的牙买加体系（管理浮动汇率体系）。最早的国际货币体系大约形成于 1880 年，延续至 1913 年的国际金本位制。此后第一次世界大战爆发，各国为了应对战争支出，不得不纷纷停止黄金的兑换，国际货币关系陷于混乱，金本位制崩溃。1925 年之后各国又开始致力于恢复金本位制，但这时建立的是国际金汇兑本位制，这一制度又在 1929—1939 年的大危机中崩溃。1945—1973 年，国际上实行的是布雷顿森林体系，是可兑换的美元本位，实行可调整的固定汇率制。1973 年以后布雷顿森林体系宣告崩溃，各主要西方国家进入有管理的浮动汇率制。

5.1.2 国际金本位制度

（1）国际金本位产生的背景

1816 年，英国制定了《金本位制度法》，率先采用金本位制度。鉴于当时英国在国际上的地位和影响，英国的做法被欧洲各国及美国纷纷效仿。到 1880 年，欧美国家普遍通过相关法律实行金本位制，由此金本位制度发展成为世界性的货币制度。

（2）国际金本位的主要内容

黄金充当国际货币。金币可以自由铸造、自由兑换，以及黄金自由进出口。这一特点决定了金本位制度具有一个与纸币本位制度截然不同的优势——没有通货膨胀。

各国货币之间的汇率由它们各自的含金量对比所决定。各国货币都规定含金量，各国货币所含金量之比即为铸币平价，铸币平价决定着两国货币汇率的法定平价。金本位制度下的汇率是非常稳定的。

国际收支可以实现自动调节。例如，国际收支赤字——本国黄金净输出——国内黄金储备下降——货币供给减少——本国商品竞争力增强——出口增加——国际收支改善。

（3）国际金本位的崩溃过程及原因

1914 年第一次世界大战爆发，各参战国均实行黄金禁运并停止兑换黄金，国际金本位制暂时停止实行。第一次世界大战时和第一次世界大战后初期，大多数参战国为了融通战争经费，均发行了大量不能兑现的纸币，导致发生恶性通货膨胀。为了控制通胀和避免汇率剧烈波动给经济造成不良影响，第一次世界大战后各国先后着手恢复金本位制。美国于 1919 年 6 月恢复金铸币本位制，战争使美国取代英国成为世界金融霸主。1925 年，英国不顾价格水平的巨幅上升，勉强恢复金本位制。德国、奥地利、意大利等 30 多个国家也各自实行与美元、英镑、法郎保持固定比价的金汇兑本位制，黄金在各国之间再度流通。但此时的国际金本位与第一次世界大战前的已大不相同，纸币不再直接兑换黄金，但可兑换实行金本位制的外国货币，从而间接与黄金挂钩。1929 年爆发世界经济大危机后，贸易战、货币战愈演愈烈，各国无法维持金融货币稳定，纷纷向英国兑换黄金，使英国难以应对，终于被迫在 1931 年 9 月 21 日废止金本位。至此，国际金本位制宣告彻底瓦解。

金本位制崩溃的主要原因有：第一，黄金生产量的增长幅度远远低于商品生产增长的幅度，黄金不能满足日益扩大的商品流通需要，这就极大地削弱了金铸币流通的基础。第二，黄金存量在各国的分配不平衡。黄金存量大部分为少数强国所掌握，必然导致金币的自由铸造和自由流通受到破坏，削弱其他国家金币流通的基础。第三，第一次世界大战爆发，黄金被参战国集中用于购买军火，并停止自由输出和银行券兑现，从而最终导致金本位制的崩溃。

（4）国际金本位的评价

在存续期，国际金本位制曾极大促进了资本主义各国的经济发展，但是国际金本位仍存在许多缺陷。从根本上讲，它过于“刚性”，货币数量的增长主要依赖于黄金的增长。

一方面，各资本主义国家发展极不平衡，较发达的国家通过贸易顺差不断积累黄金，到 1913 年，英国、美国、法国、德国、俄罗斯 5 个国家的黄金存量达到了世界黄金存量的 2/3；另一方面，世界黄金的产量跟不上世界经济的增长。这些都削弱了黄金作为国际货币的基础，导致金本位制难以继续维持。

5.1.3　布雷顿森林体系

（1）布雷顿森林体系产生背景

两次世界大战之间，国际货币关系一片混乱。第二次世界大战结束前，美国凭借拥有全球 2/3 的黄金储备和强大的军事实力，提出“怀特计划”，目的是建立以美元为支柱的国际货币体系。英国则派出誉满全球的经济学家凯恩斯与美国谈判。1944 年 7 月，参加筹建联合国的 44 个国家在美国新罕布什尔州布雷顿森林举行了“联合国国际货币金融会议”，通过了以怀特计划为基础的《布雷顿森林协定》，在这次会议上产生的国际货币体系因此被称为布雷顿森林体系。协定的核心内容包括“双挂钩”制度安排，即美元同黄金挂钩，其他国家货币同美元挂钩，实行可调整的固定汇率制度。从此，一个以美元为中心的国际货币体系开始形成。美元靠美国当时的政治军事经济贸易优势取得统治性地位。从金本位到布雷顿森林体系，美国逐渐成为世界货币金融领域的新主角。

（2）布雷顿森林体系主要内容

布雷顿森林体系包括本位制度、汇率制度、国际储备制度、国际收支调节制度及相应的组织形式五个方面内容，具体可总结为“双挂钩、一固定、上下限、政府干预、允许调整”。

本位制度：美元与黄金挂钩。各国政府或中央银行可按官价用美元向美国兑换黄金。各国确认 1934 年 1 月美国规定的 1 美元的含金量为 0.888 671 g 纯金、35 美元兑换 1 盎司黄金的黄金官价。美国履行向各国政府或中央银行按官价兑换美元的义务。同时，为了维护这一黄金官价不受国际金融市场金价的冲击，各国政府需协助美国政府共同干预市场的金价。

汇率制度：其他国家货币与美元挂钩。布雷顿森林体系规定国际货币基金组织的成员国货币与美元挂钩，即各国货币与美元保持稳定的汇率。各国货币对美元的汇率，只能在法定汇率上下各 1%的幅度内波动。若市场汇率超过法定汇率 1%的波动幅度，各国政府有义务在外汇市场上进行干预，以维持汇率的稳定。若会员国法定汇率的变动超过 10%，就必须得到国际货币基金组织的批准。布雷顿森林体系的这种汇率制度被称为“可调整的钉住汇率制度”。

国际储备制度：《布雷顿森林协定》中关于货币平价的规定，使美元处于等同黄金的地位，成为各国外汇储备中最主要的国际储备货币。

国际收支调节制度：短期的失衡由国际货币基金组织（IMF）提供信贷来解决，长期的失衡则通过调整汇率评价来调节。但是在实际运行中，两种方法的效用都不大，因为 IMF 通过配额筹集的资金规模有限，而汇率的调整又由于各国的利益和立场的不同难度很大。因此，在布雷顿森林体系运行的 20 多年里，国际收支大面积失衡状况一直没有得到真正的解决。

组织形式：为保证上述货币制度的贯彻执行，1945 年 12 月建立了一个永久性的国际金融机构，即国际货币基金组织。其宗旨为：在汇率政策、经常项目的支付和货币的可兑换性等问题上，确定国际性行为规则，为会员国调整国际收支不平衡提供资金融通，在一定程度上维护国际金融秩序的稳定。国际货币基金组织的基本职能是向国际收支失衡的成员国提供临时性贷款，以解决成员国暂时性的国际收支失衡问题。但是，对发展中国家而言，它们正处于经济发展的进程中，其国际收支的基本特征是收支长期逆差，因此汇率将难以保持稳定，要维持汇率必须从基础入手，解决经济发展问题。

1944 年国际复兴开发银行（也称世界银行）成立，其宗旨为：鼓励发展中国家自力更生发展经济，为发展中国家基于生产目的的投资提供融资便利；通过保证或参与私人贷款和私人投资的方式，促进私人对外投资；用鼓励国际投资以开发成员国生产资源的方法，促进国际贸易的长期平衡发展，维持国际收支平衡；在提供贷款保证时，应同其他来源的国际贷款进行配合。世界银行作为国际货币体系的辅助性机构在促进发展中国家经济发展，摆脱长期贸易收支赤字或国际收支逆差方面起到了非常重要的作用。

（3）布雷顿森林体系崩溃原因

布雷顿森林体系实际上是一个以美元为中心的体系，美元的命运左右着该体系的命运。伴随着美国国际收支的变化，美元经历了“美元荒”（各国都缺少美元）—“美元泛滥”（美元大量外流导致各国手持美元数量激增）—“美元危机”（各国对美元缺乏信心及至大量抛售美元）的演变。1971 年，为阻止各国政府继续向美国以美元兑换黄金，美国总统尼克松宣布实施“新经济政策”，单方面终止布雷顿森林会议上同意各国政府按官价向美国政府以美元兑换黄金的承诺，并加征 10%的进口关税。为报复美国，其他国家也纷纷撕毁与美国保持规定汇率的协议。至此，布雷顿森林体系宣告垮台。

案例 5-1　布雷顿森林体系的崩溃与特里芬难题

为什么布雷顿森林体系显得十分脆弱？1959 年美国经济学家罗伯特·特里芬认为美元——黄金本位货币体系自身存在不可克服的内在矛盾，即美元供应与美元信用的矛盾。他认为美国为满足国际经济与贸易对国际储备资产的日益增长的需要，必须逐步增加在美国境外的美元数量，以保证国际清偿力的供给，这只有通过维持美国国际收支逆差才能达到；而国际收支逆差的扩大又会影响美元的信誉，导致储备货币危机；反之，美国要维持美元信誉，就必须减少国际收支逆差，而这又会减少美元的供给，导致他国国际储备的短缺，影响国际清偿力；从而使美国作为储备货币发行国而面临这种进退维谷的境地，这就是“特里芬难题”或“特里芬悖论”，并被普遍认同是布雷顿森林体系自身存在的不可克服的内在矛盾。

为满足全球贸易发展，美国需要通过维持长期贸易逆差向外输送美元，但美元供应不断增长会导致美元与黄金的固定兑换关系难以维持，影响美元币值与信誉。“特里芬难题”反映了美元国际货币与国家货币的角色冲突。

虽然学界对“特里芬难题”有不同看法，但当时美国的情况确如特里芬所言。进入 20 世纪 60 年代，由于美国国际收支持续出现巨额逆差，资金流失，美元信用动摇。1971 年爆发美元危机，美元持续贬值，尼克松政府宣布实行“新经济政策”，停止美元兑换黄金。于是，各国相继实行浮动汇率制，不再承担维持美元汇率的义务，美元也不再成为各国货币的“锚”。美元停止兑换黄金和固定汇率制的解体，意味着国际金融领域开始进入一个动荡不安的时期。

资料来源：中国人民银行官方网站，http://www.pbc.gov.cn/。

5.1.4　牙买加货币体系

（1）牙买加体系产生的背景

国际货币基金组织（IMF）于 1972 年 7 月成立了一个专门委员会，具体研究国际货币制度的改革问题。委员会于 1974 年 6 月提出一份“国际货币体系改革纲要”，对黄金、汇率、储备资产、国际收支调节等问题提出了一些原则性的建议，为以后的货币改革奠定了基础。

直至 1976 年 1 月，IMF 理事会“国际货币制度临时委员会”在牙买加首都金斯敦举行会议，讨论国际货币基金协定的条款，经过激烈的争论，签订达成了“牙买加协议”，同年 4 月，IMF 理事会通过了《IMF 协定第二修正案》，从而形成了新的国际货币体系。

（2）牙买加体系的主要内容

多元化的国际储备体系。在国际储备体系中，包括美元、英镑、日元等在内的自有外汇占主要地位，特别提款权以及在基金组织的储备头寸占有一定比例，而黄金仍然在国际货币体系中占有一席之地。

多元化的汇率制度。IMF 成员国可以自行安排汇率制度。1999 年，IMF 将汇率制度细分为没有独立法偿货币的汇率制（可以认为是完全的固定汇率制）、货币局制度、传统的钉住汇率制、钉住水平带的汇率制、爬行钉住、爬行的带状汇率制、没有事先宣传路径的管理浮动制以及独立的浮动制共八类。

多种国际收支的调节手段。牙买加体系允许会员国通过汇率、利率、国际金融市场以及 IMF 的协调作用等多种手段来调节国际收支，试图建立一个灵活有效的国际收支调节机制。由于不存在统一的或是主要的汇率安排，牙买加体系被讥讽为“没有制度的体系”。

（3）牙买加体系的评价

牙买加体系所取得的成就和暴露出的问题几乎同样突出。

第一，牙买加体系实现了国际储备多元化，从而较好地解决了“特里芬难题”。然而就国际储备的未来发展来说，一方面，美元、欧元（以前是德国马克）和日元的三足鼎立局面短期内不会有大的改变；另一方面，在金融开放和金融全球化的推动下，可自由兑换的国际货币在不断增加，但是区域经济和货币合作的进展也有可能使得国际储备货币种类先增加后减少，所以长远看仍然存在较大的变数。

第二，汇率安排从集中接受人为的制度设计恢复为分散进行自由选择，从而呈现浮动汇率制、固定汇率制以及介于二者之间的各种居中安排并存的复杂局面，由此产生了一系列关于汇率制度的崭新课题。

第三，牙买加体系依赖国际金融市场和国际经济政策协调解决国际收支问题。在牙买加体系下，国际金融市场迅猛发展，一方面为各国解决国际收支不平衡提供了更多金融工具；另一方面也大大提高了国际资本流动的规模和速度，使得国与国之间的经济联系和相互依赖程度空前增强。

第四，IMF 承担了更多职责，在国际金融领域的地位和作用明显提高。汇率剧烈波动所产生的巨大外汇风险、金融市场一体化所隐含的投机性货币冲击和各国经济政策的外部负效应，导致牙买加体系下金融危机的爆发频率和危害性远远超过以往任何时候。除了依靠国际经济政策协调机制以外，IMF 等国际金融组织被赋予了更多维护全球金融稳定的责任。

5.1.5 现行全球货币体系改革

经济全球化是生产力发展和科技进步的必然趋势，是生产社会化向国际化的延伸。在开放经济条件下，国际货币体系发挥着越来越重要的作用。国际货币体系是为了维持全球金融稳定、促进世界经济发展的一系列制度安排，是影响全球经济金融系统安全与稳定的一个重要因素。合理有效的国际货币体系可以促进全球金融稳定和世界经济增长，是全球经济持续、稳定、健康运行的重要条件。原有以美元为主导的国际货币体系在战后世界经济恢复和发展中起过积极作用，但是随着中国等新兴经济体的崛起和全球经济多极化发展。现行国际货币体系已经不能适应世界经济格局的深刻变化。美国转向“逆全球化”和美元霸权的滥用，对国际金融危机后全球经济恢复和发展越来越起着消极作用，就是明证。改革国际货币体系势在必行。

首先，世界经济的全球化并没有带来国际货币体系的全球化。现行的国际货币体系仍延续发达国家和发展中国家的“中心—外围”格局，未能反映世界经济格局的新变化。2021 年，美元占全球储备货币的比例为 58%，远远高于美国在全球 GDP 中所占的比例（24%）。国际金融风险和责任集中于少数发行国际货币的国家，事实上形成了大国利用储备货币发行权绑架全球经济的局面。当储备货币发行国面临国内政策需求与国际责任要求不一致时，储备发行国往往会基于本国利益，优先选择满足国内政策需求，忽视或轻视国际责任。储备货币发行国的政策效应可能在世界上产生负面的溢出效应，给其他国家增加了不确定性和风险。

其次，国际金融危机的形成和爆发，都有国际货币和国际货币体系方面的因素。在金融危机发生的过程中，基本上都存在汇率大幅贬值、国际收支调节机制失衡等现象。随着金融衍生品市场的高度发展，国际货币之间的联系越来越紧密，不稳定的国际货币体系造成的危害也越来越大。国际金融危机的爆发进一步暴露了现行国际货币体系的缺陷。国际货币体系改革需要更平衡地考虑全世界发达国家、发展中国家、新兴市场平衡的、互利共赢的关系。

最后，国际货币体系改革的重要性已经成为国际社会的共识。国际货币体系的不平衡、不稳定发展是全球经济失衡的重要因素。为了有效维护世界经济、贸易和金融结构，改革国际货币体系已成为推动全球经济和金融稳定发展的重要基础，也是完善全球经济治理体系的重要内容。现行的全球经济治理体系是由发达国家主导的，具有不合理、不公正、不平等的一面，对发展中国家的利益诉求关注不足。

因此，改革国际货币体系，提升新兴市场国家和发展中国家代表性和发言权，是完善全球经济治理的重要方向和内容。中国作为最大的发展中国家，要推动各国加强宏观经济政策协调，改革国际货币金融体系，积极参与全球治理体系变革，并在其中发挥建设性作用，推动国际秩序朝着更加公正合理的方向发展，特别要在建设稳定、抗风险的国际货币体系中发挥应有的作用①。

案例 5-2　人民币正式加入 SDR

一位经济学大师曾说过，货币是“人类发明的最伟大的工具之一”。国际货币的演进，既是世界经济格局变化的结果，也是大国经济利益博弈的反映。2016 年 10 月 1 日，人民币正式加入国际货币基金组织（IMF）特别提款权（SDR）货币篮子，成为新的 SDR 五种构成货币中唯一的新兴经济体货币。“这是国际货币体系改革的一个里程碑事件”，IMF 总裁拉加德这样评论。

IMF 每隔五年对 SDR 货币篮子进行一次评估。在 2015 年完成的评估中，IMF 决定将人民币纳入 SDR 货币篮子。对中国和全球经济来说，这是双赢之举。IMF 高级官员 2016 年 9 月 21 日在有关 SDR 货币篮子的电话会上说，人民币“入篮”更能反映当今世界主要货币的构成，有助于增强 SDR 的代表性和吸引力，有助于推动更加稳健的国际金融和货币体系，从而有利于全球经济的稳定和增长。

人民币顺利“入篮”，且确定的权重为 10.92%，仅次于美元的 41.73%和欧元的 30.93%。这反映了全球经济格局的变化，体现了崛起的新兴经济体在国际货币体系中话语权的上升，是对国际社会要求改革国际货币体系的回应。自 2016 年 4 月以来，中国央行开始同时发布以美元和 SDR 作为报告货币的外汇储备数据。2016 年 8 月 31 日，世界银行首期 SDR 计价债券在中国的银行间债券市场成功发行，起名为“木兰债”，这是推动 SDR 金融工具市场化的有益尝试。可以预见，随着人民币日益成熟稳健和 SDR 使用逐步扩大，国际货币体系将朝着更公正合理的方向发展。

资料来源：中华人民共和国中央人民政府网，http://www.gov.cn/xinwen/2016-09/29/content_5113598.htm。

5.2　全球外汇市场

5.2.1　外汇市场的起源

外汇市场是专门从事外汇交易的市场，它包括金融机构之间的同业外汇市场和金融机构与客户之间的外汇零售市场。它们分为有形市场和无形市场。外汇市场确定了一种货币（本币）以另一种货币（外币）表示的价格。一般来说，我们将每种货币与一个国家联系在一起，并且假设在国内交易中只有本国货币是可以接受的。这个惯例是外汇市场存在的必要而非充分条件。通常认为，国际贸易是外汇市场建立的最主要的原因。

透过国际贸易需要跨国货币收付这种现象，挖掘外汇市场起源的本质。可以看出，外汇市场真正的起源在于：

① 金莹，张二震. 全球经济新格局下国际货币体系改革问题探讨[J]. 江苏行政学院学报，2019（1）：44-49.

1）主权货币的存在；

2）非主权货币对境外资源的支配权和索取权的存在；

3）金融风险的存在，对于与预期的外币负债有关的汇率风险，外币资产可能会起到直接的防范作用，而且即使没有计划任何外国购买行为，外国资产也可以降低一项投资组合回报（以本币计价）的整体变动性；

4）投机获利动机的存在，本国居民也许仅仅是认为外币资产被低估，因此他们可能只是为了纯粹的投机目的而要求持有外汇，从而赚取更高额的回报。

5.2.2 外汇市场的功能

外汇市场作为国际经济联系的纽带，集中地反映了国际经济、国际金融动态和各国汇率变化的趋势，外汇市场为促进国际贸易的发展、国际投资和各种国际经济往来的实现提供了便利条件。其功能主要表现在以下方面：

1）反映和调节外汇供求。一国对外经济、贸易的收支以及资本金融项目的变化都最终反映到外汇市场供求状况上，政府、企业、个人通过外汇市场可以解决自己的外汇供求问题。

2）形成外汇价格体系。银行接受顾客买卖外汇后，需要在银行间市场进行调节，因而自然产生外汇的供需，加上银行本身自发性的供需，在市场通过竞价过程便会产生汇率，随后，银行对顾客交易的汇率再根据上述银行间成交汇率加以确定。

3）实现购买力的国际转移。国际经济交易必然会产生国家之间的债权债务关系，需要进行国际支付，把货币购买力从债务人所在国向债权人所在国转移。进行国际支付，债务人一般要通过外汇市场把本国货币兑换为债权人所在国货币，将其汇兑和支付给债权人，债权人获得一定数量的货币，从而获得一定的购买力，使国际经济交易得以进行下去。结清国际债权债务关系，实现货币购买力的国际转移，是外汇市场最基本的功能。

4）提供外汇资金融通。外汇市场通信设施完备，经营手段先进，资金融通便捷，是理想的外汇资金集散中心，从而成为世界资本再分配的重要渠道，为银行外汇业务提供平衡头寸的蓄水池作用。由于闲置的外汇资金大量涌向外汇市场，为外汇需求者提供越来越多的可筹资金，这对促进国际贸易发展，促进投资的国际化起着不可忽视的作用。同时，外汇市场也为金融资本的输出、国际垄断资本的对外扩张和外汇投机等提供角逐场所。

5）防范汇率风险。外汇市场通过各种外汇交易活动（如远期外汇买卖、期货或期权交易等），可以降低或消除汇率风险，促进国际贸易的发展。

5.2.3 外汇市场环境

现代外汇市场通常是一个分散的由经纪商、交易员、通信设备、电脑终端、电脑键盘以及坐落在世界各地的商业银行组成的 24 小时不间断的、非主权货币头寸交易活动的市场。这些市场间的地理差异对应着重要的经济上的差异。在集中交易市场中，获知一种证券的价格相对来说比较容易。在一个地理位置比较分散的市场上，要想知道可以获得的最佳外汇价格相对来说比较困难。一个交易商如何确信他是否在众多的交易商之间获得了最有利的价格呢？每家银行的外汇报价往往是“仅供参考”，即实际交易有可能是按照这些价格进行，也有可能不按照这些价格进行。

5.2.4 外汇市场主要参与者

外汇市场的交易者、交易对象和交易方式构成了外汇市场的要素。外汇市场的主要参与者有：

1）商业银行。各发达国家的商业银行通常都有外汇买卖以及承办外汇存款、汇兑、贴现等业务。在一些实行外汇管制的国家中，外汇业务是由各国中央银行制定或授权经营外汇业务的银行办理。这些银行通常是本国的商业银行、在本国的外国银行分支机构和一些金融机构。

2）中央银行及政府主管外汇的机构。各国中央银行参与外汇市场的活动有两个目的：一是储备管理；二是汇率管理。一般来说，中央银行或直接拥有，或代理财政经营本国的官方外汇储备。中央银行这时在外汇市场的角色与一般参与者相同。另外，在外汇市场汇率急剧波动时，中央银行为稳定汇率，控制本国货币的供应量，实现货币政策，也经常通过参与市场交易进行干预，在外汇过多时买入或在外汇短缺时抛出。中央银行在外汇市场发挥的这种监督市场运行、干预汇率走势的作用表明，中央银行不仅是一般的外汇市场参与者，在一定程度上可以说是外汇市场的实际操纵者。不过，中央银行并不直接参与外汇市场上的活动，而是通过经纪人和商业银行进行交易。

3）外汇经纪商。这是专门从事介绍成交或代客买卖外汇，从中收取手续费的公司或汇兑商。外汇经纪商主要是依靠其与外汇银行的密切联系，熟知外汇供求情况的优势，利用现代化的通信工具，接洽外汇交易，促使多种多样的市场参与者找到合适的交易价格和合适的交易对手成交。当然，由于外汇经纪商大都从事数额较大的外汇买卖，故他们与商业银行的交易往来最密切，商业银行一般通过经纪商调整其外汇存量。相比之下，外汇经纪商与实际外汇需求和供给者接触不多。

4）外汇交易商。这是指专门从事外汇交易，经营外国票据业务的公司或个人。外汇交易商大多从事数额较大的外汇买卖，利用时间与空间的差异获取外汇买卖价格上的差额利润。

5）外汇的实际供给者和需求者。从事进出口贸易的工商企业、旅行者、投资者、投机者、留学生、移民等都是外汇的最终需求者或供给者。他们通过外汇市场进行买卖，以获得或兑换外汇。个人需求者大多是通过外汇专业银行进行买卖。

6）外汇投机者。外汇投机者是专门利用不同货币在不同时间、不同地点的外汇市场上汇率的变动，进行买空卖空、套汇套利的投机活动，以获取利润。当然他们也要承担一定风险。

5.2.5 外汇市场的结构层次

外汇市场的参与者，构成了外汇市场的三个层次：银行与顾客之间，银行同业之间，商业银行与中央银行之间。

1）银行与顾客之间的外汇交易。顾客出于各种各样的动机，需要向外汇银行买卖外汇。银行在与顾客的交易中，一方面从顾客手中买入外汇，另一方面又将外汇卖给顾客。

实际上它是在外汇的供给者与需求者之间起中介作用，赚取外汇的买卖差价。

2）银行同业间的外汇交易。商业银行出于投机、套利、套汇等目的从事同业间外汇交易，占外汇交易总额的90%以上。

3）商业银行与中央银行之间的外汇交易。中央银行干预外汇市场所进行的交易是在它与商业银行之间进行的。通过调节外汇市场上的本外币供求量，中央银行可以使市场汇率相对稳定在某一界限上。

除此以外，外汇市场还有价格结构（双向式报价）、品种价格（期和远期）、交易模式结构（直接询价和间接询价）、柜台式交易（计算机集中撮合式交易）。

5.2.6 外汇市场交易活动与交易产品

参与外汇市场交易活动的交易者，其交易动机是不同的，因此使外汇交易活动呈现出多样化。其中，中央银行或外汇管理当局是市场活动的领导者，它在外汇市场的价格出现异常变化时，或是朝一个方向连续几天剧烈波动时，往往会干预外汇市场，以试图缓解外汇行市的剧烈波动。所谓干预外汇市场，是指货币当局在外汇市场上的任何外汇买卖，以影响本国货币的汇率。其途径可以是用外汇储备、中央银行之间调拨或官方借贷等。其实，要真正认清中央银行干预外汇市场的性质和效果，还必须认清这种干预对该国货币供应及政策的影响。因此，在央行干预外汇市场的手段上，可以分为“消毒的干预”和“不消毒的干预”。

1）“消毒的干预”，即不改变现有货币政策的干预。它是指中央银行认为外汇价格的剧烈波动或偏离长期均衡是一种短期现象，希望在不改变现有货币供应量的条件下，改变现有的外汇价格。

2）“不消毒的干预”，即改变货币政策的干预。它是指中央银行直接在外汇市场买卖外汇，而听任国内货币供应量和利率朝有利于达到干预目标的方向变化。

外汇市场的交易产品可分为即期外汇交易、远期外汇交易和掉期外汇交易。

所谓即期外汇交易，是指在外汇买卖成交后，原则上在2个工作日内办理交割的外汇交易。实际上，一般是在成交后的第二个营业日进行。如果交割的那一天正逢银行节假日，就顺延。即期交易采用即期汇率，通常为经办外汇业务银行的当日挂牌价，或参考当地外汇市场主要货币之间的比价加一定的手续费。

远期外汇交易的汇率是以在即期汇率上加减升水和贴水的方法表示。某种货币的远期汇率大于即期汇率时，其差额就是升水；远期汇率小于即期汇率时，其差额就是贴水。远期汇率=即期汇率±升（贴）水。升水和贴水的大小，主要取决于两种货币利率差幅的大小和期限的长短。利率较高的货币在远期市场上表现为贴水；利率较低的货币在远期市场上表现为升水。

掉期外汇交易是在某一日期即期卖出甲货币，买进乙货币的同时，反方向地买进远期甲货币，卖出远期乙货币的交易，即把原来手中持有的甲货币来一个掉期。

5.3　国际金融市场

5.3.1　国际金融市场的含义

国际金融市场的含义有广义和狭义之分。广义的国际金融市场是指在国际范围内，运用各种现代化的技术手段与通信工具，进行资金融通、证券买卖及相关金融业务活动的场所或网络，包括国际货币市场、国际资本市场、国际外汇市场、国际黄金市场以及金融衍生工具市场等。狭义的国际金融市场则指从事国际资金借贷和融通的场所或网络，包括国际货币市场和国际资本市场①。通过资金的借贷及债券、证券发行，促进资金在国际流动和再分配。

从总体上看，国际金融市场始终保持规模持续扩张的态势，资金跨国流动的影响范围不断扩大，可以说，全球化始终是国际金融市场的发展指向和最终目标，并已成为 21 世纪全球资本运动的主要特征之一。

5.3.2　国际金融市场的类型

（1）有形的国际金融市场和无形的国际金融市场

国际金融市场可以是有形的市场也可以是无形的市场。有形的国际金融市场作为国际性金融资产交易的场所，往往是国际性金融机构聚集的城市或地区，又称为“国际金融中心”，它们遍布于北美、欧洲、亚太、中东和拉丁美洲及加勒比海地区。在这些金融中心有相当数量的具体市场如各国的证券交易所，交易十分活跃。无形的国际金融市场由各国经营国际金融业务的机构，如银行、非银行金融机构或跨国公司构成，通过电话、传真、互联网等现代化的通信设施相联系的网络体系在国际范围内进行资金融通、有价证券买卖及有关的国际金融业务活动。

案例 5-3　国际金融中心的发展历程

国际金融中心就是那些能提供最便捷的国际融资服务、最有效的国际支付清算系统、最活跃的国际金融交易的城市。

19 世纪，由于欧洲及北美国际贸易和国际投资的发展，对金融服务的跨国需求开始增加。国际性的融资、保险、外汇交易活动规模在欧洲的一些大城市如巴黎、柏林及美国一些城市日益扩大，尤其集中于英国伦敦，由此形成最早与最主要的国际金融中心——伦敦国际金融中心。

自 20 世纪开始，随着国际分工的深化和世界大市场的形成，国际贸易与投资在世界许多地方渗透。国际金融活动也在世界一些主要地区相对集中，这导致一批地区性和全球性国际金融中心的出现。70 年代之前，只有少数国家如美国、瑞士，对外开放其金融市场。欧洲许多国家金融对外开放度并不大。国际金融中心此时处于缓慢发展阶段。70 年代以后，

① 杨胜刚，姚小义. 国际金融[M]. 4 版. 北京：高等教育出版社，2016.

随着许多发达国家开放资本账户和金融创新的日新月异，跨国投资、融资规模迅速扩大。在这一时期，除了原有的、自然发展起来的国际金融中心，如伦敦、纽约、巴黎、苏黎世、法兰克福等开始迅速扩张外，在政府推动下又建了一批国际金融中心，如新加坡、巴林、巴哈马、开曼等。同时在较为自发的状态下，东京、中国香港等国际金融中心开始崛起。因此，到80年代，国际上已开始形成多元化、多层次的国际金融中心。

20世纪90年代，一些亚洲国家城市如曼谷、马尼拉、吉隆坡等开始致力于成为地区性国际金融中心。90年代以后，国际金融自由化发展迅速，同时金融自由化又使衍生金融业务快速增长。当前，根据活跃程度和国际化情况，全球性国际金融中心依然是纽约和伦敦，其他区域性国际金融中心则包括东京、中国香港、新加坡、法兰克福、苏黎世等城市。近年来，上海、北京、深圳等中国城市也在稳步向国际金融中心迈进。

资料来源：胡方荣，张恒安. 国际金融中心的发展历程及特征[J]. 合作经济与科技，2005（3S）：2。

案例5-4 绿色金融是上海国际金融中心建设的重要方向

上海已在2020年以高标准基本建成国际金融中心，确立了以人民币产品为主导，具有较强金融资源配置能力的全球性金融市场地位。在2021年3月第29期的GFCI全球金融中心排名中，上海继续名列第三。上海国际金融中心的发展需要更高的站位、更广的视野，并在支持国家战略、参与全球治理等方面发挥重要作用。

在我国提出“二氧化碳排放力争于2030年前达到峰值，努力争取2060年前实现碳中和”目标的背景下，绿色金融——为支持环境改善、应对气候变化、节约和高效利用资源而展开的经济活动（对环保、节能、清洁能源、绿色交通、绿色建筑等领域的项目投融资、项目运营、风险管理等）所提供的金融服务——正在从一个广受关注的研究领域，成为近在眼前的现实推进。因此，绿色金融既能为人民币计价的金融资产提供广阔的增量市场，也能够成为上海国际金融中心建设新的发展方向。

首先，随着绿色发展的重要性日益提升，绿色金融将提供体量巨大的增量资产。一是绿色发展面临较大的资金缺口。据《中国绿色金融发展研究报告（2020）》，2019年我国新增绿色金融需求为2.048万亿元，但2019年新增绿色资金供给只有1.43万亿元，缺口0.618万亿元。红杉中国的测算结果表明，2021—2060年，我国绿色投资年均缺口约3.84万亿元，其中，2021—2030年平均缺口约2.7万亿元，2031—2060年平均缺口约4.1万亿元，碳达峰以后资金缺口将明显扩大。二是绿色发展推动能源战略转型。中国正在从绿色发展的跟随者向引领者转变。作为可再生能源技术的最大投资国、生产国和消费国，中国拥有世界上1/3的太阳能发电厂和风力涡轮机，而世界上所有的乘用电动汽车中有一半行驶在中国的公路上。数据显示，自2000年以来，中国可再生能源装机容量增长800%以上，欧盟和美国的可再生能源装机容量仅分别增长了230%和160%。

其次，中国绿色金融体系发展迅速，规模全球领先，人民币资产有望在绿色金融领域抢占先机。截至2020年年末，中国21家主要银行的绿色贷款余额超12万亿元，居世界第一，且大幅领先于其他国家，欧洲主要国家的绿色及ESG信贷规模总和约为7 000亿元。同时，中国绿色债券存量达到 8 132 亿元，居世界第二。中国发行的绿色债券约占全球债券发行总规模的20%（2019 年），发行量呈两位数增长。中国第一只贴标绿色市政专项债券也在 2019 年发行。

最后，绿色金融将丰富金融产品并完善市场价格形成机制，低碳转型和绿色发展对金融体系的重塑也将是深刻的。例如，随着碳排放市场规模逐步扩大并纳入较多行业，碳价会影响各类资产的价格，碳排放权的金融属性也将日益突出。为推动绿色融资而可能出台的激励措施，如绿色资产在银行风险资本计算中的权重设置、绿色资产纳入央行再贷款的合格抵押品范围等，都涉及“绿色溢价”和金融市场之间的相互影响。

此外，人民币计价的绿色金融资产能为扩大人民币的国际使用发挥积极作用，并为持有人民币的国内外居民提供投资渠道。据《中国绿色金融发展研究报告（2020）》，目前境外市场发行的绿色债券中，首先超过 3/4 以美元计价，其次是欧元（占比 12%），再次是人民币（8%）和港币（4%）。在碳中和目标以及“一带一路”建设的驱动下，预计未来人民币计价的绿色资产还有相当大的发展空间。而从 2021 年以来中国债券市场发行绿色债券的票面利率来看，绿色债券在资产配置方面也有优势。

在创新、协调、绿色、开放、共享的发展理念下，目前国内有包括上海在内的 7 个省市开展碳排放权交易试点，粤港澳大湾区也开始布局绿色金融。上海发展绿色金融应有更高的定位，即定位于世界级的绿色金融中心，而不仅仅是服务于区域绿色经济的发展。

资料来源：中国金融信息中心、IMI 财经观察，2021。

（2）传统的国际金融市场和新兴的国际金融市场

传统的国际金融市场是在各国国内金融市场的基础上形成和发展起来的，实际上是国内金融市场的对外延伸。国内金融市场是本国居民之间发生金融资产交易的场所，交易的对象一般是本国货币，空间范围也仅限于本国境内。当金融资产交易的主体扩大到非居民，交易范围超越国境之外，国际金融市场就逐步形成了。传统的国际金融市场是国际金融市场的起点，一般以市场所在国雄厚的综合经济实力为后盾，依靠国内优良的金融服务和较完善的银行制度发展起来的。世界上一些主要的国际金融市场如伦敦、纽约、东京、巴黎、法兰克福的发展过程具有以上特征。传统的国际金融市场又称为在岸金融市场（onshore financial market）。其主要特点是：①主要以市场所在国发行的货币为交易对象；②交易活动一般是在市场所在国居民与非居民之间进行的；③该市场要受到市场所在国法律的管理和制约，各种限制较多，借贷成本较高。

新兴的国际金融市场又称离岸金融市场（offshore financial market）或境外市场（external financial market），最初形成于 20 世纪 50 年代。与传统的国际金融市场或在岸金融市场相比，离岸金融市场有如下特点：①主要以市场所在国以外国家的货币即境外货币为交易对象。被交易的货币包括世界上主要的可自由兑换的货币。②交易活动一般是在市场所在国的非居民与非居民之间进行的，即交易关系是外国贷款人和外国借款人之间的关系。③资金融通业务基本不受市场所在国及其他国家法律、法规和税收的管辖。在离岸金融市场上，资金交易自由，利率自由，也无须缴纳存款准备金，它是自由化程度较高的国际金融市场。因为此类业务最早出现在伦敦，而英国是欧洲大陆之外的一个岛国，所以新兴的国际金融市场又称为离岸金融市场。离岸金融市场的产生主要是制度和政策推动的产物，它突破了国际金融市场首先必须是国内金融市场的限制，使国际金融市场不再限于少数发达国家的金融市场，而是向亚太地区、中东拉丁美洲和其他世界范围扩展。除伦敦之外，巴林、新加坡、中国香港、巴哈马群岛、开曼群岛等也属于离岸金融市场。

所有离岸金融市场结合而成的整体，就是我们通常所说的欧洲货币市场。欧洲货币市场分布于全世界。“欧洲”不是地理意义上的欧洲，而被赋予了经济上的含义，是“境外”“离岸”“在货币发行国管辖之外”的意思。欧洲货币市场的出现，标志着国际金融市场的发展进入了新的阶段。从此，国际金融市场的含义包括国内市场、在岸金融市场和离岸金融市场三个层次，而其中离岸金融市场的整体或欧洲货币市场是当今国际金融市场的核心。

（3）国际货币市场和国际资本市场

国际金融市场可以分为国际资本市场和国际货币市场。前者主要涉及中长期（期限在1年以上）跨国资本流动；后者则主要是指借贷期限为1年以内的短期跨国资金流动。

国际资本市场包括国际银行中长期贷款市场和证券市场。证券市场有两个重要组成部分：国际债券市场和国际股票市场。

国际债券市场包括欧洲债券市场与外国债券市场。外国债券是指外国借款人在某国发行的、以该国货币表示面值的债券，欧洲债券是指在别国发行的不以该国货币为面值的债券。例如，1982年1月，中国国际信托公司在日本东京发行的100亿日元的债券就是外国债券。又如，中国公司在英国资本市场上发行的以美元为面值的债券就是欧洲债券。

国际股票市场则是指由国际辛迪加承销，在发行公司所在国家以外进行股票销售及交易的市场。美国存托凭证（American depositary receipt，ADR），是指主要面向美国投资者发行并在美国证券市场交易的代表外国公司有价证券的可转让凭证。

国际货币市场主要包括银行短期信贷市场、短期证券市场和贴现市场。银行短期信贷市场主要包括银行对外国企业的信贷和银行同业拆放市场。短期证券市场是进行短期信用票据交易的市场。贴现市场是指经营贴现业务的短期资金市场。

5.3.3 国际金融市场的发展趋势

世界经济的发展是影响国际金融市场发展的最基本因素。自20世纪70年代以来，世界经济形势发生了多次重大变化。1973年与1979年两次石油危机的爆发给西方发达国家和部分非产油发展中国家造成重大冲击，进而使主要资本主义国家经济陷入滞胀的泥潭。80年代，又出现了波及全球的拉丁美洲国家债务危机和外汇市场美元汇率的大幅波动。90年代，金融危机更是频繁发生，如欧洲货币体系危机、墨西哥金融危机、东南亚金融危机等。进入21世纪以来，世界经济阴霾密布，又发生了阿根廷金融危机、美国次贷危机、欧洲主权债务危机等，过去50余年的国际金融史表明，国际金融市场的风险已大为增加。同时，电子计算机及网络技术在金融领域已经得到了广泛运用。为增强金融业的活力，各国金融管理当局也纷纷放松了金融管制。在此背景之下国际金融市场的发展大体上呈现如下趋势：

（1）国际金融市场全球化发展趋势与部分西方国家逆全球化举措

随着世界各国经济相互依存的加深和全球经济一体化的发展以及各国金融监管的放松，国际金融市场正朝全球化的方向发展。从地理分布来看，目前的国际金融中心已经不再局限于少数几个发达国家的金融市场，而是开始向世界各地分散，发展中国家和地区也出现了颇具规模的新兴金融市场。但是由于电子技术的广泛运用，计算机和卫星通信网络把遍及世界各地的金融中心和金融机构都紧密地联系在了一起，全球性的资金融通与调拨在几分钟甚至几秒钟之内就可以完成，这无疑大大加速了金融市场全球一体化的进程。一个全时区、全方位的一体化国际金融市场打破了不同地区市场时差的限制，以纳斯达克（全美证券交易商协会自动报价系统，NASDAQ）为代表的现代网上金融交易以其快速、全天候的交易方式正在冲击传统的交易所交易方式。同时，各交易所跨越国界进行联网，更推动了全球市场的融合。从 1984 年 9 月新加坡商品交易所与芝加哥商品交易所作为全球第一次交易所海外联网以来，这种跨境联网方式现在已十分普遍。除此之外，国际金融市场全球一体化还体现在了跨国银行业务一体化、综合化、网络化。国际金融中心的扩展，与跨国银行空前规模的海外扩张分不开。20 世纪 80 年代以来，跨国银行在海外大量设立分行，并且在金融创新推动下，向“全能银行”发展开始经营资银行保险公司和其他金融机构业务。金融电子化提供了技术条件，帮助跨国银行形成全球范围的经营网络，在全球范围内追求最大利润。跨国银行的这些业务活动促进了国际资本的流动，加速了国际金融市场的全球化。

然而近些年来，以美国为代表的西方发达国家掀起的逆全球化浪潮一浪高过一浪，给经济全球化的深入推进蒙上了一层阴影。从 2008 年国际金融危机之后，面对经济复苏始终乏力的困局，以美国为首的西方发达国家开始不断采取各种形式的贸易保护措施，希望通过这些措施为其经济复苏提供动力。在 2008 年后的 8 年间，西方二十国集团出台的贸易保护措施就高达 5 560 项[①]。WTO 在 2019 年 12 月 12 日表示，仅在 2019 年前 10 个月中，新实施的包括关税、数量限制、进口税和出口税在内的贸易限制措施就达到了 2012 年以来的最高水平，比上一年度增加了 27%[②]。2017—2021 年，特朗普政府上台后美国开始实施所谓“美国优先”的原则，在贸易保护主义方面更是变本加厉，不仅在 2017 年 8 月 18 日对中国启动 301 调查，揭开了对中国贸易战的序幕，同时对其法国、德国等欧洲盟友以及日本、俄罗斯、墨西哥等国都开始施行贸易保护主义。此后，美国特朗普政府在逆全球化的道路上一路高歌猛进，先后退出跨太平洋伙伴关系协定（TPP）、伊核协议、《巴黎协定》、联合国人权理事会、联合国教科文组织等，并计划退出世界卫生组织[③]。2021 年 1 月，随着特朗普政府的谢幕和拜登政府的上台，美国同欧盟、英国、日本等传统盟友迅速实现良性互动，与印度之间的合作升级，但是依然对中国和俄罗斯采取竞争、打压为主的政策方针。美国不会再度拥抱自由主义的全球化，而将延续特朗普时期“美国优先”的基本立场[④]。此外，2020 年 1 月 30 日，欧盟正式批准了英国脱欧。英国脱欧及美国对世界众多国家发起的贸易战为代表事件的逆全球化现象在全球泛起，给全球化和世界经济发展带来了巨大的不确定性。

---

① 徐秀军. 治理赤字“助长”分配不均[N]. 人民日报，2017-04-14.

② 参考消息网. 预警！WTO 报告称全球贸易壁垒处于历史高位[R/OL].（2019-12-16）. http://www.cankaoxiaoxi.com/finance/20191216/2397740 shtml.

③ 罗皓文，赵晓磊，王煜. 当代经济全球化：崩溃抑或重生？——一个马克思主义的分析[J]. 世界经济研究，2021（10）：3-12，134.

④ 中国银行研究院. 拜登上台对全球化的影响分析[R/OL].（2021-06-10）. http://www.china-cer.com.cn/zhiku/2021061013093.html.

（2）金融自由化趋势

金融自由化是指20世纪80年代初西方国家普遍放松金融管制后出现的金融体系和金融市场充分经营、公平竞争的趋势。很多国家根据国际通行的金融管制条例，在完善本国监管制度的同时，逐步减少了政府对金融机构及其业务的直接干预和限制，逐步放开金融市场，进行业务自由化、市场自由化、价格自由化、资本流动自由化等改革。各国金融对外开放程度的加大，金融服务贸易壁垒的减少为金融机构跨国经营提供了便利，有利于金融资源的合理流动和配置，提高了资源的运营效率。金融自由化为 80 年代金融业务、金融工具和金融市场的创新提供了宽松的环境，并成为现代国际金融市场发展的基础和前提。

（3）国际融资方式证券化趋势

20 世纪 80 年代以来，国际金融市场融资结构发生了新变化，即传统的国际信贷比重逐渐下降，而国际证券业务比重相对上升，此即融资方式证券化趋势。国际证券融资额占市场融资总额的比重在 70 年代中期以前还不到 50%；80 年代中期，国际金融市场上的证券融资比例首次超过国际信贷，1986 年债券融资已占资本市场融资总额的 70%。90 年代这一趋势继续保持下来，1994 年国际证券融资比达到 78.8%。近年来，虽然这一比重有所下降，但仍占整个国际融资额的 50%以上，表明国际融资的证券化已成主流趋势。出现这一趋势的原因是多方面的，主要是：①80 年代初爆发的国际债务危机导致国际银团贷款的风险急剧增加，同时贷款成本相对上升；②证券市场流动性的提高和筹资成本的降低。融资证券化的另一种形式是贷款债权证券化。银行直接进入证券市场，将自己传统的长期抵押贷款安排成证券，以实现贷款债权的流动性，加速资金的周转。贷款债权证券化之所以成为一种国际性趋势，与为解决发展中国家债务危机是分不开的。

（4）国际投融资绿色化趋势①

2016 年由全世界 178 个缔约方共同签署的《巴黎协定》，提出了“使资金流动符合温室气体低排放和气候适应型发展的路径”的长期目标，并在过去一段时期内陆续建立了绿色气候基金（GCF）、特别气候变化基金（SSCF）、适应基金（AF）等一系列气候资金机制。全球在气候领域的投资规模目前已经达到了 6 120 亿美元的历史高点，在过去五年中几乎翻了一番，增量主要来自中国、美国、印度等国的可再生能源、能效和土地利用变化的投资。

2019 年全球可再生能源投资总额达 3 633 亿美元，连续 6 年超过 3 000 亿美元，中国成为全球最大投资国，连续 5 年超 1 000 亿美元。2019 年全球气候债券发行规模 2 654 亿美元，中国是全球最大绿债发行国，总额达到 3 862 亿元人民币（558 亿美元）。2019 年全球碳市场交易总额约 1 940 亿欧元，交易量约为 90 亿 t，中国是仅次于欧盟、北美的第三大市场。截至 2021 年，全球有近 50 个国家和 30 个国家管辖地区采用了碳定价机制，覆盖超过约 50%的 GDP 和 20%的排放量，以《巴黎协定》第 6 条下的国际碳市场合作（ITMO）及可持续发展机制（SDM）、国际航空碳抵消及减排机制（CORSIA）为代表的国际碳市场也在持续发展。

全球经济面临新一轮的科技、能源和产业革命的历史性机遇，以低排放发展为特征的

① 双绿智库观点：碳中和推动绿色金融主流化[R/OL].（2021-02-25）. https://mp.weixin.qq.com/s/ZkkqwqAkOF7eU5mZqeIRNA.

新增长路径成为全球转型的主要方向。截至 2020 年，占全球温室气体排放 65%、经济总量 70%的主要国家和地区已经提出了碳中和承诺，全球市场在气候变化相关领域持续发展，总体规模已超过万亿美元，全球合作应对气候变化正成为各国携手开展疫后经济绿色复苏的机遇和平台。

5.4　全球绿色信贷

5.4.1　绿色信贷概念

绿色信贷是指利用信贷手段促进节能减排的一系列政策、制度安排及实践。中国人民银行对绿色贷款的定义是："金融机构为支持环境改善、应对气候变化和资源节约高效利用等经济活动，发放给企（事）业法人、国家规定可以作为借款人的其他组织或个人，用于投向节能环保、清洁生产、清洁能源、生态环境、基础设施绿色升级和绿色服务等领域的贷款。"[①]其本质是充分发挥银行等金融机构的资金导向作用，科学处理经济社会发展与生态环境保护的关系，推动经济社会的可持续发展。银行等金融机构按照国家的绿色产业指导目录、绿色信贷相关政策，践行保护环境、低碳发展的社会责任，将信贷资金发放给借款人用于投向符合绿色低碳经济的项目和领域，对不符合绿色节能环保低碳要求的活动和项目实施贷款约束，由此引导和动员更多社会资本积极投放到绿色经济领域，推动经济社会全面绿色转型。

大力发展绿色信贷，是中国政府、银行和借款人贯彻绿色发展新理念，优化产业结构和经济结构，加快经济发展方式转变，实现碳达峰和碳中和目标，推动经济高质量发展的必然要求；也是银行等金融机构加强防范环境与社会风险，优化金融资产负债结构，实现自身低碳转型与可持续发展，引导和促进经济社会全面低碳转型与绿色经济发展，提升绿色金融服务能力的重要手段与途径之一。

5.4.2　全球绿色信贷的提出背景和发展历程

自 18 世纪工业革命以来，人类工业文明达到新的高度，而工业化带来的环境问题也纷至沓来。诸如环境污染、资源枯竭、生态失衡等全球性环境问题严重威胁到了人类的生存发展，这也引起了全球对于环境问题的重视。为确保人类、经济与自然的和谐发展，人们逐步确立了可持续发展的理念。而金融机构作为经济的血脉，可通过差异化，层次化的信贷标准来控制信贷资金的流向，进而起到调整产业结构的效果，绿色信贷便应运而生。

世界各国银行绿色信贷的发展历程，其起源大致可以追溯至 20 世纪六七十年代。德国、美国、日本和英国等发达国家，在经历了工业化和经济的快速发展之后，经济主体的一些生产或消费活动对环境负的外部影响效应巨大，各国的生态环境几乎都遭受了严重破坏，甚至威胁生命健康与生态系统的安全，直接影响经济社会的可持续发展。由此，环境污染治理和保护问题日益受到发达国家的广泛重视，政府频繁出台与环境相关的法律法规和政策措施，发展绿色信贷便是其中的重要金融手段与措施之一。

---

① 中国人民银行 2019 年 12 月发布的《中国人民银行关于修订绿色贷款专项统计制度的通知》。

绿色信贷在国外起步较早，1974 年联邦德国成立了世界第一家政策性环保银行，命名为“生态银行”，专门负责为一般银行不愿接受的环境项目提供优惠贷款。1980 年，美国颁布了《超级基金法》，该部法律明确规定商业银行要对其发放信贷资金的项目环境污染负责。目前绿色信贷已经在国际上变成一种潮流，得到越来越多金融机构的支持和重视，其中最有影响的就是著名的“赤道原则”（Equator Principles，EPs）。

赤道原则是指 2002 年 10 月世界银行下属的荷兰银行、巴克莱银行、西德意志银行、花旗银行和国际金融公司在伦敦召开的国际知名商业银行会议上制定的《环境与社会风险的项目融资指南》，该指南要求根据融资项目面临的社会、环境影响和风险程度将项目分为 A、B、C 三类，并对 A 类和 B 类中融资金额在 1 000 万美元以上的项目提出了具体的管理要求（表 5-1）。

表 5-1　赤道原则中对绿色项目的分类及管理要求

赤道项目类别	风险描述	管理要求
A 类	对环境和社会有潜在重大不利、多样、不可逆的影响	①开展风险评估并提供评估报告；②针对评估问题开发管理机制；③建立通报协商和利益相关方参与机制；④建立投诉机制；⑤评估报告应由第三方审查；⑥项目信息可在线获取并披露温室气体排放水平
B 类	对环境和社会可能造成的不利影响有限或局限于特定地区，大部分可逆且能够通过缓解措施加以缓解	
C 类	对环境和社会不利影响较小或无影响	—

资料来源：殷红. 全球绿色分类标准及发展[R]. 2020。

2003 年全面风险管理概念的提出以及“赤道原则”形成之后，一些国家的银行等金融机构为了自身和社会的可持续发展，积极履行生态环境保护的企业社会责任，在开展信贷业务时不仅注重管理信用风险，还重视环境和社会风险、法律风险与声誉风险等，做到经济效益和社会效益并重。欧盟委员会、联合国等国际组织也推出了一些绿色发展的区域性准则，如目前已有 1 750 多个金融机构加入了联合国的责任投资准则①；在 2012 年联合国可持续发展会议上，40 多家金融机构联合签署了承诺在金融结构产品和服务考核中纳入自然资本的倡议。截至 2021 年 10 月，全球已有 37 个国家的 125 家金融机构采纳了赤道原则，成为“赤道银行”②。

5.4.3　全球各国银行业绿色信贷发展概况③

（1）美国银行业绿色信贷的发展

美国是较早建立完善的绿色金融制度体系的国家之一。20 世纪 60 年代以来，美国民众尤其是 NGO 组织日益重视环保问题，美国政府不断健全环境保护相关政策与法律制度，严格规定了污染者和公共机构的行为。截至 2022 年，美国国会制定了近 30 部环保法律，包括大气、水、废物等多个领域。政府还制定了财政政策和担保政策等，激励企业减排节能。例如，1978 年制定的《能源税收法》规定，太阳能和风能能源设备，购买金额的

① 该准则的核心是：投资者在投资决策时要考虑环境、社会和公司治理（ESG）的重要性。

② 数据来源于赤道原则官网（http://www.equator-princi-ples.com//members- reporting/）。

③ 唐红娟，吕志虎. 国际银行绿色信贷的发展及其对我国的启示[J]. 特区经济，2022，400（5）：106-109.

前 2 000 美元按 30%、后 8 000 美元按 20%的比例抵扣所得税；在亚利桑那州，企业采购控制污染、回收再生资源设备，分期付款的，可缴销售税的 90%。除此之外，为了支持、引导中小企业进入环保产业，政府成立财政专项基金，或给予优惠贷款或担保。在民间组织和政府法律政策的双重压力下，商业银行等金融机构的社会环境责任意识日益增强，更加重视环境风险、法律风险及声誉风险。

作为赤道银行的发起人，2003 年，花旗银行建立了环境与社会风险管理体系。该行有严格的内部环境事务管理机制，其中的环境与社会政策评估委员会、环境政策和流程培训机制、环境与社会问题风险管理机制、外部公共和私人事务合作机制以及涉及环保的业务开发机制等[①]都与绿色信贷密切相关。此外，花旗银行的环境和社会风险管理联合会，遍布全球各地，由当地高级经理督导当地政策的执行，并将情况传递给总部。

花旗银行把全球交易分成三类，尤其对超过一定金额的基础能源融资贷款或者出口代理金融机构贷款等，进行严格监控。在贷款调查与审查阶段，严格风险评估，将环境因素或环保标准嵌入信用评级和信贷决策；在监督环节，除了注重银行员工的贷后审查，当地居民和民间组织的间接监督更被重视。对环境风险高的贷款项目，银行经理要确认能否长期容忍该问题，或风险隐患已被消除，同时要求对该项目产生的环境问题要提前制定有效的防范或补救对策等。花旗银行还针对不同的客户群体，不断开发差异化的绿色信贷产品，如花旗银行旗下的房立美，对中低收入者，早在 2004 年就有了结构化节能住房抵押贷款，在信用评分体系中纳入了省电等节能指标。美国的金融机构除了不断增强对绿色环保产业的服务与支持，还培训宣传与低碳相关的知识和业务。一些金融机构还在可持续发展目标下与多个国际大银行合作开发低碳金融产品，在一定程度上巩固和推进了环保事业的发展，促进了美国绿色经济发展。

（2）英国银行业绿色信贷的发展

由于泰晤士河先污染后治理的做法，英国付出了巨额代价。因此，自 20 世纪中后期起，英国政府在环境立法方面，坚持可持续发展、污染者付费和预防的原则，侧重污染预防，建立健全了环境控制法律制度，主要包括环境影响评价体系、综合污染控制和环境管理标准，并规定商业银行要执行赤道原则，指导企业要完全按标准生产，明确规定污染者付费等。在 2003 年的《能源白皮书》中，英国政府首次正式提出低碳战略，并建立具有法律约束力的独立竞争市场。《气候变化法》、《能源法》、《可再生能源义务法》、“绿色新政”等一系列法律与政策，大大提高了金融机构向高污染企业发放贷款的不确定性。英国银行业在信贷管理和企业评估中加入了环境和社会因素。

作为全球首批赤道银行，巴克莱银行和汇丰银行的绿色信贷业务发展迅速。汇丰银行坚持可持续发展，大力服务绿色经济，在贷款、投资时遵循“赤道原则”“责任投资原则”“联合国全球协定”或是世界银行、国际金融公司的相关指引等国际最高标准，全盘考虑社会期望和后代利益。该行制定了一套可持续信贷政策，评估各行各业的社会和环境风险，对信贷投向的行业和领域，实行环保负面清单管理制度。汇丰银行的企业绿色信贷授权许可交易数量逐年上涨。B 类企业对环境的影响程度一般，C 类企业基本对环境无害，这两类企业是汇丰银行项目融资的主要对象。反之，对于高污染企业的信贷则进行严加限制。

① 张赛英. 我国商业银行开展绿色信贷的问题研究[D]. 厦门：集美大学，2014.

汇丰银行还在内部进行绿色环保管理，走环保绿色可持续发展的道路。

英国一直把绿色经济放在经济复苏的核心。为了促进英国向绿色经济转型，政府实行“绿色新政”的主要举措之一就是在 2012 年 11 月创建了全球首家独立于政府运作的可持续性金融机构——绿色投资银行（以下简称 GIB）。其基本任务是发挥绿色影响力和实现盈利，坚持两者不冲突的“双重底线”。“绿色影响力”强调该行只向符合政府环保和可持续发展目标的绿色项目进行投资，优先投资于海上风电、垃圾发电和能效三个重点领域。通过明确的“盈利”以实现银行的可持续发展。GIB 开发了一套综合的绿色策略标准，建构信贷风险与控制框架，致力于对绿色项目的投资和信贷服务。通过投资绿色项目的策略还撬动了大量的社会资本，为英国绿色经济的发展做出了巨大贡献。

（3）德国银行业绿色信贷的发展

直到 1970 年，在环境污染灾难之后，德国政府才提出了环境立法三原则，即预防、污染者负担和合作原则。德国的环境法律内容繁多，主要涉及水、土壤、循环经济、环境责任和环境信息等方面，为银行开展绿色信贷实践提供了良好的法律政策条件。德国众多银行，如德国复兴信贷银行、裕宝银行等采纳了赤道原则，大力发展绿色信贷业务，评估融资申请项目的社会和环境风险并提出对策。

德国的绿色信贷大多来自德国复兴信贷银行。德国复兴信贷银行成立于 1948 年，作为德国的一家政策性银行，在德国环保信贷领域占据着极为重要的地位。德国复兴信贷银行和政府合作，按照环保政策向政府和私人发放绿色贷款。德国政府以贴息方式补贴该行的绿色信贷，间接补贴商业银行的绿色信贷。此外，双方还共同推出一些适合商业银行的金融产品，通过发放长期低息贷款支持和服务节能环保项目。其典型的运作模式是：德国复兴信贷银行从国际资本市场筹集资金，开发期限长、利率低的绿色金融产品，政府财政对这些绿色产品予以利息补贴，然后将这些产品向各个商业银行进行转让，各商业银行购买之后，在小幅利润加成的基础上，再对满足环保政策条件的客户发放。德国复兴信贷银行多年来被评为最安全的银行之一。

德国的绿色信贷呈逐年大幅增长的趋势。银行运用信贷手段，优化了信贷资产结构，提高了社会资源配置效率，提升了金融支持和服务绿色产业的能力，有效促进了其可再生、环保和节能建筑产业的发展。

（4）日本银行业绿色信贷的发展

20 世纪 60 年代后，日本开始重视日益严重的环境污染问题，着手治理并保护环境，包括大力普及环保意识，制定与实施环境保护相关法律法规，将绿色金融纳入法律体系等。政府对大力开发先进环保技术的企业，如对开发新能源汽车、减少汽车尾气排放等环境友好、节能环保、节约资源的相关企业，运用财政金融手段进行援助和激励，包括采取财政补贴、税收优惠、优惠贷款等方式，从而引导银行直接和间接支持环境保护相关经济活动。

日本瑞穗实业银行和三菱东京日联银行是日本绿色信贷发展的两个典型。瑞穗实业银行成为“赤道银行”后，不断推出绿色金融产品，如与社会责任、生态环境和能源再生有关的投资基金、结构化产品和大宗商品衍生品等，非常重视项目的可持续发展。同时，该行的业绩大幅提升、排名也不断提升。2004 年 10 月，日本瑞穗实业银行根据不同行业的环境风险状况，制定了赤道原则实施手册，在全球财务顾问、项目融资业务中应用。2006 年设立了可持续发展部，专门负责管理项目融资的环境和社会风险，成为日本第一家在业务中嵌入可持续发展理念的银行。该行制作了“行业环境影响筛选表”，用以判定项目的环境和社会风险，在贷款审批流程纳入了赤道原则。除对企业发放绿色信贷外，三菱东京日联银行在日本政府的援助下，还积极介入鲜有银行涉及的环保型基础设施领域。

（5）中国银行业绿色信贷的发展

随着绿色发展理念的提出与贯彻，绿色金融政策和制度体系不断完善，银行等金融机构积极响应经济社会绿色转型和绿色发展的政策号召，日渐重视环境和社会风险管理，大力发展绿色信贷，提升绿色经济发展的金融支持与服务能力，促进产业结构转型升级，助推经济高质量发展。

节能减排的国家战略目标最初是在 2006 年的“十一五”规划中提出的。2007 年 7 月《关于落实环保政策法规防范信贷风险的意见》的印发，标志着中国绿色信贷全面开启。2008 年推出的“绿色信贷环保指南”为国内银行业开展绿色信贷提供了实践依据。2012 年以来，国家发展和改革委员会、中国人民银行、银保监会、环境保护部（现生态环境部）、银行业协会等有关部门密集制定了一系列绿色信贷相关政策，如 2012 年的《绿色信贷指引》、2013 年的《绿色信贷统计制度》、2014 年的《绿色信贷实施情况关键评价指标》、2015 年的《能效信贷指引》、2016 年的《关于构建绿色金融体系的指导意见》《关于促进应对气候变化投融资的指导意见》、2018 年的《绿色贷款专项统计制度》、2019 年的《绿色产业指导目录》《绿色贷款专项统计制度修订内容》以及 2021 年 6 月的《银行业金融机构绿色金融评价方案》等。

在有关绿色信贷、绿色金融政策和制度密集出台的同时，银行业金融机构也纷纷制定了本行的绿色信贷政策，积极开展贷款业务转型，按绿色产业目录发放贷款，大力实践与发展绿色信贷业务，截至 2021 年 9 月，中国共有 7 家商业银行采纳“赤道原则”，成为“赤道银行”。其中，兴业银行于 2008 年成为全国首家赤道银行，之后江苏银行、湖州银行、重庆农村商业银行、绵阳市商业银行、贵州银行和重庆银行相继加入。与此同时，中国绿色贷款持续发展。据中国人民银行定期发布的金融机构贷款投向统计报告，到 2021 年第二季度和第三季度末，本外币绿色贷款余额分别为 13.92 万亿元和 14.78 万亿元，同比增加 1.87 万亿元和 2.74 万亿元，增速分别为 26.5%和 27.9%。2021 年全年新增绿色贷款 3.86 万亿元，增长 33%，是各项贷款增速的 1.22 倍，高出 2020 年 12.7%；余额达 15.9 万亿元，其中的 7.3 万亿元贷款项目有直接碳减排效益，3.36 万亿元有间接效益，共占到 67.04 个百分点①。可见，在绿色金融政策的引导下，中国绿色信贷高速发展，投放力度不断加大，碳减排的环境效益逐步显现。

5.5 国际金融中的绿色国际商务案例

2021 年以来，全球绿色金融发展都展现出新的态势：全球越来越多的国家承诺碳中和，联合国气候变化框架公约缔约方大会第二十六次会议（COP26）达成《格拉斯哥气候公约》

① 数据来源于中国人民银行网，《2021 年金融机构贷款投向统计报告》。

以及多项新的承诺。当前全球推进碳中和目标步伐明显加快，绿色贷款、绿色债券、可持续投融资等绿色金融市场驶入“快车道”。

全球签署联合国《负责任银行原则》的成员显著扩容。截至2021年11月初，包括工商银行、邮储银行、兴业银行、重庆三峡银行、青岛农商行等15家中资银行在内的271家商业银行共同签署了该原则，在首批签署机构的基础上增长了108.5%，规模达到全球银行业总资产的40%以上。

我国生态文明建设进入了“以降碳为重点战略方向”的新阶段，绿色金融被写进碳达峰、碳中和工作的顶层设计。2021年10月，中央碳达峰、碳中和领导小组组织制定并陆续发布了碳达峰、碳中和“1+N”政策体系，并明确要积极发展绿色金融，建立健全绿色金融标准体系等具体措施。

在国内外新的绿色发展态势下，绿色金融呈现五大发展趋势。一是绿色金融新政策与新标准将陆续出台；二是新金融工具与产品潜力巨大（绿色保险、绿色信托、转型金融新工具与产品等）；三是“走向净零”成为金融机构发展新方向；四是绿色金融服务新领域（生物多样性保护、生态碳汇、甲烷减排等）；五是气候信息披露将日益强化。在上述发展背景下，现提供国际金融领域绿色国际商务案例如下，供相关需求者参考。

案例5-5 碳减排货币政策工具

2021年7月7日，国务院常务会议提出，推动绿色低碳发展，设立支持碳减排货币政策工具，支持清洁能源、节能环保、碳减排技术的发展，并撬动更多社会资金促进碳减排。2021年11月8日，人民银行正式推出碳减排支持工具。人民银行通过碳减排支持工具向金融机构提供低成本资金，引导金融机构在自主决策、自担风险的前提下，向碳减排重点领域内的各类企业一视同仁提供碳减排贷款。

（1）碳减排支持工具支持哪些重点领域

为确保碳减排支持工具精准支持具有显著碳减排效应的领域，人民银行会同相关部门，按照国内多种标准交集、与国际标准接轨的原则，以减少碳排放为导向，重点支持清洁能源、节能环保和碳减排技术三个碳减排领域（表5-2）。初期的碳减排重点领域范围突出“小而精”，重点支持正处于发展起步阶段，但促进碳减排的空间较大，给予一定的金融支持可以带来显著碳减排效应的行业。

表5-2 碳减排工具重点支持领域

碳减排领域	具体支持重点
清洁能源领域	风力发电、太阳能利用、生物质能源利用、抽水蓄能、氢能利用、地热能利用、海洋能利用、热泵、高效储能（包括电化学储能）、智能电网、大型风电光伏源网荷储一体化项目、户用分布式光伏整县推进、跨地区清洁电力输送系统、应急备用和调峰电源等
节能环保领域	工业领域能效提升、新型电力系统改造等
碳减排技术领域	碳捕集、封存与利用等

（2）金融机构如何申请碳减排支持工具的支持

碳减排支持工具发放对象暂定为全国性金融机构（目前该政策只针对全国性银行实施，包括三大政策性银行、六大国有商业银行和全国性股份制商业银行），人民银行通过“先贷后借”的直达机制，对金融机构向碳减排重点领域内相关企业发放的符合条件的碳减排贷款。金融机构在自主决策、自担风险的前提下，向碳减排重点领域内的各类企业一视同仁提供碳减排贷款，贷款利率应与同期限档次贷款市场报价利率（LPR）大致持平。金融机构向重点领域发放碳减排贷款后，可向人民银行申请资金支持。人民银行按贷款本金的60%向金融机构提供资金支持，利率为 1.75%，期限 1 年，可展期 2 次。金融机构需向人民银行提供合格质押品。

采取“先贷后借”直达机制，那么大致会释放多少低利率基础货币呢？根据央行披露的相关数据，截至 2021 年三季度，目前清洁能源产业贷款余额为 3.79 万亿元。如果今年增速达到 50%，那么后面一年新增贷款 1.895 万亿元，按 60%配比就是 1.137 万亿元，相当于可以释放 1.137 万亿元的基础货币。进一步叠加货币乘数的放大效应，则可以创造更多的广义货币。

银行给企业按照 LPR 利率向碳减排领域发放贷款，这在一定程度上是鼓励银行发放低息碳减排贷款，因为可以从银行得到更低成本的资金，相当于低成本宽信用。通过碳减排支持工具的推出，中国人民银行此举将充分发挥政策示范效应，引导金融机构和企业更充分地认识绿色转型的重要意义，鼓励社会资金更多投向绿色低碳领域，向企业和公众倡导绿色生产生活方式、循环经济等理念，助力实现碳达峰、碳中和目标。

资料来源：中国人民银行官方网站：http://chengdu.pbc.gov.cn/chengdu/129314/4385264/index.html。

案例 5-6 中央银行数字货币的国际实践

2019 年下半年，央行首次确定中国法定数字人民币名称为 DCEP（Digital Currency Electronic Payment），这是世界上第一种由主权国家发行的数字货币。2020 年 3 月，国有商业银行开始积极推广数字人民币货币钱包，数字人民币的推广进程逐步加快，人民币数字化从纸面上的计划开始走向实践的大众化，进入人们的生活中。2021 年 7 月，中国人民银行发布了《中国数字人民币的研发进展白皮书》（以下简称《白皮书》），给出了数字货币的中国化定义：“数字人民币是人民银行发行的数字形式的法定货币，由指定运营机构参与运营，以广义账户体系为基础，支持银行账户松耦合功能，与实物人民币等价，具有价值特征和法偿性。”

世界范围内各个国家的中央银行也纷纷加快数字货币的研发和实验过程，货币形态的数字化成为不可逆转的趋势。这一方面极大地促进了数字经济的快速发展，驱动经济社会加快向数字化转变；另一方面给现行货币政策以及国际货币体系带来了新的机遇和挑战。货币数字化不但会对各国的货币政策以及经济社会发展产生深远影响，而且会对当前建立在牙买加协议基础上的国际货币体系产生重大变革，从而影响美国的金融霸权，对当前国际金融治理体系造成一定冲击。

央行数字货币对于传统意义的货币具有革命性的作用。基于区块链技术的央行数字货币具有加密性、去中心化、跨区域化的特点，以及能够顺利地进出银行体系和发行数量限定的优势，能够有效抑制信用货币贬值、通货膨胀加剧或者避免商业银行体系不稳定的弊端。各个国家的银行也在加快对数字货币的研发，据 2020 年 10 月国际清算银行与加拿大银行、日本央行、瑞典央行、瑞士国家银行、英格兰银行、美联储、欧洲央行七国央行发布的报告——《中央银行数字货币：基本准则与核心特征》，已有 80%的央行开始数字货币研发，其中过半已进入研究实验与试行阶段。世界各主要国家央行数字货币的最新动态见表 5-3。

表 5-3 世界各主要国家央行数字货币的最新动态

国家	技术特征	时间	最新进展或表态
中国	区块链技术	2021 年 3 月 25 日	2017 年，中国人民银行成立数字货币研究所，数字货币的研究和监管定位提升；2021 年 7 月发布《白皮书》，初步完成数字货币的顶层设计和实施方案；目前中国人民银行数字货币已在深圳、苏州、成都、上海、北京成功落地试点，从线上到线下融合取得实质进展
法国	区块链技术	2020 年 12 月 17 日	已进行央行数字货币试验并取得成功
美国	分布式分类账	2021 年 2 月 23 日	正在加快研发数字货币
俄罗斯	区块链技术	2021 年 4 月 9 日	计划于 2022 年开始测试数字卢布
英国	暂未确定	2021 年 3 月 30 日	正在考虑发行央行数字货币
日本	区块链技术	2021 年 4 月 5 日	央行数字货币进入概念验证阶段
韩国	区块链技术	2021 年 4 月 1 日	将在 2021 年年底进行央行数字货币试点
加拿大	暂未确定	2021 年 3 月 3 日	正在考虑开发央行数字货币

目前世界各个主要国家大多注意到央行数字货币给经济社会发展和国际经济贸易体系带来的巨大影响：既加剧了全球货币竞争，又将改变当今世界货币体系格局。具体而言，其主要体现在以下几个方面。

（1）央行数字货币对金融稳定格局的重塑

首先，央行数字货币能够全面、显著地有效提升央行对于货币体系的管控能力。央行数字货币本身的特点使其可以对发行货币的数量进行相对精确的控制，可以更加方便地对货币进行供给和创造，不再需要借助商业银行进行货币创造。可见，央行数字货币将弱化金融体系对银行信贷的依赖程度，同时也将有效地抑制政府超发货币的冲动，有助于管控金融风险，改善金融结构，增强经济安全保障。DCEP 是不付息的 M_0 范围的货币，作为央行数字货币发行方的中央银行将在数字货币发行中享有更多收益。这有利于提高政府非财政收入，减少政府赤字，有效降低货币债务化带来的货币贬值概率，维护社会经济稳定运行。其次，通过大数据系统，人工智能可以对货币的流通过程和流动方向进行更为精准的调节，可以绕过商业银行直接对企业或者个人进行货币干预，这可以极大提高货币政策的传导效率和有效改善货币政策的反馈机制。同时，央行可以随时监测货币的流转轨迹，对企业或者金融机构的流动性进行直接监管，这将极大地缩小金融监管机构规模和减少金融监管的结构层级，提高金融监管效率，还可以利用大数据技术有效预防金融犯罪，打击非法金融活动，确保金融运行稳定。最后，央行数字货币可以极大地提高货币结算能力，缩短结算时间，提高结算效率，降低货币交易成本，提升金融运行效率。

（2）央行数字货币对国际货币体系的改善

首先，央行数字货币可以显著提高货币跨境交易结算能力，降低对金融基础设施的要求，简化货币跨境交易结算流程，减少跨境交易结算成本，为主权货币区域化、国际化提供便利条件，加快主权货币国际化进程。此外，加密特性使得央行数字货币在跨境交易时合规成本降低，这有助于满足反洗钱和反恐融资的监管要求，提高货币监管效率。美国越来越频繁地凭借其金融霸权滥用 SWIFT（环球同业银行金融电讯协会）系统垄断地位，对其他国家、地区或经济组织随意施加制裁，通过切断目标国跨境支付通道对受害国发起金融攻击。近年来，伊朗、朝鲜和俄罗斯都深受其害。通过国际货币体系对其他国家发动国际制裁成为欧美发达国家对外经济金融外交的一种主要方式，它们通过金融霸权将全球的国际贸易、投资和金融活动几乎完全纳入其国内法管辖范畴，使用长臂管辖来获得高额的霸权红利。对此，借助区块链技术和数字货币技术构建数字人民币跨境支付系统，有利于加快去美元化的进程和有效绕开 SWIFT 系统，防止美国利用美元清算体系对其他国家进行金融攻击，维护国际金融秩序。同时，通过发展分布式跨境支付系统加快国际货币多极化发展，有利于减少美元泛滥对全世界的经济发展的不确定性，维护国际金融体系的稳定。

（3）央行数字货币对国际金融治理体系的完善

随着央行数字货币在多个国家进行试验或者落地，各国主权货币之间的竞争逐渐加剧。央行数字货币本身所具有的技术特性呈现鲜明的数字化特征，相较于传统货币概念，其更符合未来数字经济发展的需要。此外，数字货币具有的跨时空、低延迟、无边界、低成本、交易流程简化以及大数据技术监测等特点，为主权货币国际化提供了超常规的途径。央行数字货币是重建世界货币话语体系的新契机，过去建立在信用货币基础上的由欧美主导的世界经济金融治理格局在数字货币时代到来之际重新与其他后发国家站在了同一起跑线上。对此，国际金融治理体系需要进一步完善，面对数字货币所具有的新的特性也需要对规则进行修改，这将为完善当今以美元为主导的国际金融治理体系提供新的思路。

资料来源：朱巧玲，杨剑刚. 货币数字化与金融霸权：基于政治经济学的分析[J]. 改革与战略，2021，37（6）：10-17。

案例 5-7 中国石油完成全球天然气行业首笔绿色贷款提款

2022 年 6 月 6 日，国际事业香港公司首笔绿色转型贸易贷款顺利提款，该款项将用于国际事业公司全球首份长贸液化天然气（LNG）碳中和协议下的贸易结算。这标志着中国石油完成全球天然气行业首笔绿色转型贸易贷款提款，成为中国石油国际贸易业务借助金融工具向绿色低碳转型发展迈出的重要一步。

在我国“双碳”目标下，香港特区政府致力推动香港成为绿色金融中心，鼓励更多机构善用香港的资本市场及专业金融服务，在绿色项目的投融资和认证等方面发挥优势。通过专业机构进行绿色项目认证是国际通行做法，能够增加相关操作的透明度、可信度和影响力，获得更多投资者及金融机构的认可，助力绿色低碳发展和提质增效。

对此，国际事业香港公司积极响应、不断探索，与各主要合作银行、专业机构持续沟通研究，最终选定香港品质保证局作为专业评定机构，对此次绿色转型贷款框架进行评估。双方以国际事业公司全球首份长贸 LNG 碳中和协议作为载体，成功完成绿色转型贸易贷款框架的制定及认证。

资料来源：工芳. 中国石油完成全球天然气行业首笔绿色贷款提款[N]. 中国石油报，2022-06-07。

案例 5-8 中国绿色贷款余额 15.9 万亿元，存量全球第一

围绕服务实现碳达峰、碳中和，绿色金融成为中国各大上市银行 2021 年业绩报告的突出亮点之一。工商银行绿色贷款余额超 2.4 万亿元，与农业银行、建设银行、中国银行位于第一梯队的万亿元以上。第二梯队包括邮储银行和交通银行，以及兴业银行、招商银行、中信银行等股份制银行，绿色贷款余额在千亿元级别。多家银行表示，未来将持续加大对绿色发展的金融支持。

2021 年贷款增长较快的主要是绿色信贷、普惠小微、制造业领域，其中绿色信贷增长最快。例如，六大行绿色信贷增速普遍高于 30%，其中中国银行增速最高，达到 57%。上市银行整体来看，增长最快的要数平安银行，去年绿色信贷余额同比增长 204.6%。此外，绿色贷款余额涨幅超 100%的上市银行还有中信银行、民生银行、张家港农商行、厦门银行，涨幅分别达到 140.75%、103.76%、133.92%、116.73%。除张家港农商行、厦门银行外，不少中小银行的绿色贷款余额增长也都比较快，涨幅在 50%以上。

“国有大型银行在绿色金融业务规模、业务类型、产品创新以及绿色金融能力建设等方面均具有引领和主导作用。”东方金诚绿色金融部助理总经理方怡向表示，地方中小银行则在绿色信贷增速方面具有一定优势。地方中小银行长期深耕当地，有明显的地方政策、信息和区域优势，可根据地方经济和产业特点，有针对性地开发符合当地特点和需求的绿色金融产品，采取更加灵活的信贷政策，提供差异化的产品、业务模式、组织架构来支持绿色产业、绿色客户的发展，构建具有地方特色的、差异化的绿色金融竞争优势。

绿色信贷之外，绿色债券也是备受上市银行青睐的金融产品。2021 年 6 月，兴业银行北京分行为华电福新承销了全国首单用于建设海上风电的蓝色债券以及全国首笔权益出资型“碳中和”债券，募集资金分别用于海上风电项目建设以及收购 7 家新能源发电公司股权，涉及的项目预计每年可实现减排量超过 300 万 t 二氧化碳当量，减排效益显著。

2021 年，按照市场化、法治化、国际化原则，人民银行创设推出两个新的结构性货币政策工具，鼓励社会资金更多投向绿色低碳领域。一个是碳减排支持工具，以稳步有序、精准直达方式，支持清洁能源、节能环保、碳减排技术三个重点减碳领域的发展，撬动更多社会资金促进碳减排。另一个是支持煤炭清洁高效利用专项再贷款，支持煤的大规模清洁生产、清洁燃烧技术运用等七个领域。首批碳减排支持工具资金顺利落地，向有关金融机构发放的第一批855亿元碳减排支持工具资金中，农业银行获得资金113.68亿元，对应前期已发放的清洁能源、节能环保等碳减排重点领域贷款 189.46 亿元，支持国家电投张北“互联网+智慧能源”800MW 风光电示范项目、大唐象山渔光互补太阳能发电、山西垣曲抽水蓄能等项目 263 个，支持企业 197 家，可带动碳减排 382.56 万 t，占人民银行首批碳减排支持工具带动碳减排量的 13.3%。两个工具坚持“先立后破”，鼓励“两条腿走路”，在发展清洁能源的同时继续支持煤炭煤电清洁高效利用。截至目前，人民银行通过两个工具分别支持金融机构发放贷款 2 308 亿元、134 亿元，其中碳减排贷款带动年度碳减排 4 786 万 t 二氧化碳当量。

通过一系列制度安排，目前，我国已初步形成绿色贷款、绿色债券、绿色保险、绿色基金、绿色信托、碳金融产品等多层次绿色金融产品和市场体系。截至 2021 年年末，我国本外币绿色贷款余额 15.9 万亿元，同比增长 33%，存量规模居全球第一。2021 年境内绿色债券发行量超过 6 000 亿元，同比增长 180%，余额达 1.1 万亿元。同时，绿色债券期限搭配更为合理，成本优势逐步显现。据统计，与可比普通债券相比，2021 年 77%的绿色债券具有发行成本优势。

资料来源：中国经济网.绿色贷款余额 15.9 万亿元，存量全球第一——上市银行擦亮“绿色名片”[R/OL].（2022-04-15）. https://baijiahao.baidu.com/s?id=1730129307291698049&wfr=spider&for=pc。

思考题

1．请简述牙买加体系的主要内容及存在的缺陷。

2．各国中央银行发展数字货币的作用和意义有哪些？你是否认为各国发展数字货币是有好处的？为什么？

3．全球外汇市场有哪几个结构层次？都有哪些交易产品？

4．什么是绿色信贷？未来中国绿色信贷相关制度需要发展和完善的方向都有哪些？

第 6 章 跨国公司组织与战略

经济全球化是不可阻挡的历史潮流，跨国公司作为经济全球化的重要推动力量，其发展变化对世界经济格局影响巨大。跨国公司的发展是显示国家经济的“晴雨表”、吸引外资政策的“试金石”和预测经济走势的“风向标”。本章将结合绿色跨国公司组织与战略案例，从跨国公司的概念及类型、跨国公司的组织形式和跨国公司的战略三个层面进行说明。

6.1 跨国公司的概念与类型

第二次世界大战之后，世界范围内涌现出一批从事跨国生产经营活动的企业实体（business entity），人们把它称为国际公司（international corporation）、国际企业（international business）、多国企业（multinational enterprise）、全球企业（global enterprise）和宇宙公司（cosmo-corporation）。“跨国公司”这一概念最早是由戴维·依利伦撒尔在 1960 年提出来的[①]。1974 年，联合国经济与社会理事会采用了“跨国公司”这一名称。自此，“跨国公司”成为联合国关于从事国际生产经营企业的统一名称。

6.1.1 跨国公司的概念

1984 年，联合国在《跨国公司行为守则（草案）》[②]中对跨国公司作出了界定：包括两国或更多国家以上实体的国有、私有或混合所有制企业，不论这些实体的法律形式和活动领域如何，它们都在一个多决策中心体系下运营。在此决策体系下，各实体通过所有权或其他方式彼此紧密联系在一起，其中一个或多个实体得以对其他实体的活动产生重要影响，特别是与其他实体分享知识资源和责任等。

根据上述定义，一个企业是否是跨国公司需要具备如下条件：①必须包括在两个或多个国家经营的企业实体，不论这些实体的法律形式和活动领域如何；②在一个决策体系下运行，具有协调政策和共同战略；③各实体通过所有权或其他方式结合在一起，并分享知识、资源和责任。

可见，该定义强调的是企业内部管理，战略实施的统一，但同时也突出了与外部建立联系时的控制问题。应该说，联合国的上述综合性定义比较合理地把有关的要素都包括了进去，既点明了跨国性及在跨国经营下的独有经营和管理特征，又强调了控制力，涉足的行业十分广泛。

---

① 转引自王媛媛. 论跨国公司的经营与管理[J]. 现代商业，2020（7）：172-174.

② 为建立国际经济新秩序，由联合国跨国公司委员会拟定的规范跨国公司行为的国际法准则。

6.1.2　跨国公司的类型

跨国公司主要可以按跨国经营项目和跨国经营结构分类。

6.1.2.1　按跨国经营项目分类

按跨国经营项目分类，跨国公司可以划分为经营资源型跨国公司、加工制造型跨国公司和服务提供型跨国公司。

（1）经营资源型跨国公司

经营资源型跨国公司的生产经营活动，主要涉及种植业和矿产、石油采掘业等自然资源型的行业。寻求自然资源，是进行对外直接投资和跨国公司参与其他形式上游（勘探和采掘）活动的主要动机。跨国公司寻求资源有的是为了满足其下游冶炼或制造活动的自身需要，有的是为了直接在东道国、母国或国际市场上销售矿产品，还有的是为了保障母国对能源或其他矿物质的战略需要（该国政府拟定的战略需要）。

（2）加工制造型跨国公司

这类跨国公司的生产经营活动，主要涉及机械、运输设备和电气产品等加工制造行业。20 世纪 50 年代后，跨国公司多转向了制造业和服务业。

（3）服务提供型跨国公司

这类跨国公司的生产经营活动，主要涉及技术、信息、贸易、广告、咨询、金融和运输等行业。目前，这一类型的跨国公司在日益增多。

案例 6-1　经营资源型跨国公司的历史演变

跨国公司涉足采掘业的历史盛衰交错。20 世纪初，采掘业在各国对外直接投资中所占份额最大，这反映出殖民强国的公司在进行国际扩张。第二次世界大战后，随着越来越多的殖民地获得独立和石油输出组织的创建，这种类型跨国公司的支配地位衰落了，采掘业在全球对外直接投资中的份额也随之下降。从 70 年代中期开始，石油、天然气和金属采矿业在全球对外直接投资中的份额不断下跌，而其他行业的增长速度很快。然而，近年来由于矿产品价格上升，采矿业在全球对外直接投资中的份额有所增长，但远远低于服务业和制造业。世界上一些较大的跨国公司在采掘业都表现得很活跃，过去 10 多年中在资源采掘方面新出现了一些跨国公司，包括发展中国家和经济转型期国家的跨国公司。跨国公司在采掘业进行投资的驱动力因经营活动和公司不同而有所不同。例如，亚洲国家一些跨国公司向海外扩张的一个主要驱动力就是满足战略需要。

资料来源：全球外国直接投资继续增长——解读《2007 年世界投资报告》[J]. 国际经济合作，2007（11）：6-11。

6.1.2.2　按跨国经营结构分类

按跨国经营结构分类，跨国公司可以划分为水平型跨国公司、垂直型跨国公司和混合型跨国公司。

（1）水平型跨国公司

这类跨国公司的母公司和子公司所从事的生产经营活动属于同一行业领域，内部很少有专业分工，在公司内部转移技术、销售技能和商标专利等。服务提供型的跨国公司往往属于这种类型。世界上著名的水平型跨国公司有可口可乐、百事可乐、肯德基、麦当劳、雀巢等。

（2）垂直型跨国公司

这类跨国公司的母公司和子公司各自生产经营不同的产品和业务，但其产品和业务具有关联性。母公司和子公司之间实行纵向一体化专业分工。纵向一体化有两种含义：一是指组织结构的现存状态，即指单个经营单位向某种产品的生产和经销各阶段的延伸程度；二是指行为或行动，即指企业通过纵向兼并或新建设施进入另一生产或经销阶段的行动，如石油的勘探、开采、提炼和加工，又如电子产品零部件的装配、测试、包装和运输等。

（3）混合型跨国公司

这类跨国公司的母公司和子公司所生产或经营的产品和业务无关联性。混合型跨国公司是企业在世界范围内实行多样化经营的结果。这类跨国公司的特点是可以分散经营风险，增强公司规模扩大的潜力。日本三菱重工[①]便属于这一类型的跨国公司。该公司业务涉及：产业DX部门、天然气部门、综合原料部门、石油与化学解决方案部门、金属资源部门、产业基础设施部门、汽车与移动出行部门、食品产业部门、消费产业部门、电力解决方案部门、复合城市开发部门等多种业务。

6.1.3 跨国公司的特征

跨国公司作为从事国际化生产的企业组织，要对产品的生产、营销、资金筹措及资金投放等各种经济活动进行国际化的安排。西方企业跨国化的过程也就是垄断资本统治国际化的过程，它标志着剩余价值的生产和实现已经国际化了，反映了现代资本主义积累规律在国际范围内的作用大大加强。发展中国家和地区的跨国公司体现的是民族资本主义的生产关系，它是民族资本发展外向型经济的必然结果，标志着民族资本已经壮大，进入比较成熟的阶段。

跨国公司具有以下特征：

1）全球化（globalization）战略。跨国公司以整个世界市场为目标市场，实施国际化的经营战略，其战略具有全球性。所谓全球化战略，就是在世界范围内有效配置公司的“一揽子”资源，将公司的要素优势与国外的政治、关税、非关税壁垒和生产要素优势等投资环境的差异条件联系起来考虑，优势互补，使有限的要素资源发挥最大的效用，使公司的整体利益达到最大化。

2）一体化的生产经营体系。跨国公司实现其全球战略的关键在于实施“公司内部一体化”。这一原则要求实行高度集权的管理体制，即以母公司为中心，把遍布世界各地的分支机构和子公司统一为一个整体，把投资、科研、生产、销售和服务等经营活动进行一体化部署以达到管理成本更低、管理效率更高的目的。

---

① 数据来源：三菱商事株式会社官网，https://www.mitsubishicorp.com。

3）具有明显的内部化优势。跨国公司实行集中领导，母公司和分支机构之间关系密切、相互协作配合。通过制定内部划拨价格、优先转让先进技术和共享信息资源等，实现跨国公司交易内部化，使跨国公司形成独特的竞争优势。

4）经营手段以直接投资为基础。跨国公司向国外市场渗透有商品输出、无形资产转让（技术贸易、合同制造等）和对外直接投资三种方式。跨国直接投资更容易实现最大限度地增加盈利的目的。跨国公司直接投资往往也伴随着进出口贸易、技术转让、间接投资等活动。跨国公司借助“参与制”，以少量自有资本（采用对外直接投资的方式）控制他人的巨额资本，实现杠杆化经营。

我国的跨国公司还处在初步发展时期，它是我国大企业沿着国际化、集团化道路发展的结果，它的内部关系在不同程度上体现着公有制的性质，但在国际环境中它必须按照资本主义的市场规则经营，因此它的企业行为体现了国家资本主义的性质。尽管有上述各种不同生产关系的体系，但作为一种现代化的国际企业组织形式，在经营活动方面，跨国公司大体上具有共同的特征。

6.2　跨国公司的组织形式

跨国公司的组织形式有两层含义：一是法律结构，即法律组织形式，主要涉及母公司与国外各分支机构的法律和所有权关系、分支机构在国外的法律地位、财务税收的管理等方面：二是组织结构，即行政或管理组织形式，主要职能是提高企业的经营管理效率，优化企业资源配置，以求取得最佳的经济效益。下面分别简要介绍跨国公司的法律组织形式和管理组织形式。

6.2.1　跨国公司的法律组织形态

企业法律组织形态是指法律规定的企业组织形式，它由企业的组织方式、法律资格等方面的内容构成。企业法律组织形态对该企业产生的影响主要包括：①资金来源；②利润分配和风险承担的主体与形式；③资金运用与战略决策的主体和方式。企业的法律组织形态并不是一成不变的，在一定条件下，可以发生转化，如人员组成、财产构成或创办目的等来自企业内部的变化，或是由国家法律和经济政策的改变所引起的变化，如所有制的变化，以及某一国家或某一地区特定的商业和法律习惯的差异。对于跨国公司来说，其复杂的组织结构中主要存在三种法律形态：母公司、子公司和分公司。本节主要阐述跨国公司这三种法律组织形态的概念和法律特征。

6.2.1.1　母公司及其组织特性

（1）母公司概念

母公司（parent company）是指通过拥有其他公司一定数量的股权或通过协议方式能够实际控制支配其他公司的人事、财务、业务等事项的公司。

国际上有时也把母公司称为控股公司（holding company），并分为纯控股公司（pure holding company）和混合控股公司（mixed holding company）两类。纯控股公司设立的目的只是掌握子公司的股票（份）或其他有价证券，其本身不再从事任何业务活动。混合控股公司，或叫控股营业公司（holding-operating company），除了掌握子公司的股份之外，本身也经营其他业务活动。目前母公司主要是指这类混合控股公司。例如，AT&T 公司、通用汽车公司等就是既控制许多子公司，又经营自身的通信、工业生产及其他业务的公司。

（2）母公司组织特征

母公司的法律特征是：①母公司实际控制子公司的经营管理权。母公司以参股或非股权安排行使对子公司的控制。参股方式是指通过拥有子公司一定比例的股权来获得股东会的多数表决权，进而获得对公司重大事务的决策权，达到控制公司的目的。非股权安排是指通过各种协议达到实际控制的目的。②母公司对子公司承担有限责任。母公司对子公司承担的责任通常以其出资额为限；母公司对子公司的债务不承担责任，这是由于母公司与子公司在法律上是相互独立的法人。母公司与子公司的关系实质上是股东与公司的关系，很多国家既对二者之间的一般关系做了规定，也对母公司与子公司之间的特殊关系作出了特殊规定，进行特殊的法律管制。

6.2.1.2 子公司及其组织特性

（1）子公司概念

子公司（subsidiary）是指一定比例的股份被另一家公司拥有或通过协议的方式受到另一公司实际控制、支配的公司。母公司与子公司之间存在的“所有权”关系，实质上是母公司对其经济上的实际控制和参与决策权。

目前，各国对母、子公司概念的法律规定和解释不尽相同。例如，按照美国《模范商业公司法》的规定，若某一公司的一类股份中，至少有 90%已公开发行，并且售出的股份为另一家公司所拥有，则前者为子公司，后者为母公司。日本法律则规定，如果某公司拥有另一公司 50%以上之股本，则前者为母公司，后者为子公司。我国理论界通常认为，母公司是指拥有另一公司一定比例以上的股份，能对另一公司实行实际控制的公司；与此相对应，一定比例以上的股份为另一公司所控制的公司即为子公司。

母公司与控股公司是可以通用的两个概念，子公司也可以通过控制其他公司一定比例以上的股份而成为控股公司，被控股的公司成为孙公司。母公司通过控制众多的子公司、孙公司而成为庞大的公司集团。母公司只要通过较少的资本就可以利用子公司的资本购买别的公司，组建起金字塔形的公司集团模式。

（2）子公司组织特征

从法律上来讲，子公司具有不同于母公司的法律特征：①子公司具有独立法人资格。法律上，子公司是独立法人，拥有独立的公司名称和章程，拥有独立的财产并自负盈亏，可以公开发行股票以及独立借贷，可以以自己的名义从事各种经济、民事活动；独立承担公司行为所带来的一切后果及责任。子公司在东道国注册登记后被视为当地公司，须受东道国法律管辖和保护，不受母国政府的外交保护。②子公司在经济上和业务上被母公司实际控制。母公司居于控制和支配地位，子公司处于从属地位。母公司对子公司的实际控制表现为，母公司能够决定和控制子公司董事会组成，其重要决策要经过母公司的同意。子公司的财务状况和经营成果要纳入母公司编制的合并会计报表之中。③母公司对子公司进行实际控制或是基于支配性协议等非股权安排。在现代国际商业活动中，母公司的控制手段已经不再局限于股权的控制，非股权安排越来越多。某些国家的公司法都承认非股权安排，非股权安排被称为子公司。

6.2.1.3　分公司及其组织特性

（1）分公司概念

分公司（branch）是总公司的分支机构。许多大型企业的业务分布于全国各地甚至世界各地，直接从事这些业务的是公司所设置的分支机构或附属机构，这些分支机构或附属机构就是分公司。分公司是与总公司相对应的一个概念，是总公司的一个部分，在法律上和经济上都不具有独立性。分公司与总公司的关系虽然同子公司与母公司的关系有些类似，但分公司的法律地位与子公司完全不同。

（2）分公司组织特征

从法律角度来看，分公司与母公司、子公司具有非常明显不同的特征：①分公司没有法人资格。分公司不具有法人资格，因此不能独立承担责任，其一切行为后果及责任由总公司负责。分公司由总公司授权开展业务，自己没有独立的公司名称和章程。②分公司没有独立的财产。分公司的所有资产均属于总公司，其本身也作为总公司的资产列入总公司的资产负债表中，总公司对其承担无限责任。③分公司没有独立的公司名称和章程。分公司与总公司同为一个法律实体。设立在东道国的分公司被视为“外国公司”，不受当地法律保护，而是受母国的外交保护。它从东道国撤出时，不能出售资产，不能转让股份，也不能与其他公司合并。

6.2.1.4　设立子公司与分公司的原因

（1）设立子公司的原因

子公司在东道国仅承担有限的债务责任（有时需要母公司担保）。子公司向母公司报告企业成果只限于生产经营活动方面，而分公司则要向总公司报告全面情况。子公司的所得税计征独立进行。子公司是独立法人，子公司可享受东道国给其居民公司提供的包括免税期在内的税收优惠待遇，而分公司由于是作为企业的组成部分之一派驻国外，东道国大多不愿为其提供更多的优惠。东道国税率低于母国时，子公司的累积利润可得到递延纳税的好处。子公司利润汇回母公司要比分公司灵活。这有利于母公司的投资所得、资本利得留在子公司，或者可选择税负较轻的时候汇回，得到额外的税收利益。许多国家对子公司向母公司支付的股息规定减征或免征预提所得税。

（2）设立分公司的原因

分公司一般便于经营，财务会计制度的要求也比较简单。分公司承担的成本费用可能要比子公司少。分公司利润由总公司合并纳税。由于分公司不是独立法人，在经营初期出现亏损时，其亏损可以冲抵总公司的利润，减轻税收负担。分公司交付给总公司的利润通常不必缴纳预提所得税。分公司与总公司之间的资本转移，因不涉及所有权变动，不必负担税收。

子公司和分公司的税收利益存在较大差异，公司在选择组织形式时应细心比较、统筹考虑、正确筹划。一般来说，如果组建的公司一开始就可盈利，设立子公司就更为有利。在子公司盈利的情况下，可享受到当地政府提供的各种税收优惠和其他经营优惠。如果组建的公司在经营初期可能发生亏损，那么组建分公司就更为有利，可减轻总公司的税收负担。

6.2.2 跨国公司的管理组织形态

跨国公司规模大，经营地区广，分支机构众多，产品多种多样，业务内容丰富，这就要求跨国公司建立一套高效率的管理组织形式，以提高行政效率，充分利用公司资源，取得全球范围内的利益最大化。跨国公司通常采用的管理组织形式有：国际业务部、全球性产品结构、全球性地区结构、全球性职能结构、全球性混合结构和矩阵式组织结构。下面分别进行简要介绍。

（1）国际业务部

随着产品出口、技术转让、国际投资等国际业务的扩大，跨国公司开始设立专门的国际业务部（international division）。国际业务部拥有全面的专有权，负责公司在母国以外的一切业务。有些跨国公司设立的国际总部或世界贸易公司也是国际业务部性质的。国际业务部作为隶属于母公司的独资子公司，其总裁一般由母公司的副总裁兼任。

设立国际业务部的优点是：集中、加强对国际业务的管理；树立体现全球战略意图的国际市场意识，并提高职员的国际业务水平。缺点是：人为地将国内业务和国际业务割裂开来，造成两个部门在内销外销、技术支持等方面的对立，不利于公司有限资源的优化配置；在国际业务部发展到一定阶段时，其他部门难以与之匹配，影响经营效率。

（2）全球性产品结构

全球性产品结构（global product structure）是指跨国公司在全球范围内设立各种产品部，全权负责其产品的全球性计划、管理和控制。全球性产品结构的优点是：在强调产品制造和市场销售的全球性规划的前提下，加强了产品的技术、生产和信息等方面的统一管理，最大限度地减少了国内和国外业务的差别。缺点是：容易向“分权化”倾斜，各产品部自成体系，不利于公司对全局性问题的集中统一管理；削弱了地区性功能，并易造成机构设置重叠，浪费资源。

（3）全球性地区结构

全球性地区结构（global regional structure）是跨国公司以地区为单位，设立地区分部从事经营，每个地区都对公司总裁负责的结构。这种结构又可分为两类：地区-职能式和地区-产品式。全球性地区结构的优点是：由于强化了各地区分部作为地区营利中心和独立实体的地位，因此有利于制定出地区针对性强的产品营销策略，以适应不同市场的需求，发挥各地区分支机构的积极性、创造性。缺点是：容易形成“区位主义”观念，重视地区业绩而忽视公司的全球战略目标和总体利益；忽视产品多样化和难于开展跨地区的新产品研发。

（4）全球性职能结构

全球性职能结构（global functional structure）是跨国公司的一切业务活动都围绕公司的生产、销售、研发、财务等主要职能展开，设立职能部门，各个部门都负责该项职能的全球性业务，分管职能部门的副总裁向总裁负责的管理组织结构。例如，财务部门对财务收支、税收安排、报表编制负有全球性的责任。全球性职能结构的优点是：通过专业化的分工明确了职责，提高了效率；易于实行严格的规章制度；有利于统一成本核算和利润考核。缺点是：难以开展多种经营和实现产品多样化，并给地区间协作造成很大困难。

（5）全球性混合结构

全球性混合结构（global mixed structure）是根据扬长避短的原则，在兼顾不同职能部门、不同地理区域以及不同产品类别之间相互依存关系的基础上，将以上两种或三种组织结构结合起来设置分部而形成的组织结构。当跨国公司经营规模不断扩大，建立众多产品线，经营多种业务时，或当公司是由两家组织结构不同的公司合并后形成的时候，通常采用混合式组织结构。全球性混合结构的优点是：有利于企业根据特殊需要和业务重点，选择或采用不同的组织结构，且灵活性强。缺点是：组织机构不规范，容易造成管理上的脱节和冲突，且所设部门之间业务差异大，不利于合作与协调。

（6）矩阵式组织结构

近年来，随着跨国公司的规模越来越大，一些跨国公司在明确责权关系的前提下，对公司业务实行交叉管理和控制，即将职能主线和产品/地区主线结合起来，纵横交错，构成矩阵形，故称矩阵式结构（matrix structure）。这意味着地区管理和产品管理同时并存，一个基层经理可能同时接受产品副总裁和地区副总裁的领导。

矩阵式组织结构的优点是：各部门各层次密切合作，将各种因素综合起来，增强了公司的整体实力；增强了各子公司的应变能力，可以应对复杂多变的国际业务环境，同时，又保持了母公司职能部门对各子公司的有效控制。缺点是：冲破了传统的统一管理原则，管理层之间容易发生冲突；而且组织结构较复杂，各层次的利益关系不易协调。

以上提到的六种管理组织结构各有其特点和利弊。跨国公司在决定自身管理组织结构时应充分考虑自身的情况，如规模、经营产品、地区等，选择适合自己公司的组织结构。国际业务部往往是一家公司从单纯出口走向国际经营的中间步骤，有利于收集信息，探索经验，培养人才，为进一步全球性经营打下基础。对于产品品种已经实现多样化、系列化，产品类别之间生产技术差异明显，自成体系的企业，采用全球性产品结构比较合适。相反，如果产品品种并不是很多，产品的规格、质量、包装、生产技术比较统一，同时销售市场分布广泛（如饮料、石油、医药等行业），那么，跨国公司应选择全球性地区结构。全球性职能结构则主要适用于产品系列比较简单，市场经营环境比较稳定的跨国公司。当跨国公司的规模十分庞大，产品种类繁多，业务内容丰富，经营地区广泛时，矩阵式组织结构则是一种理想的选择。

6.3　跨国公司的战略

跨国公司作为一种在全球范围内从事广泛国际商务活动的企业，其经营过程中必然面临各种全球性的机遇和挑战，适应全球经营环境和竞争对手状况的不断变化，这就要求跨国公司的管理和决策者们必须具有全球视野，即全球性的战略眼光，从全球的高度，谋划企业的愿景、宗旨、目标，处理好母国与东道国、地区与全球的关系，寻求一种全公司一体化的、适用于全球的经营战略。

6.3.1　跨国公司的经营与管理战略

企业战略是企业在激烈竞争的市场环境中，为求得生存与发展而作出的长远性和全局性的规划，以及为实现企业愿景规划和使命而采取的竞争行动和管理业务的方法。跨国公司制定战略时，会受到复杂因素的左右，如母国与东道国差异、母公司与子公司差异、全球标准与东道国标准差异等。在实践中，跨国公司经营与管理战略多种多样，随着跨国公司所处的外部环境、内部因素及公司的利益相关者集团发生变化时，其战略相应地会适当调整与演变。因此，在经营实践中，跨国公司的战略表现形式多种多样，从不同的视角可将跨国公司经营与管理战略分为不同类型。下面重点介绍两种具有代表性的跨国公司经营与管理战略分类方法。

6.3.1.1 珀尔马特的 EPRG 分类法

20 世纪 70 年代，珀尔马特（Perlmutter）首创了 EPRG 分类法（也称体系）①，该分类法将跨国公司战略分为四类，即母国导向战略（ethnocentrism，E）、东道国导向战略（polycentricism，P）、区域导向战略（regiocentrism，R）、全球导向战略（geocentrism，G）。

（1）母国导向战略

母国导向战略是基于母国优越性的理念，偏好集中制的经营管理体系，是以放之四海而皆准的自我中心为标准的管理哲学。母国总公司应该掌握决策权与控制权，负责全球各子公司和各分支机构的事务。在这种战略下，跨国公司的境外子公司和分支机构完全采用母公司的作业方式，将母国现行方法、制度与观念全盘移植于国外分支机构采取母国导向战略的公司，将国外的营运视为次级目标，其战略形成是由上而下，由母国到东道国，以总公司高层管理人员为领导核心，各分支机构无决策权，因而往往会忽视当地市场的管理知识及经验。

（2）东道国导向战略

东道国导向战略则认为，世界各国在经营管理环境等方面有很大的差异性，因而倾向于采取分权经营管理体系，强调入乡随俗，因地制宜。战略的拟定是以符合当地需求为原则的，任用当地人才来负责公司经营，充分授权，母国公司不加干涉，使其能根据各地差异做适当调整。东道国导向战略的形成是以各地附属机构为核心的，各附属机构基于当地的需要来决定本身追求的目标，组织结构也因地制宜各有不同。联合利华公司在印度的子公司、克莱斯勒在英国的子公司都采用了东道国导向战略模式。

（3）区域导向战略

区域导向战略是母国导向与东道国导向战略折中的产物，其基本特征在于寻找区域的共同性，进而开发出一体化的区域战略。其战略的拟定兼顾东道国当地与周边地区的需要，专注于经营某一个地区而非某一个国家。例如，一家跨国公司在法国从事经营活动，但其战略目标是面对欧盟所有的成员国，或者一家区域导向的美国公司以北美自由贸易区（NAFTA）的美国、加拿大、墨西哥作为区域性市场。香港的两家英资企业怡和集团和太古集团的经营战略就是区域导向战略，它们在战略定位上立足于“中华经济圈”和“亚太经济圈”。

（4）全球导向战略

全球导向战略就是把全球各个国家和地区视为一个市场，战略重心在于追求全球合理化的资源配置和全球一体化的经营管理。其特点是全球化思维，全球性规划和整体组织，

① EPRG 分类法由全球化专家 Howard V. Perlmutter 在 1969 年发表的《跨国企业的曲折演变》文章中首次介绍。

全球性通行规则，采取全球性措施。在全球导向战略下，国籍概念被淡化，公司以全球宏观视角因时、因地权衡决策，母国和东道国的公司要为公司全球整体利益最大化进行全球性的协调配合，互相合作，充分沟通，共同分享资源、知识和信息。区域导向和全球导向的战略则从区域或全球的角度进行整合，以区域和全球性的产业价值链的最大效能及效率，来参与国际产业分工和进行资源调配。美国国际商用机器公司（IBM）的发展壮大采用的经营战略就是全球导向战略。

总之，不同导向战略的差异性在于假设前提的不同。在国际经营策略的形成过程中，如果着眼于资源的合理化分配，则似乎采用全球导向战略较能达到目标；如果着眼于快速获得短期利益，规避风险，获得特定市场的竞争优势，则以东道国导向为宜。EPRG 模式可以增加跨国公司对战略的了解，进而影响战略的可行性。

6.3.1.2　希尔战略分类法

美国学者查尔斯 • W. L.希尔（Charles W. L. Hil）依据跨国公司在全球市场竞争中所面临的成本递减压力（pressure for cost reduction）和当地响应（差异化）压力（pressure to be locally responsive）的大小程度，构建出企业进入国外市场及竞争于国际环境的四种基本战略，包括多国战略（multidomestic strategy）、国际战略（international strategy）、全球战略（global strategy）和跨国战略（transnational strategy）。

（1）多国战略

如果当地响应的压力大而成本递减压力小，就应采用多国战略，因为其可快速响应每一个国家的不同顾客需求，同时将母国开发的技术和产品转移到国外市场。这种战略也可称为大差异化战略，战略的侧重点在于适应各个东道国的经营环境差异，目标是不断满足东道国的市场需求，提高在国外市场的占有率和销售收入。一些欧洲企业如联合利华和飞利浦等采用的就是这种战略。

（2）国际战略

企业面对的是相对较小的当地响应压力和成本递减压力，因此跨国企业通常转移母国开发的差异化产品到新的境外市场以创造价值，而产品创新功能则集中于母国。这种战略就是给所有国家的顾客提供标准化的产品，境外子公司仅被授权对产品做少许修正，以符合当地的偏好与需求。这种战略也可称为小差异化战略，其目的是在世界范围内通过利用母公司的创新能力和已开发的新技术获取更多利润。美国公司常采用这种战略，如通用电气、辉瑞和宝洁等。

（3）全球战略

全球战略主要是追求低成本策略，采用这种战略的企业，由某些具有低成本优势的地区生产标准化产品，然后供应全球市场，且仅以有限的修改适应不同的需求状况，标准化产品使企业能够达到全球性的规模经济要求，进而降低成本、降低售价。这种战略也可称为无差异战略，目标是通过获得全球性经营效率提高在全球市场的收益。日本的企业如丰田、佳能、松下等偏爱全球战略。

（4）跨国战略

跨国战略综合了上述三种战略的内容和目标，试图同时实现低成本和差异化优势。实行这种战略后，企业一方面需注意降低成本，另一方面也需注意当地响应的压力。这种战略的核心内容是确定如何合理配置资源及生产、管理和经营能力，同时在适应能力、全球经营效率和创新能力三个方面建立竞争优势。

6.3.2 跨国公司的市场战略

对跨国公司来说，市场战略是其跨国经营战略的重要组成部分，是跨国公司能否在世界市场取得成功的关键。它涉及跨国公司的发展大计，囊括了市场在位先后战略、市场地域分布战略、市场进入战略、市场次序扩展战略以及市场退出战略。

6.3.2.1 市场在位先后战略

跨国公司的市场在位先后战略主要分为市场领导者战略、市场挑战者战略、市场追随者战略和市场后起者战略。

（1）市场领导者战略

市场领导者战略是指跨国公司在其进入的行业中处于市场领导者的地位，在产品价格、新产品投放、流通分配渠道以及促销强度等方面起领导作用，并在市场上有最大的占有率。对于处于市场领导者地位的跨国公司来说，其目标就是要尽力保持其领导者地位，这一目标通常可以通过以下三个途径来实现：寻求产品的新用户、新用途以及更多的使用量，以扩大市场规模；时刻防备竞争对手对现有及增长市场的争夺，维持市场占有率，市场地位巩固以后，进一步提高企业的市场占有率。

（2）市场挑战者战略

市场挑战者战略是指那些市场占有率比居于市场领导地位的企业小，而又不满足于现状，在战略上对处于领导地位的企业或其他企业采取进攻态势，以取得更大的市场占有率和更有利的市场地位。一般来说，挑战的对象可以是居于市场领导地位的企业，也可以是竞争地位和水平与自己大致相当的企业，甚至是小规模、地区性的企业。挑战者可以选择的具体策略有：①创新战略。挑战者企业要加强竞争，不能仅停留在模仿领导企业的基础上，还应该在技术、产品、营销和组织管理等方面创新。②差异化战略。挑战者企业的产品应该在功能、质量、外观设计、营销方式等方面树立与竞争对手不同的市场形象和竞争优势。③低成本战略。挑战者企业还可以通过低价格来争取顾客。④利基（Niche）战略。将自己的产品定位于竞争对手力量薄弱或没有注意到的细分市场上。⑤兼并战略。当挑战者企业拥有足够的资金优势和管理能力时，可以通过并购相对弱小的竞争对手，从而提高自己的市场占有率，形成竞争优势。

（3）市场追随者战略

跨国公司之所以采取市场跟随的战略，一方面是这些跨国公司的竞争实力相对不强、无力向居市场领导地位的企业发起挑战；另一方面是它们并不急于提高已有的市场占有率和市场地位。具体来说，追随者战略的措施主要有两种：①在重要的发达国家市场紧跟市场领导者。这样做可以降低追随者企业独立预测市场、制定和实施营销战略的成本。②在领导者企业不太关注的市场扩大经营活动，巩固自己的市场竞争地位。

（4）市场后起者战略

刚刚进入国际市场的企业，从事国际经营的经验不足，竞争实力有限，由于原来没有或只有很小的市场份额，无法实施追随者战略，从而只能采取后起者战略。后起者企业可以选择的方式主要有：①游击进攻。后起企业主要在竞争者忽视的市场主动出击作为进入市场的突破口。②迂回进攻。后起企业可以避开领先企业主要的竞争锋芒，绕到其后方的薄弱部位发动进攻。③蚕食战略。后起企业一点点地与竞争对手争夺市场。④渗透战略。后起企业可以采用低价格、产品差异化和优质服务等手段直接向竞争对手现有的市场渗透，以动摇竞争者的防线。

6.3.2.2 市场地域分布战略

跨国公司出于竞争的考虑，对公司在全球的总体布局要着手某一目标市场的选择。一般来说，跨国公司的市场地域分布战略分为集中和分散两种。所谓集中，是指跨国公司在一段时期内有意识地把目标市场集中在某一地区，然后再逐一占领其他地区，如先欧洲，后东亚，这样可以充分利用公司在某一地区的现有知识和经验。与之相对的是分散战略，把目标市场分散在许多国家和地区，这样可以选择各地区的最佳市场。假如某跨国公司本阶段的目标是占领世界市场的 5%，如果采取集中战略，就是集中力量在 5%的国家占领其全部市场；如果实行分散战略，则是同时进入所有目标国家，在每个目标国家的市场上占领 5%的市场份额。两者的最终效果一样，但应当采用哪种战略，应视经营环境而定。

6.3.2.3 市场进入战略

任何公司要进入海外市场，必须考虑这样两个问题，即进入什么样的市场以及什么时候进入和如何进入。

（1）目标市场选择的影响因素

一般来说，对目标市场的选择必须建立在对一国长期利润潜力进行评估的基础之上，要考察的因素包括：东道国的政治环境、经济政策的稳定性、自由市场体系的运行、消费者当前的购买力和未来福利、市场规模、当地竞争产品的特点、产品对当地市场的适应力特别是东道国的经济增长能力。对于特殊行业（如石油、煤等能源行业），则需要考虑东道国的资源状况、外资政策、两国间的经贸关系和政治关系等。

（2）目标市场进入战略

在确定了目标市场的条件下，以何种方式进入该市场，是跨国公司的重要战略选择。常见的进入战略主要有贸易进入战略、契约进入战略和投资进入战略。贸易进入战略是企业在最初跨国经营时的首选之策，因为在本国生产不仅成本低，而且便于质量控制，是所有市场进入战略中风险最小的。贸易进入战略包括间接出口和直接出口。美国学者范恩·特普斯特拉（Vern Terpstra）①认为，只有直接出口的方式才能成为国际化经营的起点。契约式进入战略是指跨国公司将其所拥有的专有技术、专利、商标权、商业秘密等知识产权，通过契约方式转让给外国企业使用，以获得提成费、技术转让费或特许权使用费，包括许可证、特许经营、管理合同、国际分包、“交钥匙工程”等，又称“非股权安排”或“契约安排”。投资进入战略是指跨国公司采取新建新企业或收购现有企业的方式，直接参与目标国市场厂商的生产与管理，其中又可分为合资或独资两种模式。

下面介绍几种基本的进入模式。

---

① 范恩·特普斯特拉. 国际市场营销[M]. 桑秀国译. 北京：商务印书馆，1996.

1）贸易模式（exporting）。贸易模式包括间接出口和直接出口两种模式。间接出口模式是指企业通过本国或东道国的中间商将国内生产的商品出口到国际市场。利用这种模式，企业可以借助中间商将商品出口到国外，不需要建立国外销售渠道，风险相对较小，但由于不能直接接触客户源，易受制于人。这种模式多适用于初次出口的小企业，它们通过这种模式可以拓展产品外销的渠道，积累外贸经验，逐步开展直接出口。直接出口模式是指企业在国外建立销售组织和销售渠道，使产品直接进入国际市场。这种模式需要建立国外销售网络，需要投资，风险相对较大，但收益也较高。

2）许可证模式（licensing）。许可证模式是许可方同意在特定时期内将无形资产（如专有技术、专利、商标、公司厂名等）的使用权利让渡给被许可方，并得到相应使用费的一种模式。这种模式的核心是无形资产使用权的有偿转让，跨国公司也常在关联企业间使用这种模式转让技术。

3）特许专营（franchising）。特许专营实质上是许可证模式的一种特殊形式，是指授让方不仅转让技术和商标，而且传授统一的经营管理模式，并为受让方培训人员。受让方使用授让方的技术和商标，并遵循其经营法则，保证产品和服务符合授让方要求的统一标准。

4）“交钥匙工程”（turnkey project）。“交钥匙工程”是指企业通过与外国企业签订合同并完成某一大型项目，在设备安装、试车及初步操作顺利运转后，即将该工厂或项目的所有权和管理权交付给对方，由对方开始经营。这其实是劳务、技术、管理、资金、配套设备及生产标准等进入国外市场的一种方式。在整个合同完成时，国外的用户也同时拿到掌握该工程全部操作过程的“钥匙”，因此，我们称为“交钥匙”。“交钥匙工程”多见于使用复杂、昂贵的生产技术的行业，如化学制品、制药、石油加工和金属冶炼等行业。

5）合资经营（joint venture）。合资经营又称股权式经营，是指一国企业与另一国企业各按一定比例的股份出资，共同组成一家具有法人地位，在经济上独立核算，在业务上独立经营的企业。合资经营是对外直接投资的一种重要形式。合资各方按其股权的份额享有相应的权利和承担相应的义务。绝大多数跨国公司进入中国市场初期，出于对中国市场的生疏，往往采取与中国企业合资的方式，但随着跨国公司对中国市场的熟悉和中国市场本身的成熟、规范、更具透明度和可预测性，越来越多的跨国公司选择独资这一进入模式。

6）独资经营（proprietorship）。独资经营企业是指外国投资者依据东道国的法律，在东道国设立的由外国投资者全部控股（或控股95%以上）的企业。全股子公司（wholly-owned subsidiary）是指由母公司拥有子公司全部股权和经营权。对外国投资者来说，利用这种进入模式可以灵活经营、保护技术、独享经营利润等。

对于跨国公司来说，究竟采取哪种进入模式，主要取决于该公司的核心竞争力（竞争优势）。一般来说，如果跨国公司的核心竞争力是它的专有技术（技术诀窍），那么为了将失去技术控制力的风险最小化，应该选择独资经营（全股子公司）的模式，尽量回避许可证模式和合资经营模式。当然，也存在例外，比如某公司出于其全球战略的考虑，想要在技术模仿发生之前，尽快地通过技术许可协议的方式进入东道国市场，以赢得全球市场的认可，那么这也不失为一种好的战略。因为将技术以许可证协议的方式转移给东道国的潜在竞争者，可以帮助公司阻止其竞争者发展它们自己的技术，进一步地，还有助于使公司的核心技术成为该行业的技术标准。但是，假如在权衡之后，得出的结论是丧失技术控制力的风险高于许可证协议的优势，则要绝对避免采取许可证协议的模式。如果跨国公司的核心竞争力是其管理诀窍，如麦当劳等服务领域的跨国公司，它们最有价值的资产是其品牌，则可以选择特许经营和海外子公司相结合的方式。海外子公司可采取独资或合资的经营模式，但是大多数服务行业的跨国公司更愿意选择与当地企业合资经营的方式进入东道国市场，因为合资经营的模式更容易得到东道国政府的支持，而且还可以充分利用当地合伙人的资源和优势。

6.3.2.4 市场次序扩展战略

实行全球战略的跨国公司，为了建立全球网络，在进入一个目标国后，还要考虑如何进一步扩展其他市场，这样就产生了一个市场扩展的先后次序问题。跨国公司逐步扩展市场的战略有“滚雪球”战略和“采蘑菇”战略。

（1）“滚雪球”战略

“滚雪球”战略是指在跨国公司的现有市场所处地理区域内继续扩展，占领了该区域的所有市场后再转向另一个新的区域。这种战略的好处是，同一地区内的市场通常具有一定的共性，比如适合中国的产品极有可能也适合韩国。

（2）“采蘑菇”战略

“采蘑菇”战略是指一种跨区域的跳跃式扩展方式。跨国公司选择下一个市场时并不考虑前一个市场的地理因素、文化因素或在该地区已取得的经营经验，而是以目标市场本身的条件来判断。这种战略具体表现为以市场容量为序，先进入最大市场，然后进入次大市场，或者按竞争需要，先占领对建立企业全球市场优势最重要的关键市场。在日趋激烈的全球竞争中，特别是在行动快速的高技术工业方面，速度已经成为全球战略中一个非常关键的因素，因此，新产品要在所有重要的市场同步上市。目前，许多成功的跨国公司已经摒弃了传统的“瀑布”模式，即产品先在母国销售，积累经验，然后向发达国家市场推进，最后向发展中国家延伸的模式，转而推行“喷泉”模式，在产品开发成功后，便同时打入所有重要市场，遍地开花，迅速占领市场。

6.3.2.5 市场退出战略

与市场进入战略相对的是市场退出战略，常用在经济不景气，国际需求紧缩，资源有限，产品滞销以及东道国外部环境恶化时期。它包括以下三种战略：

（1）主动退出战略

主动退出战略是指跨国公司在东道国的企业总体长远利润偏低或是产品生产条件和市场经营状况不佳的情况下，主动撤资，退出市场。

（2）进攻性退出战略

进攻性退出战略是指跨国公司为了在其内部调整资源配置，更好地实现资源利用的合理性和高效率，而对某些经济效益差、竞争力量弱的子公司实施停产，以支持其全球战略目标。

（3）被迫退出战略

被迫退出战略是指东道国的外部环境恶化，如东道国实行国有化或本地化而引起的对外资企业的征收或没收，跨国公司无法继续经营，被迫退出该市场。这种情况主要发生在20世纪60年代初至70年代中期的发展中国家和21世纪的拉美国家，当时部分发展中国家对外资企业实行国有化，迫使外资退出其国内市场。2005年5月1日，委内瑞拉在石油业推行 “准国有化”政策，要求外资只能以小股东形式参与，个别跨国公司被迫退出。

6.3.3 跨国公司在华绿色战略

随着全球化速度的加快，中国为跨国企业的发展提供了广阔平台，跨国企业作为中国经济合作和扩大对外开放的载体，在此过程中发挥了不可或缺的作用，从产业、技术、人才等方面促进中国的发展。尤其是贸易摩擦和新冠疫情给跨国企业在华业务和全球经济带来不确定性风险下，在华跨国企业开展社会责任实践活动，持续发挥中外相互沟通桥梁和纽带作用。

绿色环保、谋求可持续发展成为跨国企业关注的重点。中共中央、国务院高度重视循环经济的发展，2020年《国务院关于加快发展循环经济的若干意见》明确了我国循环经济的发展方向和重点任务。多数在华跨国企业积极响应中国的号召，大部分跨国企业将环境保护纳入企业发展的重点规划中，高度重视发展循环经济，打造绿色产业链，“节能减排、污染防治、共同可持续发展”逐渐成为在华跨国企业关注的重点。

细分跨国企业性质来看，互联网企业相比于其他企业，具有直接消耗化石燃料较少、碳排放较低的发展特点。在此基础上，在华跨国企业经营者仍积极开展低碳经济，塑造“绿色企业”形象，以此不断增强竞争优势和获取更大的社会效益。在产品设计、研发的每个环节，企业秉承绿色环保、低碳经营理念，注重设备改进、工艺流程优化，将绿色与企业成长融为一体。

以微软为例，2020年1月，微软宣布，到2030年将实现碳负排放，再到2050年，微软还将从大气环境中消除部分碳排放，总量为自 1975 年公司成立以来的碳排放量总和，其中包括直接排放或因用电产生的碳排放。而在国内，微软也正尝试借助技术，助力相关产业健康发展。

6.3.4 跨国公司的战略联盟

战略联盟最早起源于日本企业界竞相成立合资企业的热潮中，20世纪90年代以来，在美国得到快速发展。战略联盟是动态变化的商业环境与企业组织变革融合的结果，是一种组织安排，也是一种经营战略。跨国公司通过战略联盟可以达到实现规模经济，降低交易成本，获得独特和有价值的补充资源，获得市场地位，进入新的市场和分散风险等目的。战略联盟改变了跨国公司间的竞争态势，为结盟企业增添了新的竞争优势。目前，在世界范围内已形成了以大型跨国公司为核心的战略联盟网络群。

6.3.4.1 战略联盟的定义

跨国战略联盟的概念最早由美国 DEC 公司总裁简•霍普兰德和管理学家罗杰 •奈格尔提出，它是指两个或两个以上有着共同战略利益和对等经营实力的企业（或特定事业和职业部门），为达到共同拥有市场、共同使用资源等战略目标，通过各种协议、契约而结成的优势互补或优势相长、风险共担、生产要素水平式双向或多向流动的一种松散的合作模式。波特认为，战略联盟是“企业之间达成的既超出正常交易范围，可是又达不到合并程度的长期协议”。也有学者认为，战略联盟应不涉及股权参与，不应将合资企业包含在内。基于到目前为止的研究，学者们认为跨国战略联盟是指两个或两个以上的跨国公司为了达到各自的战略目的（如实现规模经济，降低交易成本，获得企业所没有的资源，获得市场地位，进入新的市场和分散风险等）而达成的一种长期或短期的非股权式合作模式。

6.3.4.2 战略联盟的类型

根据战略联盟在价值链上所处位置不同，可分为资源补缺型、市场营销型和联合研发型三种。

（1）资源补缺型战略联盟

资源补缺型战略联盟是指跨国公司以上游活动与对方的下游活动结成的国际战略联盟。这类联盟在取得资源互补、风险共担、规模经济及协同经济等优势的同时，往往忽视自身核心能力的提高。另外一种情形是跨国公司与用户的联合型国际战略联盟。通过这种方式，跨国公司将生产与消费、供给与需求联系起来。

（2）市场营销型战略联盟

该类联盟多流行于汽车、食品和服务业等领域，重在互相利用各自价值链体系中的下游环节。其目的在于提高市场营销的效率和市场控制能力。这类联盟是抢占市场的有效手段，能够较好地适应多样化的市场需求。例如，福特汽车公司与马自达汽车公司的营销联盟，使福特汽车顺利进入壁垒森严的日本汽车市场，也使马自达汽车在美国市场占有一席之地。这类联盟的不足之处在于，这类联盟是以降低环境的不确定性为目的，而不是致力于提高联盟各成员的核心能力，因而不能带来持久的竞争力。

（3）联合研发型战略联盟

这是在研发领域展开的国际合作。参与联盟的公司充分利用联盟的综合优势，共享开发资源，相互协调，共同开发新产品和新技术。联合研发型战略联盟中的成员多为风险型公司，这类联盟在微电子、生物工程、新材料等高科技行业较为常见，其具体可分为知识联盟与产品联盟。两者各有不同的特点：第一，知识联盟的中心目标是学习和创造知识。以提高核心能力；产品联盟则以产品生产为中心，合作的目的在于填补产品空白、降低资金的投入风险和项目开发风险，以实现产品生产的技术经济要求。第二，知识联盟比产品联盟间的联系更加紧密，有利于跨国公司之间的学习、创造和加强专业能力，相关人员必须一起紧密工作。第三，知识联盟的参与者更为广泛。产品联盟通常是在竞争者或潜在的竞争者之间形成，而知识联盟能够在任何组织之间形成，只要该组织有利于提高参与者的专业能力。第四，知识联盟比产品联盟具有更大的战略潜能。产品联盟可以帮助跨国公司抓住商机、保存实力，而知识联盟能够帮助其扩展和改善它的基本能力，知识联盟的建立有助于从战略上提高或更新企业的核心能力。

6.3.4.3 战略联盟的主要特征：竞争与合作

战略联盟的合作领域非常广泛，而且合作与竞争并存。跨国战略联盟一般以共同研究开发、共同占领市场作为基本目标。前者如产品开发性联盟，后者如市场型联盟。但是联盟可以涉及价值链的各个环节，技术交流、交叉特许、合作生产、管理合同、分包等，形式多样。比如，日本汽车制造商与供应商的联盟就是一种典型的战略联盟。战略联盟中的合作与竞争并存。与传统的对抗性极强的竞争不同，战略联盟是为竞争而合作，靠合作来竞争。

因此，跨国联盟之间的竞争也表现出新的特点，第一，合作圈与圈外公司及其他合作圈相竞争。欧洲信息业跨国公司与日本跨国公司结成国际战略联盟的主要目的在于与公司在欧洲市场上竞争。第二，合作圈内公司在合作领域之外相竞争。如美国通用汽车公司与瑞典沃尔沃汽车公司联合在美国建立一家合资企业生产重型卡车，与世界上其他汽车公司相竞争。但在其他产品线上，这两家公司仍保持竞争关系。第三，合作圈内公司先合作后竞争。许多跨国公司间的战略合作是基于短期战略目标，一旦目标实现，合作就会终止。跨国公司之间的战略联盟有明显的动态特征，跨国公司之间的合作竞争关系也是不断变化的。可见联盟企业不仅是战略伙伴，也是潜在的竞争对手。有时甚至在联盟内部和外部市场同时是对手，这会使联盟伙伴之间产生紧张。因此，要通过联盟赢得胜利的企业首先必须在联盟内部占据主导地位。

战略联盟的特点是为竞争而合作，靠合作来竞争。竞争并不排斥合作，过去曾经是竞争对手的企业，也可能为了未来更大的共同利益而携手合作。因此，战略联盟改变了竞争原则，使竞争企业从过去的你死我活、势不两立的对抗性竞争转向了协作性竞争，从恶性竞争转向争取“双赢”，从短期性的利益竞争转向塑造长期竞争优势的竞争。战略联盟具有克服竞争性进入壁垒的优势，如规模经济壁垒、资本要求壁垒、销售渠道的进入壁垒、产品差异化、转换成本、成本劣势以及政府政策等。

案例 6-2 比亚迪公司的绿色战略联盟

战略联盟的形成有助于越过贸易壁垒，进入海外市场。如今的国产汽车在国内市场已经占据了大半壁江山，但是真正能走出国门，开启国际化道路的品牌并不多，因此国产汽车在全球市场也一直缺乏知名度和影响力。比亚迪作为国产新能源汽车的领军品牌，自然要为国产汽车的国际化开疆拓土。

比亚迪股份有限公司（以下简称比亚迪）和日野自动车株式会社（以下简称日野）2020 年 4 月 3 日签署了战略商业联盟协议，聚焦于合作开发纯电动商用车（BEVs）。

双方将加快开发纯电动商用车进程，为客户提供最优质的产品。同时，双方还将以合作开发纯电动商用车产品为契机，充分结合双方在纯电动商用车领域的技术和经验优势，在零售和其他相关业务方面展开深度合作，以促进纯电动商用车的普及。

比亚迪副总裁兼商用车事业群 CEO 王杰表示：“比亚迪商用车和日野一直致力于商用车电动化的技术创新和全球推广，此次中日双方强强联手，将领先的技术和丰富的经验注入商用车电动化的发展，有助于进一步加快纯电动商用车在全球的普及。”

日野专务董事中根健人说：“我们很高兴能够通过此次合作，共同打造纯电动商用车产品，充分满足客户在实用性和经济性方面的需求。结合比亚迪在纯电动开发方面的成就与日野多年开发混合动力汽车的电动化技术和可靠性，我们将为客户开发最适合的纯电动商用车产品，并尽快投入市场。”

比亚迪于 1995 年起步于电池事业，掌握电池、IGBT、电机、电控等电动车的核心技术，现已成为能提供包括乘用车、商用车、叉车等新能源车以及动力电池在内的新能源整体解决方案的企业。

比亚迪商用车是全球领先的新能源商用车品牌，拥有纯电动客车、纯电动卡车等电动化产品，自 2011 年全球首批商业运营的纯电动客车 K9 在深圳投入运营以来，运营足迹超过 50 多个国家和地区、300 个城市，销量超过 5 万台，纯电动大客车（10 m 以上）累计销量居全球第一。

日野成立于 1942 年，致力于提供优质的卡车和客车产品，与客户和社会共同发展成长。1991 年，日野推出了首台重型城市交通客车，这也是世界上第一辆混合动力商用车。近 30 年来，公司不断推动电动汽车技术创新，先后推出了轻型电动客车和中型插电式混合动力客车。日野的重型卡车配备了最新的第 6 代混合动力系统，兼顾了柴油卡车的便利性，同时将燃油效率提高了约 15%（相较于普通柴油卡车，数据来源于日野内部研究）。日野以卓越的产品平衡了环境友好性和产品实用性，助力客户的业务成功。

比亚迪和日野将为客户提供最优质的纯电动商用车产品，共同致力于实现低碳社会。

资料来源：比亚迪和日野签署战略协议，聚焦发展纯电动商用车[EB/OL].（2020-04-23）[2022-09-02]. https://www. bydglobal.com/cn/news/2020-04-23/1514436404344。

6.4　跨国公司组织与战略中的绿色国际商务案例

案例 6-3　壳牌推进绿色氢能项目

2022 北京冬奥微火炬让全世界对绿色低碳有了直观的感受。中国自 2020 年提出“双碳”目标以来，加快建立健全绿色低碳循环发展经济体系，并积极参与全球环境治理和履行国际责任。近一段时间，众多外资企业纷纷对准“双碳”目标应势而动，为助力中国绿色发展贡献方案和智慧。2022 年 1 月 28 日，壳牌启动了其在中国的第一个商业化氢能项目——河北张家口绿色氢能一体化示范基地建设。该项目为 2022 冬季奥运会期间张家口赛区的氢燃料电池汽车解决约 50%的绿氢供应。氢能以其清洁、高热量、零排放等优势，作为“能源”正在获得业界的认可，并成为国际议程的新焦点。

壳牌发布《中国能源体系 2060 碳中和报告》（以下简称《报告》）中，对中国在 2060 年前实现能源生产与使用过程中二氧化碳净零排放的可能路径进行了探讨。其中显示，为实现 2060 年前碳中和目标，中国需要达成八项指标：面向终端用户的发电量增至 3 倍；面向终端消费和制氢的电力系统规模增至 4 倍；风电和太阳能发电在能源结构中的占比提高到 80%；氢能占终端能源消费的份额从目前的较低水平提高到 16%；生物资源能源化利用增加 8 倍，并大幅增加生物质的商业化利用；增加提高能效的投资，在未来 40 年，使整个经济体的能耗降低一半；在 2030 年至 2060 年，将政府主导的碳价格提高至少 4 倍；未来 40 年内，CCUS（碳捕获、利用与封存）规模增加 400 倍以上。

壳牌在全球已经公布了七个碳中和氢能项目（通过使用可再生能源脱碳）。除张家口绿色氢能一体化示范基地项目外，还包括德国莱茵兰的 REFHYNE 项目、荷兰的 Nort H2 项目、鹿特丹港绿色氢能基地项目、荷兰氢能一号项目、埃门 GZI Nex 能源基地的氢能创新基地项目和格罗宁根加氢站项目。

资料来源：壳牌向氢能进击：启动在中国首个商业化氢能项目[N]. 中国经营报，2022-01-29。

案例 6-4　美国通用电气“绿色创想”

美国通用电气公司是美国也是世界上最大的电气和电子设备制造公司，其产值占美国同行业全部产值的 1/4 左右，被称为“世界能源设备巨头”。但作为传统制造业的巨头，尤其作为石化燃料时代能源设备制造的主要企业，通用电气也日益面临能源价格走高、碳排放居高不下、环境挑战加剧、盈利增长空间压缩等各种压力。2005 年，通用电气推出了“绿色创想”战略，希望帮助满足客户对高能效、低排放产品的需求，同时推动 GE 利润增长，通过树立“绿色即盈利”的理念，研发绿色产品，打造低碳商业链条，推动企业的绿色转型发展，占领绿色低碳时代的技术、产品与服务制高点。

几十年前通用电气在纽约州哈德森河上游的两个工厂使用多氯联苯并排进了哈德森河里，虽然这是在不违法和不知后果时的行为，而且后来通用电气在知道危害性后即停止了排放，但是通用电气还是在 2002 年被美国国家环保局裁定要对治理哈德森河流负责。通用电气为此花费了数以亿计的美元，还是无法弥补公司形象在公众中的损伤，以及和环保组织之间产生的裂痕。

通用电气准确判断及时抓住的绿色低碳发展的信息化时代，这个时代市场的需求是节能、环保、低碳和节水型的产品。通用电气将“绿色创想”简化为：想象力+环境科技。“绿色创想”战略实质上是一项企业商业战略，基本概念就是追求可盈利的、环境友好型的企业发展。具体来说，是要通过大幅度增加对环保技术的研发投资，提供绿色低碳产品，构建绿色商业链条，帮助全球客户解决日益严峻的环境挑战，同时减少自身在全球生产和经营活动中的温室气体排放，形成绿色低碳时代技术、产品与服务新的竞争优势，将环保产品和服务作为新的业务增长点，推动企业绿色发展转型，实现长远的可持续发展。“绿色创想”战略的具体内容主要基于以下五个方面的承诺：加大绿色研发投入，实现绿色清洁技术的研发投资翻一番；通过主要生产并销售绿色产品来获得利润增长；减少温室气体排放，提高业务的能源效率；节约用水与提高水的回收利用率；提高信息透明与公众参与。

资料来源：李佐军．中国绿色转型发展报告[M]．北京：中共中央党校出版社，2012：115-127。

案例 6-5　跨国公司的多样化经营

可口可乐、麦当劳、雀巢、宝洁等都采取了“全球产品一地方口味”（global product and local tastes）的营销战略，首先要使自己的产品具有“全球性”的形象，成为“世界产品”，故使用统一的商标及广告中某些统一的标志和形象，在这个前提下，再推出系列化产品，实现多样化、差异化，以适应不同国家、不同类型消费者的需要。即使同一规格的商品，为了迎合当地口味，也可做某些调整。例如，肯德基为了适应日本人的口味，在菜单中取消了土豆泥，凉拌卷心菜少放糖。

多样化的经营是根据生产、销售过程的内在需要，将有关联的生产联系起来，进而向其他行业渗透，形成生产多种产品的综合体系。这种经营方式的好处是：①增强跨国公司总的经济潜力，防止过剩资本的形成，确保公司顺利发展，有利于全球战略目标的实现；②有利于资金合理流动和分配，提高生产要素和副产品的利用率；③便于分散风险，稳定企业经济效益；④可以充分利用生产余力，延长产品生命周期，增加利润；⑤能够节省共同费用，增加企业的机动性。

资料来源：任永菊. 跨国公司与对外直接投资[M]. 2 版. 北京：清华大学出版社，2021：6-7。

思考题

1．按照不同的分析角度和划分标准，对跨国公司进行分类。
2．发达国家一般采取哪些措施和手段来鼓励跨国公司的对外直接投资？
3．简述中国企业跨国经营的前景。
4．跨国公司绿色经营与管理的有哪些战略意义？

第 7 章　全球人力资源管理与绿色进展

随着全球经济发展模式由高碳经济向绿色经济加速升级转变，全球人力资源的主体也由工业生产领域的技术工人转变为集中于服务业、新能源和高新技术行业的知识工作者。如何应对这种情境，对人力资源重构、整合，推进人力资源管理创新，成为产业升级及商务管理创新遇到的重要问题。前述经济发展模式的转变，必将对传统的人力资源管理形成一定的挑战，同时也是重要的机遇。

7.1　人力资源管理概念与基本内容

7.1.1　人力资源管理概念

人力资源管理（human resource management，HRM），顾名思义，就是对组织中的“人”的管理。具体地讲，人力资源管理就是组织通过工作分析、人力资源规划、员工招聘和选拔、绩效考核、薪酬管理、员工激励、人才培训和开发等一系列手段来提高劳动生产率，最终实现组织发展目标的一种管理行为。人力资源管理活动又称人力资源管理的各项职能，是指组织中人力资源职能管理人员所从事的具体工作环节。不同规模的组织所涉及的活动略有区别，但主要活动包括：人力资源规划、人员招聘和选拔、员工培训与开发、绩效管理、薪酬管理和劳动关系管理。综观人力资源管理的发展历史，大致可以分为经验管理、科学管理和现代管理三个发展阶段，相对应地提出了雇用劳动管理、劳动人事管理和人力资源管理的概念。

随着互联网时代的到来，客户需求的多样化和个性化加快，传统的人力资源管理模式与思路受到了挑战。在此情景下，企业将用人权、薪酬权下放，激发员工积极性，并在企业人力资源管理实践中不断创新，不断与企业管理、营销管理等相融合，形成了一些新的有效模式。

案例 7-1　海尔“人单合一”模式助企业进入“管理红利”时代

海尔集团创新企业管理，探索实施“人单合一”模式，激发企业创新创业活力。在新模式下，海尔集团实现了“企业平台化、员工创客化、用户个性化”，从一个家电企业转型为创客孵化平台，引领企业进入“管理红利”时代。

“人”是员工，“单”是用户，简单来说，“人单合一”模式就是要让员工直接面对用户、面对市场，取消 1 万多名中层管理者。这是对 20 世纪经典管理理论的颠覆，对大企业决策权、用人权、薪酬权的挑战。

“我们理解的人单合一，最终结果就是给用户创造价值，给企业创造价值，最终实现个人价值……”说话的人叫张鹏，是海尔集团空调产业平台的一名用户小微主。他所说的“人单合一”，是海尔集团在2005年首创并实施的互联网时代企业管理模式。在这种模式下，海尔从一个家电企业转型为创客孵化平台，中间管理层全部被去掉，所有员工组成一个个创业小微，围绕用户的需求，来提供最佳的产品。

张鹏告诉记者，在和用户的交互过程中，很多人都抱怨，空调长期不用，再次开机时会散发出难闻的霉味。用户的“痛点”成了他们工作的方向，依靠海尔空调产业平台的资源，经过上千次的实验，2015年8月，他们研发出了自清洁空调，产品也得到了用户的认可，经过3次迭代，销量已经突破400万台。

海尔集团大共享平台战略总监刘钢说，目前在海尔只有三类人：平台主、小微主和创客。“人单合一”的管理模式下，海尔将财务、人力、法务、信息管理等传统职能部门进行了彻底颠覆，将各部门壁垒取消，整合成一个共享平台。目前海尔大共享平台涵盖了财务共享、人力共享、商务法务、资金税务、信息化、人单合一研究中心等9个子平台，在加速创客小微孵化的同时，也保障了职能部门整体“活而不乱”。据了解，海尔每万人的财务人员数量，不到一般国企的1/10。刘钢说，传统工业管理最大的弊端是线性的、串联的，员工只听命于领导，用户的需求得不到及时满足，而人单合一模式则是通过将企业变成一个开放的平台，让员工变成用户价值驱动的创客，把用户、员工以及利益攸关方都汇聚在这一平台上，形成一个共创共赢共享的生态系统：“激发每一个员工的活力，让每一个员工变成创客，让每一个原来的部门变成小微，把员工跟用户紧密结合起来。”

“人单合一”模式如何发挥作用呢？海尔集团大共享平台战略总监刘钢介绍说，具体到海尔“人单合一”模式的落地上，就是把所有要素都聚焦到“两表、一平台、一机制”当中。其中“两表”是指海尔内部使用的纵横轴匹配表和共赢增值表。

在纵横轴匹配表中，横轴是企业价值，用收入和利润来衡量，这里的收入和利润是指去渠道后的收入和利润，是真正的顾客价值，而不是渠道的客户收入；纵轴则是用户价值，即网络价值。网络价值与网络中接入节点的数量成正比，而要想拥有网络价值也必须具备三个前提条件，即用户流量，用户黏性和用户规模成长，这三个指标融为一体，也就是估值。

共赢增值表则是海尔转型为互联网企业的驱动工具。海尔现在的做法是每个小微都有一张共赢增值表，只有创造了用户资源才能实现个人的分享。共赢增值表有效驱动小微将消费者从产品购买者加速转化为用户资源，并持续驱动小微生态圈从边际效益递减的同质化竞争泥潭进入边际效益递增的自演进生态。

时任海尔集团总裁周云杰表示，“人单合一”模式中，“人”指员工，“单”指用户需求，“人单合一”就是每个员工都直接面对用户需求，创造用户价值：“做人单合一的前提，一定要去中心化、去中介化，把全体员工观念转向了市场，转向了以人为中心，以用户为中心，这种观念的转变同时也转化成一种企业文化，为未来变革提供了一个好的基础。”

目前，海尔集团通过对物联网时代商业模式的积极探索，实现了稳步增长。据周云杰介绍，截至2016年年底，近10年海尔集团收入复合增长率达到6.1%，利润复合增长率达到30.6%，利润复合增长是收入复合增长的5倍。2016年互联网交易产生的交易额为2 727亿元，同比增长73%。

在“人单合一”的管理模式下，海尔双创也取得了亮眼的成绩：截至2016年3月底，海尔双创基地已投资约2亿元，培训创客4万余人；建设高校创客实验室56个。海尔集团共孵化项目449个，项目总估值145亿元，其中最高估值的是海尔家居现估值24亿元，A轮14个，B轮6个，C轮1个，海尔创业项目的成功率达48%。

海尔平台上已经有15家创新创业基地，整合全社会3 600家创业创新孵化资源，1 333家合作风险投资机构，120亿元创投基金，与开放的创业服务组织合作共建了108家孵化器空间。海尔平台上有200多个创业小微、3 800多个节点小微和上百万个微店正在努力实践着资本和人力的社会化，有超过100个小微年营收过亿元，47个小微引入风投，其中16个小微估值过亿元。

由于海尔在模式转型过程中坚持去中心化、去中介化、去“隔热墙”，海尔的在册员工比最高峰时减少了45%，但海尔平台为全社会提供的就业机会超过160万个。

资料来源：海尔“人单合一”模式助企业进入“管理红利”时代[R/OL].（2017-05-15）. https://www.haier.com/press-events/news/20170515_134057.shtml?from=search&spm=net.31743_pc.list1_20200630.12017.05.15。

7.1.2 人力资源管理基本内容

7.1.2.1 人力资源规划

人力资源规划（human resource planning）是从最初的所谓人力资源战略基础上发展起来的。把人力资源战略转化为中长期目标、计划和政策措施，包括对人力资源现状的分析、未来人员供需预测与平衡，确保企业在需要时能获得所需要的人力资源。人力资源规划的宗旨是，将组织对员工数量和质量的需求与人力资源的有效供给相协调。需求源于公司运作的现状与预测，供给方面则涉及内部与外部的有效人力资源量。规划活动将概括出有关组织的人力需求，并为下列活动提供所需信息。

7.1.2.2 人员招聘和选拔

人员招聘和选拔（recruitment）是根据人力资源规划和工作分析的要求，为企业招聘、选拔所需要的人力资源并录用安排到一定岗位上。在招聘之前，要进行工作分析。在此过程中，要对某一岗位的员工职责进行仔细分析，并作出岗位描述，然后确定应聘该岗位的候选人应具备的能力。应根据对应聘人员的吸引程度选择最合适的招聘方式，如报纸广告、职业介绍所、人才交流会等。人员选拔有多种方式，如求职申请表、面试、测试和评价中心等，可用于从应聘人员中选择最佳候选人。通常是第一步筛选后保留条件较合适者，做选择决定时需要一些辅助手段。

案例 7-2 摩根大通：当下金融业渴望这样的人才？

《国际金融报》：您觉得疫情给投行的就业生态带来了怎样的改变？

施得蔚：（摩根大通中国人力资源总监）：从整个金融行业的发展趋势来看，我认为疫情带来的一个明显变化是：金融科技的升温带来了对人才需求的变化。疫情暂时限制了人们面对面交流、交易的机会，金融服务数字化的进程进一步加快。越来越多的金融机构开始加大对技术转型的投入，以保持市场领先地位。也就是说，在疫情发生后，通过云计算、大数据、人工智能、区块链等科技的加持，金融行业的数字化、智能化程度越来越深，因此，对既懂金融又懂科技的复合型人才的需求也随之大幅增加。这是我的首要感受。

我还有一个感受，即随着国内的市场和企业越来越成熟，越来越多的海外人才更加愿意回国发展。

《国际金融报》：那么可否为我们介绍一下摩根大通在中国整体的人才招聘计划以及人才团队的搭建情况？

施得蔚：近几年来，中国资本市场国际化进程不断推进，中国已经成为全球第二大股票市场、第二大债券市场和全球重要的期货市场，市场的快速发展必然意味着对于人才的需求也很迫切。

对摩根大通来说，这也是一个挑战：我们需要持续吸引更多优秀的本土人才加入我们，因为人才是一家公司最大的财富，是我们业务源源不断发展的动力。作为一家全球性的金融公司，我们挑选人才的标准是：既要熟悉本地市场，又要有全球化的视野，能适应跨国公司的文化。

《国际金融报》：您会比较看重应聘者身上的哪些特质？

施得蔚：可以说，中国任何行业的长足发展都离不开科技型人才。所以首先我希望我们的员工能够去主动拥抱科技，这也是摩根大通的发展愿景。

近年来，金融行业的一大趋势是金融科技持续发展，产业规模迅速增长，大数据、人工智能、机器学习、区块链等新技术成为继互联网技术之后金融行业变革的全新力量。

我看过两个数据，中国银行协会发布的一则报告称，目前金融业对科技人才的需求正在不断升温，科技型人员在行业中的占比也在不断提高。之后我又翻看了一下我们自己的数据，发现在我们的招聘清单里跟科技挂钩的人才占比也在不断上升。这种在科技上的持续巨大投入，帮助我们在疫情席卷全球时，保持了极高的业务弹性和可靠性。

所以，我们第一条要求是随着金融行业发展的日新月异，我们的员工是复合型人才，拥抱科技，具备持续学习的能力，以满足客户不断变化的需求。

第二条是多元化。我们的客户来自各行各业，需要多元化的团队来服务于我们多元化的客户群。人才是我们很重要的财富，具体的专业技能可以后天习得，我们寻找的是具备批判性思维，拥有解决问题能力的人才。

而多元化一直都是我们做全球招聘时的一个主题。大家可能以为，你必须要有一个金融或者经济学位才能在摩根大通这样的金融机构工作。其实，比起将单一专业背景作为招聘标准，摩根大通这种多元的招聘理念和多样化的岗位给了非金融背景的人才更多展示自己的机会。

《国际金融报》：是否可以这样理解，摩根大通对招聘人才有自己的偏好，第一是多元化，第二是科技型？

施得蔚：对，还有一点是熟悉多个资本市场的“桥梁型”人才，可以在不同的体系里自如切换。摩根大通的优势之一是我们的全球网络和平台，我们有能力也愿意成为连接中国和全球资本市场的桥梁，这也就要求我们的员工要有国际化的视野和能力。

摩根大通面对的不是一个单一市场，我们在全球100多个市场服务我们的客户，很自然地，我们希望员工有能力迅速学习，迅速适应不同国家的工作环境。比如，我们会安排中国的同事在伦敦、纽约或者新德里办公，在当地服务“出海”的中国客户，我们把这些同事形象地称为我们的“ChinaDesk”。

资料来源：破译企业人才需求“密码”[N]. 国际金融报，2022-04-04（2）。

7.1.2.3 员工培训与开发

员工培训与开发（training）是通过培训提高员工个人、群体和整个企业的知识、能力、工作态度与工作绩效，进一步开发员工的智力潜能，以增强人力资源的贡献率。这一过程关系到建立何种培训体系、哪些员工可以参加培训等问题。培训种类多样，从在职培训到由组织外机构提供的脱产学习和培训课程，当组织对核心员工在公司内的发展有所计划时，培训与发展的关系就显而易见了，在这种情况下管理人员总是努力使公司需要与个人事业发展相协调。

案例7-3　专访美高梅人力资源副总裁李建恒：自发开展碳审计，每周都有“绿色星期一”

美狮美高梅是澳门唯一囊括三星级绿色建筑设计标识和运行标识的巨型综合建筑及酒店，更是粤港澳大湾区首家、大中华区第二家取得该认证的酒店。南方财经全媒体记者日前专访了美高梅人力资源副总裁李建恒。李建恒于2013年4月加入美高梅中国担任人力资源副总裁，2018年接管资源持续发展部的管理和策略规划。

目前，碳审计已成为美高梅每年披露的信息。记者查询美高梅年报发现，2020年，温室气体排放总量为139 620 t二氧化碳当量（CO_{2e}），按年减少23%，较2017年减少64%。

《南方财经》：在酒店运营过程中，美高梅对员工进行了什么样的培训？又是如何制定员工的工作标准以保证酒店运营过程中最大化确保节能与环保？

李建恒：我们采用国际性标准，包括ISO 140001和ISO 50001，会和员工去分享以及和相对应部门主管去做培训。此外，因为我做人力资源，所以员工培训力度会比较大，而在举行一些活动的时候，就很容易去传播信息。教育工作是不能停的。因为这么大的企业，虽然你制定了标准或者政策，但执行是非常个人的事情。所以美高梅每个星期有一个“绿色星期一”来贯彻环保意识。因此，这个过程是需要公司传递信息，将文化建立起来的。除了制定政策和内部标准，其实每一位同事都可以为可持续发展做贡献，达到“双管齐下”。

《南方财经》：在推进“碳达峰”“碳中和”目标过程中，企业面临怎样的挑战与机遇？

李建恒：在推进“碳达峰”“碳中和”目标过程中，企业首先就要了解碳排放。以美高梅做例子，我们绝对会排碳，因为要耗电。我们希望继续优化措施，用一些洁净能源去代替传统能源。目前，美狮美高梅已经在使用天然气，如果后续澳门有管道铺设，我们的另一家酒店澳门美高梅也会普及天然气。另外，在推进绿色项目的过程中，资金投入在现时疫情环境下是个重大挑战。

同时，我认为会衍生一些机遇。因为在如此困难的营商环境下，如果我们可以在可持续发展领域上再进一步的话，社会外界包括利益相关者会有一定的解读，对于我们公司形象、可持续发展方面会更加有信心。上市公司会有ESG（环境、社会和公司治理）信息的披露，可以直观看到能源的消耗是否继续减少，有哪些绿色措施推出，碳审计报告的排碳量是否减少。ESG报告是一个工具去反映企业情况，而你的行动会在ESG报告中展示出来。

资料来源：专访美高梅人力资源副总裁李建恒：自发开展碳审计，每周都有“绿色星期一”[R/OL].（2021-06-25）. https://ishare.ifeng.com/c/s/v002nXg-_kMpH2pTo4prcrPWmFBY--Y5CUuW0-_SKtjdm7eVyU__。

7.1.2.4　绩效管理

绩效管理（performancc management）是对员工在一定时间内对企业的贡献和工作中取得的绩效进行考核和评价，及时做出反馈，以便提高和改善员工的工作绩效，并为员工培训、晋升、计酬等人事决策提供依据。业绩可以用事先设定的指标量化，其结果可用作对员工进行培训，或在某些情况下，作为表彰奖励的依据。

7.1.2.5　薪酬管理

薪酬管理（salary management）包括对基本薪酬、绩效薪酬、奖金、津贴以及福利等薪酬结构的设计与管理，以激励员工更加努力地为企业工作。这项工作的范围很广，既包括确定工资级别和水平、福利与其他待遇的制定、奖励和惩罚的标准与实施，以及工资的测算方法（如岗位工资、计件工资或绩效工资、各种补贴等），也包括采用何种激励理论和方法，对员工的各种需要予以不同程度的满足或限制，引起员工心理状况的变化，以激励员工向企业所期望的目标而努力。

7.1.2.6　劳动关系管理

劳动关系管理（labor relations management）是协调和改善企业与员工之间的劳动关系，进行企业文化建设，营造和谐的劳动关系和良好的工作氛围，保障企业经营活动的正常开展。涉及这一部分的环节包括与员工签订劳动协议或雇用合同，处理员工与公司或员工之间可能出现的纠纷，制定员工的权利和义务，按照劳动法处理各类员工问题，制定员工投诉制度。人事主管还要针对雇佣立法有关的事项提供意见，并应熟知与法律条款适用性有关的实际问题。

案例 7-4 新形势下的劳动关系："灵活"与"信任"

"全球劳动力市场正在发生一场根本性变化，人们在重新思考如何工作、工作的价值和意义，企业管理者也在尝试新的工作及招聘模式、文化和价值观，全球商业环境在经历'大洗牌'，而'灵活'与'信任'将是未来职场中的关键词。"崔阳表示。

随着数字化转型的不断深入和加速，就业模式正在向更加灵活弹性的方向转型，"灵活用工"已成为备受关注的新兴趋势。在全新的就业形态下，招聘人员可以根据企业阶段性和业务波动性需求，打破固化的雇佣关系，制订更多元化的灵活用工计划，增强企业活力，提升企业创新力。

此外，"混合式办公"的新兴工作模式也成为越来越多企业探索的方向。领英《2021 未来人才趋势报告》发现，企业数字化和在线化办公已成为中国企业的必选项，远程和线下办公相结合的混合式办公方式正趋于常态化。

"因此在灵活弹性的未来职场中，构建企业与人才之间的信任关系是基础。"崔阳表示，现在有一些职场人会担忧，在家工作相当于工作和生活的界限感彻底消失了，公司可以让他们 7×24 小时地工作。其实这涉及一个相互信任的问题。在未来职场中如何培养和构建信任体系，也将是企业管理者探索的方向。

资料来源：破译企业人才需求"密码"[N].国际金融报，2022-04-04（2）。

7.2 国际人力资源管理

7.2.1 人力资源管理面临的背景与内涵

7.2.1.1 人力资源管理面临新挑战

（1）人力资源管理的新责任

全球人力资源管理的经理会遇到很多在国内未必出现的因素，包括：外派人员在国外的税务问题、国籍迁移与入职培训、外派支持、东道国政府关系、语言翻译服务、外派归国。

（2）更宽阔的国际视野

管理层必须考虑所有母国人员、东道国人员、可能来自多国的第三国人员。在诸如越南这样的新兴市场上，薪酬可能需要包括对于住房、教育，以及缺少其他设施的津贴。大型跨国企业通常因需要为各种国籍的员工建立公平并具可比性的薪酬尺度而面临挑战。例如，澳大利亚籍员工被派驻到巴西时，很可能需要在两国缴纳所得税。因此，确保不存在税务因素挫伤国际委派经济学的税务均等是复杂的。

（3）更多地参与员工个人生活

人力资源专家需要帮助外派员工及其家属解决居住安排、医疗照顾、子女入学、安全与保护等问题。某些外派人员可能因某些国外地区更高的生活成本而要求额外的临时补偿。

（4）管理外派员工与当地员工的相处

国外子公司从母国、东道国和第三国配备员工。员工相处取决于若干因素，包括企业国际经验的层次、国外的生活成本、胜任的当地人员的可获得性。

（5）更大的风险

雇员的生产率、工会的活跃度、雇员变更率和其他人力资源现象通常在国外更显著。政治风险和恐怖主义也是国际人力资源专家的一大顾虑，这些风险可能需要为雇员及其家属提供更高的薪酬待遇及更多的安保安排。

（6）政府及民族文化的外部影响

员工的雇用、评估和补偿必须以同国家和地区的惯例与规则相一致的方式进行。法律控制了工作时长、企业解雇员工的能力以及离职补偿等方面。在许多国家，工会在企业管理中非常主动。在法国、德国和西班牙，员工每周的工作时间不得超过规定时间，有时少到 35 小时。意大利劳动法复杂到很多公司无法在需要新的工人时可以及时雇用。

7.2.1.2　国际人力资源管理的内涵

国际人力资源管理迄今没有统一的定义，国际人力资源管理的定义与研究的视角密切相关。美国学者约翰·伊凡瑟维奇（1999）认为，国际人力资源管理是国际化组织中人员管理的原则和实践。约翰·B.库伦（2000）认为，当将人力资源管理的功能应用于国际环境时，就变成了国际人力资源管理。[①]

摩根（Morgan，1986）提出的国际（全球）人力资源管理模型，将国际人力资源管理（international human resource manage-ment，IHRM）定义为人力资源管理职能、雇员类型和经营所在国之间的相互作用。其模型包括以下三个方面：人力资源管理活动，包括获取、分配与利用；与国际人力资源管理相关的三种国家类型，包括东道国、母国和第三方国家；跨国公司的三种员工类型，包括东道国员工、母国员工和第三国员工。

从广义上讲，全球人力资源管理所从事的是与一般人力资源管理相似的活动，但一般人力资源管理只考虑一国范围内员工的问题，而全球人力资源管理则基于经济全球化背景，在全球范围内对人力资源进行管理，其特殊性表现如下[②]：

（1）人力资源管理内涵更丰富

与一般人力资源管理不同的是，全球人力资源管理涉及母公司如何管理外派人力资源。例如，外派人员需要强化跨文化培训，以使其能适应海外子公司的工作与生活环境。阶段性的职业生涯发展，包括外派前、外派任职中、归国前与归国后的培训与发展目标也有所差异。国际企业（international enterprise）员工多元化，来自不同的国家，由于各国的文化存在差异，不同文化背景的员工在一起工作时，会遇到彼此文化的冲突。此时，人力资源管理要强调如何在不同文化中进行跨文化管理，以便员工运用彼此的文化视角，建立合作与沟通的模式。

---

① 刘新奇. 国际人力资源管理[M]. 上海：复旦大学出版社，2021.

② 王炜瀚，等. 国际商务[M]. 北京：机械工业出版社，2020.

（2）环境差异影响人力资源管理活动

各国政治、经济、法律、社会、文化环境的不同使国际企业面对的环境更加不确定，人力资源管理新内涵和一般人力资源管理活动都会受到影响。表现在招聘、培训、薪酬管理、绩效管理、劳资关系管理等诸多方面都有很大的不同，这些问题很复杂，不仅要考虑将公司战略与人力资源管理相结合，还要兼顾国家环境差异在这些因素上的作用。

案例 7-5　摩根大通如何锻炼企业核心竞争力以吸引人才？

《国际金融报》：劳动力市场实为双向选择，作为雇主，应该怎样提高自己的核心竞争力，以吸引人才，留住人才？

施得蔚：1995 年《财富》杂志开始颁布世界 500 强榜单，刚开始中国有 7 家企业在名单上，2020 年已经变成了 133 家，这充分说明了中国雇主实力的崛起。

要保持作为雇主的吸引力，我认为：第一是做好培训工作，帮助员工不断进步，并打造健康的企业文化——互相尊重、互相扶持；第二是能提供一个公开透明的职场沟通渠道；第三是为员工提供多元化发展的平台。

摩根大通作为一个多元化的金融集团，可以提供内部转岗的机会非常多，比如投行员工如果不想做投行了，可以内部转到企业银行、商业银行等，很多金融知识都是贯通的，只是面对的客户、产品、群体不一样。这对年轻人来说会比较有吸引力。

我们还提供跨地区、跨市场的工作机制，员工有机会到其他地区和市场工作。比如中国的员工可能有机会前往欧洲、美洲工作，我们鼓励人才的交流和流动。

职业生涯的“可持续性”不仅要考虑当下，也要考虑将来。雇主要常常问自己，能为人才提供什么？怎样才能留住人才？第一步就是要倾听他们的需求，知道他们想要什么。

《国际金融报》：会不会觉得员工要求太多？

《施得蔚》：不会，员工视野广阔是一件好事。公司给员工提供了多元化的平台和更多的学习机会，鼓励他们去精益求精，做多方面的尝试，如果反过来又说员工要求太多，这是不合理的。雇主更应该去思考怎样才能调整自己的管理模式，帮助员工和公司能够在瞬息万变的环境中共同成长。

资料来源：破译企业人才需求“密码”[N].国际金融报，2022-04-04（2）。

7.2.2　国际化人才规划与甄选

在跨国公司的管理实践中，其人力资源管理所面临的一个重要挑战就是如何寻找以及甄别可以胜任国际岗位的管理人才，从而保证企业战略目标的顺利实现。

案例 7-6　人才国际化中中国本土人才越来越受欢迎

《国际金融报》：我们发现，中国的资本市场现在越来越国际化，本土人才能否满足这种国际化的程度和需求？

施得蔚：我的观察是，中国企业越来越国际化，人才也越来越国际化，本土人才越来越受欢迎。我在这个行业已经 20 年了，以前，不时有中企的同行问我：我们很想与国际接轨，你能不能告诉我摩根大通是怎么做的？现在这种交流更多是双向的，外企从业者也会经常向民企、国企来“取经”。

中国本土人才已经具备非常好的国际化视野。中国是如此大的市场，吸引了全球投资者的关注，他们需要了解中国市场，最好的方法之一就是聘用本土的人才。

《国际金融报》：现在人们的工作效率都很高，大家应该注重哪些方面的建设，来不断提升自己的劳动价值？

施得蔚：我认为是主观能动性、对知识的好奇心（intellectual curiosity），以及终身学习的能力。

我还有一点深刻的感受，就是大家不要害怕犯错误，犯了错误后要承认。当时可能会有些难过，但如果你做到了，你会拥有一个充满正能量情怀的职业生涯。不害怕犯错，也不会因为恐惧而不去尝试，从而局限了自己。如果你在犯错、改正的这个过程里积极前进，等三五年之后回头看，会很有成就感。

资料来源：破译企业人才需求“密码”[N].国际金融报，2022-04-04（2）。

7.2.2.1　跨国公司人员来源类型

跨国公司的海外子公司的人员来源有三个渠道：母国员工、第三国（其他国）员工和东道国（所在国）员工，不同国别的员工各有优、缺点（见表 7-1）。

表 7-1　不同国别员工类型优、缺点比较

渠道	优点	缺点
使用母国员工	组织可加强控制与方便协调； 培养有潜力的母国管理人才； 适合于母公司具有优势的技能与经验； 确保子公司遵守公司目标与政策； 适合于东道国缺乏适当人选； 利于公司机密的维护与保存	东道国人员提升机会有限； 适应东道国的时间较长； 母国人员可能将总部不合适的方法用于子公司； 母国人员与东道国人员薪酬不同，容易引发当地员工不满
使用第三国（其他国）员工	工资和福利要求比母国人员低； 第三国人员比母国人员更了解东道国环境	调任须考虑民族文化背景； 东道国政府的反对； 第三国人员可能在任职期满后不愿返回自己的国家
使用东道国（所在国）员工	免除语言等其他方面的障碍； 减少招聘成本，不需要工作许可证； 工作时间长，增加管理的连续性； 符合当地政府的期望； 激励东道国人员的工作士气； 避免国家主义的对立	公司总部的控制与协调不易； 限制母国人员在海外历练的机会； 可能导致子公司各自为政，不利于母公司进行全球化发展； 文化差异可能导致管理上的冲突

许多研究发现，国际企业在发展初期是以派遣母国员工为主，子公司主要的管理人员多以母国人员为主。随着公司的发展，国际企业考虑外派人员不仅薪酬高于国内就业者，再加上海外适应、家人调适、流动率高及返国就业等因素，使得外派人员的使用成本与风险提高。另外，可能引发东道国的不满，再加上东道国政府的干预，故公司会逐渐采用人才本土化战略。

案例 7-7　用美国人的办法打赢工会之争

曹德旺，人称“玻璃大王”，福耀玻璃集团创始人、董事长。从 2014 年开始，福耀集团开始在美国投资建厂，经过 6 年发展，如今已在美国五个州拥有了自己的工厂。曹德旺在美国办厂的经历，被美国导演拍成纪录片《美国工厂》，这部纪录片获得第 92 届奥斯卡金像奖最佳纪录长片奖。近日，《面对面》专访曹德旺。

作为闽商代表人物，曹德旺凭借“敢为天下先，爱拼才会赢”的闯劲，白手起家，彻底结束了中国汽车玻璃市场 100%依赖进口的历史。他创办的福耀集团也一路成长为中国第一、全球规模最大的汽车玻璃供应商，改变了世界汽车玻璃行业格局。早在 2010 年，福耀集团就和美国通用汽车公司签订了战略合作协议，曹德旺承诺 6 年内在美国建厂，以保障在美国的供货。

曹德旺说，在美国办工厂，需要跟各种势力“斗智斗勇”，而最激烈的分歧产生在工会的设立上。部分已经习惯了过去通用工厂高福利、高自由度的工人，不能接受中国式的管理模式和工厂文化，开始筹划组建工会。从 2016 年下半年开始，一支由数十人组成的队伍，经常出现在工厂内外，游说其他工人同意在福耀工厂成立工会。

曹德旺：他说组建工会这件事有没有商量的余地？我说没有。它要进来我就出去，我马上关掉不干了。工厂要做好需要管理，但工会是无政府主义，没有管理，前面通用的破产就有工会的原因，我不会让历史重演。

UAW—汽车产业工人联合会，是福耀集团的对手，当年，通用汽车的工厂就是因为这家工会的介入导致人力成本接近丰田的两倍，最终宣告破产。为了打赢这场战役，曹德旺专门花了 100 万美元，请来了美国的反工会组织——劳资关系委员会，对工人进行反向宣传。

福耀集团在美工厂运营 5 年，经历了工会冲突、员工效率等水土不服，也经历了贸易紧张局势，全球经济放缓等大环境反复，如今依然稳坐汽车玻璃行业的头把交椅，产品占全球市场约 25%。

曹德旺：我们都是中国人，祖国是我们的母亲，这是永恒的。今天中国人到这里来办企业，我们最最关键的第一件事情，不是赚多少钱的问题，目的是让美国人改变对中国人的看法。

资料来源：专访曹德旺：中国速度让美国人“看傻眼”[EB/OL].（2021-03-16）. https://new.qq.com/rain/a/FIN2021031600632800。

7.2.2.2　外派人员甄选考虑因素

由于外派工作的多面性和外派失败影响因素的多重性，甄选外派人员已经成为全球人力资源管理领域中的一个重要问题。甄选对个人和组织是双向选择的过程。有发展前途的候选人可能由于个人原因（如家庭）或环境因素（如感觉难以适应某一特定文化环境）而拒绝外派任务。

（1）全球思维

一些研究人员认为认识到认知的复杂性、具有世界视角和全球思维是一名国际经理人应具备的基本素质。这样的经理人能够处理高度复杂和模棱两可的问题并且视野开阔。

（2）专业能力

专业技术和管理能力是人员派遣的首要考虑，也是选拔外派人员的主要标准。2002 年 ORC Worldwide 的早期调查发现，72%的受调查企业选择应聘者取决于其工作技能和竞争力。因为驻外人员大多数是内部招聘，候选者的过去和目前的领导都可以确认和核对其评估记录，所以通常以各候选人以往的工作绩效、经验与所受的教育训练为依据，来判断候选人是否具有外派所需的专业技能。具备这些能力是成功外派人员的必要条件，但不容忽视的是，在国内是称职的管理者，在海外则未必如此，中间还有许多因素需要考虑。

案例 7-8　绿色人才助力中企国际化走向深绿

新冠疫情对全球经济社会发展造成严重冲击，也引发了全球各国对人与自然关系以及人类不可持续的发展方式的深刻反思，一场绿色经济大潮正在席卷全球：2021 年举行的《联合国气候变化框架公约》第二十六次缔约方大会（COP26）就《巴黎协定》实施细则达成共识；无论是埃克森美孚公司、壳牌公司等能源企业，还是雪铁龙等汽车巨头，都加大了绿色转型力度；消费者的选择也更加偏向绿色、健康、无污染……绿色经济只是和能源、交通等少数行业相关，还是它已经成为一种面向未来的发展思维，需要各个行业跟上趋势？除了目前谈论最多的“双碳”话题，还有哪些维度需要突破，使得绿色发展能迈向更深层次？

毫无疑问的是，这一切都将影响中国企业未来的全球化之路。有专家指出，中国企业已经有了绿色经济的广泛意识和一些有意义的探索，但想要成为一家绿色的国际化企业，还急需从“浅绿”走向“深绿”。这不仅要从建立绿色战略、研发绿色技术、探索绿色商业模式、供应链绿色合作、做好政策公告、增加场景规划等方面着手，还要具备最前沿的绿色理念，从长远发展进行布局。

除此之外，一些跨国企业的内部治理越来越受到绿色经济人士的关注。此前有报道称，埃克森美孚在去年的公司股东大会发生了戏剧性的转折——由小型对冲基金“1 号引擎”领导的投资者联盟成功让三名环保人士进入了董事会。这也给中国企业绿色转型给出了一个必须关注的角度——从绿色人才抓起。

实际上，“绿色人才”已经广泛存在于各行各业。

“比较明显的有可再生能源行业，让我们意想不到的行业还有时尚服装、金融行业等。尤其是在服装行业，拥有生态时尚和污染防治等技能知识的销售人员、设计师和造型师越来越受欢迎。而在环境金融领域，可持续投资技能正越来越多地被投资组合经理和投资分析师所掌握。”领英中国人才解决方案事业部总经理王茜介绍说，这是一个大的趋势，绿色需求和技能将融入企业的岗位当中，“让我们把时钟往回拨一点，回到全球化的开始”。

“早在全球化初期，假设有一名供应链经理，他会发现有越来越多的机会与外国进行商品和服务贸易，这时候就需要快速提升国际沟通以及其他各种相关技能。随着这些技能日益普及，它从过往稀缺的能力逐渐成为该岗位的标配。”王茜说，“我们现在正在经历同样的转变。那位供应链经理已经习惯于在全球舞台上开展工作，习惯于把价格作为第一考虑因素，而现在他将不得不学习另一套技能组合，那就是把碳足迹纳入考虑因素。他不仅要考虑供应商的碳足迹，还要考虑交付产品和服务所需运输的碳足迹。因此，他要学习一整套新的技能，而这些技能都将成为他工作的一部分”。

《领英绿色技能报告》显示，全球范围内对绿色技能人才的招聘正在增加，但还远远达不到需求。2016—2021 年，企业要求绿色技能的职位以每年 8%的速度增长，而在同一时期绿色人才在全球劳动力中的占有比例则以每年约 6%的速度增长。目前，全球使用绿色技能最多的前五个行业是企业服务、制造业、能源和采矿、公共管理和建筑行业。

那么，企业该如何打造一支绿色人才队伍，来撬动全球化发展？领英认为，人力资源部门将在其中扮演重要角色。未来，企业的绿色全球化发展中人才的权重占比将得到提高，而企业的人力资源部门是与人才密切关联的部门，大到整个公司的海外人才战略制定与完善，小到企业员工向绿色技能方向的转型，都需要该部门积极落实绿色人才发展战略。领英调查发现，疫情期间及疫情后，人力资源团队在企业里还将承担更多的角色和责任，特别是在员工安全、健康和培训方面的角色正在发生转变，而这些内容都与企业绿色发展息息相关。

“对于企业而言，提前做好绿色人才规划，是应对绿色转型、实现商业可持续增长的关键。”王茜说，未来企业可以通过内部培训等员工发展计划，鼓励现有员工提高绿色技能，应对岗位新增的绿色技能需求，此外，企业也可以在人才招聘环节中，将绿色技能纳入候选人衡量因素。

资料来源：张凡.绿色人才助力中企国际化走向深绿[N].中国贸易报，2022-02-22（4）。

（3）跨文化适应能力

国际企业在另一个国家能否获得成功很大程度上依赖于外派人员适应那个国家文化的能力，这些能力包括：文化移情（cultural empathy）能力、适应能力、外交能力、语言能力、乐观态度、感情的稳定和成熟度。其中，文化移情是指有意识地超越民族本土语言文化定势的心理束缚，站在另一种文化模式中进行思维的心理倾向。外派人员必须能够认识和适应与自己国家不同的文化环境，愿意接触、观察、了解及学习其他文化，才能进行有效的跨文化沟通与管理。

（4）家庭因素

海外任职对外派人员配偶、子女具有很大的影响，所以家人是否支持是外派成功与否的关键，这些因素包括配偶愿意到国外生活的程度、交际能力、职业目标，以及子女的教育需求情况等。到达东道国之后，配偶可能会失去工作，还需要重新建立社会关系网，承受很大的压力，加之如果东道国的环境不适合子女成长，候选人可能会拒绝国际外派。2002 年 ORC Worldwide 的调查报告虽没有明确配偶或伴侣在甄选程序上的定位，但确实指出了在处理国际委派上配偶或伴侣所起到的帮助作用。

（5）国家及其文化因素

国际企业可能遇到这样的情况，其国外子公司必须证明在子公司东道国招募不到合适的人员后，子公司东道国才会为母公司员工或其他国员工签发必需的工作许可证和入境签证，或是同意授予外派人员工作许可证，但随行配偶或伴侣不得在子公司东道国工作。一些国家或地区被认为是“艰苦地区”，即离主要城市或现代化设施较远的地区，或者有生命危险的战争、灾害多发地区。对派遣至该地区的员工，公司通常需要给予艰苦补贴。此外，在中东或东南亚等不允许女性离境的国家和地区，选择外派女性是很难做到的，这就会导致公司选择东道国的员工。

（6）跨国企业因素

各种环境因素影响对员工的甄选。例如，企业在甄选前可能会考虑当地政府对外派员工和当地员工的比例要求。其他的环境因素包括：

1）相关的运行方式。选择员工到一个国际性合资企业中工作可能涉及当地合资人的主要投入问题，并且受到已签订的协议中规定的有关选择程序的限制。

2）工作的持续时间。如果某一项工作只要 3～6 个月，家属一般不愿意随行，因此家庭因素在选择决定中将不再成为主要因素。

3）驻外工作中所需要的专业知识。如果一项工作本质上只是要培训当地职员，那么跨国企业会把培训技能作为选择的标准。

（7）语言

语言是人们沟通的工具，也是文化的基本要素，熟练外语不仅可以使外派人员更直接地、无障碍地与当地员工进行沟通，也是外派人员与当地居民建立关系、发展友谊、减少冲突的重要工具。另外，语言也是学习其他国家的文化、价值观与行为习惯最有效的方法之一。

7.2.2.3　跨国公司外派失败与原因

外派人员（expatriates）是指由母公司任命的在东道国工作的母国公民或者第三国公民，也包括在母公司工作的外国公民，其中以在东道国工作的母国公民为主。国际人员配置的一个突出问题是外派失败——外派经理过早回国。外派失败的结果包括提前回国和高离职率。外派人员的离职率大约是国内管理层离职率的两倍。在一项 20 世纪 80 年代的重要研究中，R. L. 唐（R. L. Tung）调查了大量美国、欧洲和日本的跨国公司，发现有 76%的美国跨国公司外派失败率在 10%或以上，7%的公司外派失败率超过 20%。R. L. 唐还发现美国跨国公司的外派失败率要远远高于欧洲或日本的跨国公司。然而，更多新的研究表明，R.L. 唐的研究成果已经过时。例如，21 世纪第一个十年后期，对来自四个不同国家的 136 家大型跨国公司的研究发现，外派经理过早返回母国的比率已降至 6.3%，且来自不同国家的跨国公司之间的差别不大。研究人员认为，自 R. L. 唐的研究以后，跨国公司在外派人员的选择和培训方面有了很大进步。

“配偶难以适应”是美国和欧洲的跨国公司外派失败的首要原因[①]，但是日本跨国公司却将其排在第五位。R. L. 唐认为这一差别并不令人吃惊，因为这次研究中的日本外派经理大多数是男性，并且已婚女性在日本社会中的地位低下。自 R. L. 唐的研究以后，大量其他研究都已证实，配偶难以适应、经理难以适应新环境或其他家庭问题是外派失败率持

① 查尔斯·希尔，托马斯·霍特. 国际商务[M]. 11 版. 郭羽诞，等译. 北京：中国人民大学出版社，2019：535.

续走高的主要原因。配偶不适应导致外派失败是有多种原因的。通常，配偶到国外后会发现失去家庭亲属和朋友的社会关系。语言差异也使他们难以结交新的朋友。外派经理可以在工作中结交朋友，因此这对他们来说不算是问题，但对配偶而言却很困难，配偶会由此产生被困在家里的感觉。移民法规中禁止配偶就业的条款更是加剧了这一问题。随着许多发达国家双职工家庭的增加，这一情况越发严峻。一项近期的调查发现，69%的外派人员已婚，其中有77%的配偶随同外派人员一起出国。在随同出国的配偶中，49%的配偶在出国前有工作，出国后却只有11%的配偶继续工作。

案例 7-9 壳牌国际石油公司对外派人员的管理

壳牌国际是一家全球石油公司，在伦敦和荷兰的海牙均设有总部。这家市值4 000亿美元的公司员工超过9.2万人，其中大约1万人是外派人员。壳牌公司的外派人员是一个多元化的团队，70多个国籍的员工分布在100多个国家。壳牌作为一家全球公司很早就意识到，工作人员的国际流动对企业的成功非常重要。

然而，到20世纪90年代，壳牌公司发现很难为其国外职位招聘到合适的人员。为了找到原因，该公司与200多名外派人员及其配偶进行面谈，了解他们最关心的问题，并据此对17 000名现任及前任外派人员、外派人员的配偶和拒绝外派的员工进行调查。

该调查的回复率高达70%，这意味着多数员工都认为外派是一个重要问题。根据这一调查，影响员工是否愿意接受外派的主要因素有五个，按重要性排序，它们是：①在子女受中等教育期间和子女分开（英国和荷兰外派人员的孩子经常由于父母在国外工作而被送往母国的寄宿学校）；②对配偶的职业与就业不利；③再安置的决策中忽略了配偶；④无法为再安置提供充足的信息和支持；⑤健康问题。其中隐含的信息是外派的基本单位是家庭而不是个人。认识到这一点，壳牌公司意识到还有很多事情要做。

为解决这些问题，壳牌公司实施了许多计划。为帮助解决子女的教育问题，壳牌公司在外派人员集中的地区为公司员工建立小学；针对中等教育，公司以捐款的形式帮助当地学校改善教育设施和水平；公司还提供教育补助，帮助外派员工送孩子去东道国的私立学校上学。

帮助配偶解决就业问题更加棘手。根据调查数据，壳牌公司外派员工的配偶有一半直到移居时仍在工作。配偶移居国外后，只有12%可确保就业，还有33%的配偶希望得到工作。壳牌公司通过建立一个配偶就业中心来解决这一问题。中心在外派人员任命期间及任命后迅速为其配偶提供当地就业咨询和支持。公司还承诺为职业培训、再教育或再就业报销80%的费用。

壳牌公司还设立了名为“外部信息栏”（the outpost）的全球信息咨询网络，为准备到国外任职的家庭提供支持。外部信息栏总部设在海牙，拥有45～55个地方办事处，遍布全世界（视公司业务所在地而定）。外部信息栏为外派人员的家庭推荐学校和医疗机构，提供住房建议以及就业、学习、自主就业、志愿工作等方面的最新信息。

资料来源：查尔斯·希尔，托马斯·霍特. 国际商务[M]. 11版. 郭羽诞，等译. 北京：中国人民大学出版社，2019：535-536。

7.2.2.4 全球人力资源配置政策

人员配备政策（staffing policy）主要是为特定的工作岗位选择员工。一方面，它是根据特定的工作岗位来选择具有相应技能的人员；另一方面，它是发展、促进企业文化的手段。企业文化（corporate culture）是指组织的行为准则与价值体系。浓厚的企业文化有助于公司实施其战略。国际企业在运营中经常会面临很多人员配备的问题，这些问题一方面也许在国内环境中未出现，另一方面因其所发生的国际化环境而变得更加复杂。国际企业战略倾向（strategic predisposition）的不同类型决定了其全球人力资源配置的相应类型，即母国中心型、多中心型、区域中心型与全球中心型的全球人力资源配置政策。①从其适用的企业和领域来看，跨国公司在海外建立分公司的初期，常常倾向于母国中心型人员配备方法，以便控制其初期业务的发展。新产品较多、市场分散、技术与市场变化较大的跨国公司通常采用多中心型的全球人力资源配置模式。区域中心模式是跨国公司逐渐由母国中心或多中心模式转向全球中心模式的一条途径。伴随着全球性综合业务的开展，跨国公司通常会采用全球中心型的全球人力资源配置模式以满足对人才的多元化需求。也有研究认为，跨国公司人员配备政策分为三种类型：以一国为中心、以多国为中心和以全球为中心，下面对三种类型的优劣、特征分析如下：②

（1）以一国为中心

在以一国为中心的人员配备政策（ethnocentric staffing policy）下，所有关键的管理职位都由母国人员担任。这一做法曾经非常普遍。诸如宝洁、飞利浦以及松下等公司最初都采用这一政策。例如荷兰飞利浦，其大多数国外子公司的重要职位一度由母公司指定的荷兰人担任，那些荷兰人曾被非荷兰籍的同事称作“荷兰黑手党”。长期以来许多日本、韩国的公司，如丰田、松下和三星等，其国际运作的关键职位由母国人员担任。例如，据日本海外企业协会统计，日本公司的海外分支机构中只有29%的子公司的总裁由非日本人担任。与此相反，有66%的外国公司驻日本子公司任用日本籍总裁。如今，有证据表明，随着中国公司日益国际化，它们也在外国分支机构中使用以一国为中心的人员配备政策。

推行以一国为中心的人员配备政策通常有三大原因。首先，公司可能认为东道国缺乏合格的人员胜任高层管理岗位。在欠发达国家设立子公司时，这一说法比较普遍。其次，公司将这一政策作为维系统一企业文化的最佳方法。例如，许多日本公司倾向于让日本经理领导国外子公司，因为这些人在日本受雇时已经融入公司的文化。宝洁公司至今仍喜欢让那些在美国公司工作数年、已融入企业文化的美国人担任国外子公司的重要管理职位。当公司对企业文化非常重视时，这一原因显得尤为突出。最后，当公司实施国际战略，力图通过向国外子公司转移核心竞争力来创造价值时，公司会认为最好的途径是将那些具有相关知识、能力的母国员工转移到国外子公司。试想如果公司打算将市场营销的某项重要职能转移到国外子公司，却不相应转移母国营销人员将会发生什么。职能转移会因为核心职能所需要的知识难以表述清楚而无法达到预期的效果。这一类知识往往只可意会不可言传，多数来源于实践经验。就像伟大的网球运动员不可能只靠写一本手册就能让别人成为

---

① 王炜瀚，等. 国际商务[M]. 北京：机械工业出版社，2020.

② 查尔斯・希尔，托马斯・霍特. 国际商务[M]. 11版. 郭羽诞，等译. 北京：中国人民大学出版社，2019：530-533.

成功的网球运动员一样，在营销或其他方面拥有核心竞争力的公司也不可能仅靠一本手册就可以教国外子公司在全新的环境中如何培养这一核心竞争力。它必须向国外子公司转移管理人员，向国外的经理展示如何成为优秀的营销人员。公司之所以有必要向海外转移经理人员，是因为那些蕴藏于核心职能中、存储在本地经理的头脑中的知识，是多年工作经验的积累，而不是靠读一本手册就能获得的。因此，如果公司要向国外子公司转移某项核心职能，就必须转移适当的经理人员。

尽管以一国为中心的人员配备政策有其合理性，但在现今大多数跨国公司中逐渐不适用，主要有以下两个原因：首先，以一国为中心的人员配备政策限制了东道国员工的发展机会，会导致怨恨不满、生产率下降以及组织中的人员频繁变动。通常，外派经理的薪酬大幅高于东道国经理，这会进一步增加不满情绪。其次，以一国为中心的政策会导致文化短视，公司无法了解东道国与母国的文化差异，这种差异要求在东道国采取不同的营销和管理方法。外派经理需要较长的适应期，而在这段时期内很可能出现重大失误。例如，外派经理不能正确评价适合东道国情况的产品特性、分销渠道、沟通策略以及定价策略，往往因此而付出高昂的代价。外派经理并不了解他们负责管理的子公司所在地的文化，因此可能作出伦理上有问题的决策。美国曾有一个著名的案例，三菱汽车公司在伊利诺伊州的一家工厂由于员工广泛持续地受到性骚扰而被联邦公平就业委员会起诉。该厂的所有高层管理人员都是日本外派经理，他们拒绝接受这项指控。日本经理没有意识到在日本被接受的行为在美国却是不能被接受的。

（2）以多国为中心

以多国为中心的人员配备政策（polycentric staffing policy）要求在母国人员占据公司总部的关键职位的同时，子公司管理层由东道国人员担任。以多国为中心的政策在许多方面克服了以一国为中心的政策的缺点。其一大优点就是避免了文化短视。外派经理易犯的文化方面的错误，在东道国经理身上可以避免。另一大优点是以多国为中心的人员配备政策的实施成本低，从而降低了价值创造的成本，因为外派经理的费用很高。

以多国为中心的人员配备政策也有其不足之处。东道国人员缺少在本土以外工作的经验，因而难以在子公司谋得发展。与以一国为中心的政策的情况一样，以多国为中心的人员配备政策也会引发不满情绪。但是其最大的弊端在于：东道国经理和母国经理之间很可能产生隔阂。语言障碍、国家忠诚以及一系列的文化差异会将公司总部人员与各个国外子公司人员隔离开来。如果母公司与东道国之间缺乏管理人员的流动，这种隔阂就会进一步恶化，最终导致总部与国外子公司无法实现一体化。结果就是多个独立的国外子公司与公司总部只存在名义联系的联盟形式。在这种联盟形式下，公司转移核心竞争力、实现经验曲线或区位经济所需要的协调性就难以获得。因此，虽然以多国为中心的人员配备政策可能对实施本土化战略的企业有效，但对实施其他战略的企业却不一定适合。

这种以多国为中心的人员配备政策产生的联盟形式，可能是产生公司内部运作惯性的原因。食品及清洁用品巨头联合利华公司发现，在推行数十年以多国为中心的人员配备政策后，要从本土化战略向跨国战略转移是非常困难的。联合利华的国外子公司已经演化为准自主经营公司，各自有着明显的国别性。这些“小王国”强烈反对公司总部限制它们的自主权和全球制造的意图。

（3）以全球为中心

以全球为中心的人员配备政策（geocentric staffing policy）在整个组织内不考虑国籍因素为关键岗位寻找最佳人选。这种政策有许多优点：第一，公司能够最好地利用其人力资源。第二，也许是更为重要的一点，公司可通过以全球为中心的人员配备政策建立一支国际管理人员的核心队伍，他们可在各种不同的文化环境中轻松自如地工作。建立这样一支队伍，就向建立牢固统一的企业文化以及构建非正式的管理网络迈出了关键性的第一步，而这两者正是实施全球标准化战略和跨国战略所要求的。同推行其他人员配备政策的公司相比，以全球为中心的公司更易于实现经验曲线经济、区位经济和多方位转移核心竞争力，从而创造价值。此外，以全球为中心的人员配置政策所形成的多国管理队伍有利于避免文化短视，增强对当地的适应性。

总之，在其他条件相同的情况下，以全球为中心的人员配备政策显得最有吸引力。的确，近年来许多跨国公司采用以全球为中心的人员配备政策。例如，目前价值超过 1 000 亿美元的全球企业集团——印度塔塔集团，其许多分支机构由美国和英国高管运行。日本索尼公司在 2005 年打破了 60 年的传统，任命第一个非日籍董事长兼 CEO 霍华德·斯特林格（Howard Stringer），他是前 CBS 总裁，是一位在威尔士出生并成长的美国公民。越来越多的美国公司从海外吸收优秀管理人才。2014 年，微软公司任命印度人萨蒂亚·纳德拉（Satya Nadella）为 CEO。一项研究发现，截至 2005 年，美国公司的前 100～250 位管理人员中有 24%来自美国以外的国家，欧洲公司的平均水平是 40%。

然而有许多难题制约着公司推行以全球为中心的人员配备政策的能力。许多东道国都希望国外子公司雇用当地公民。为实现这一目标，移民法规定，如果东道国有足够数量的人员且具有所需的必备技能，则必须雇用东道国公民。大多数国家（包括美国在内）都要求那些打算雇用东道国人员而非母国人员的公司提供大量相关的证明资料。准备这些资料不但费时，成本高昂，而且还常常无功而返。因此，实施以全球为中心的人员配备政策的成本很高。在国家间转移管理人员时，培训费用和再安置费用随之增加。公司的薪酬结构往往需要采取国际标准化水平，从而会高于许多国家的薪金标准。此外，这些处于国际“快车道”的管理人员的高额薪酬可能导致公司其他人员的不满。

表 7-2 归纳了三种人员配备政策的利弊。总体上，以一国为中心的人员配备政策适用于国际战略，以多国为中心的人员配备政策适用于本土化战略，而以全球为中心的人员配备政策对全球标准化战略和跨国战略都适用。

表 7-2　人员配备政策的利弊

人员配备政策	战略适应性	优势	劣势
以一国为中心	国际战略	克服东道国缺少称职的管理者的不足； 统一的文化有助于转移核心竞争力	在东道国产生不满； 导致文化短视
以多国为中心	本土化战略	避免文化短视； 实施成本低	限制职业流动性； 隔离总部与国外子公司
以全球为中心	全球标准化战略和跨国战略	有效利用人力资源； 有助于建立浓厚的企业文化和非正式的管理网络	国家移民政策可能限制 实施成本高

案例 7-10　高校毕业生青睐外企还是本土公司?

对于很多求职者，特别是第一次找工作的毕业生而言，进入外企还是本土公司工作，是一个需要持续进行比较的话题。

领英与全球化智库（CCG）联合发布了《高校校友观察：中外高校毕业生职业发展研究与展望 2021》报告，对我国十所“双一流”高校（U10）及全球 QS 排名前 100 高校（G100）超过 250 万毕业生的职业发展路径进行了深入分析。数据发现，中国企业在 U10 毕业生排名前十的企业雇主中占据主导地位，而 G100 毕业生则更多青睐外企和全球化企业。

“外资企业和全球化的本土大厂是留学生就业的首选。领英调研也显示，86%留学生在回国求职时首选外企，可见，外企的雇主品牌认可度在吸引国际化人才的过程中仍然占据明显优势。”崔阳表示，“随着宏观环境的变化和疫情加速的工作方式等的变化，对求职者来说，无论是外资品牌还是本土企业，对于理想工作的定义已经变得更加丰富和具体”。

求职者在求职过程中不仅要在薪酬福利上满足物质需求，也要满足自由度、成长空间、工作意义和人际关系方面的精神需求。

这对企业提出了新的要求，需要企业创造更加弹性包容的文化。能够拥抱弹性工作环境、为员工提供丰富发展渠道、关注员工身心健康的企业对候选人有更强的吸引力。

不过，崔阳表示，无论本土企业，还是外资品牌，对人才吸引力强的企业均在雇主品牌建设上有大力投入。“良好的雇主品牌，不仅让员工与企业建立信任和持久的关系，让员工与企业一起协同成长、共同创造价值，更是企业输出形象、提升吸引力的窗口。”

资料来源：破译企业人才需求“密码”[N]. 国际金融报，2022-04-04（2）。

7.2.3　全球化人才培训与开发

大多数的国际企业在对外派人员培训时，采取的是“四点”培训方式，依时间顺序分为外派前、外派时、归国前和归国后的培训。

7.2.3.1　外派前培训

（1）文化敏感性培训

提高雇员文化敏感性（cultural sensitivity）的培训，一方面能使雇员对自己的文化属性和环境做到自觉和自知；另一方面，这种培训还能提高管理人员对异国文化在知识和情感上的反应能力。文化敏感性培训有两个主要内容：一是系统培训有关母国文化背景、文化本质和有别于其他文化的主要特点；二是培训外派人员对东道国文化特征的理性和感性分析能力，掌握东道国文化的精髓。实践证明，较为完善的文化敏感性培训可以在较大程度上代替实际的国外生活体验，使外派人员在心理上和应对文化冲击（culture shock）的手段上做好准备，减轻他们在东道国不同文化环境中的苦恼、不适应和挫败感。

（2）语言与跨文化交流培训

语言能力对工作绩效和文化适应十分重要，外派人员如果具备讲一门外语的能力，便可以较为方便地了解使用该语言国家的经济、政府和市场信息，从而提高工作效率和谈判能力。对东道国语言掌握的熟练程度要根据外派人员在国外经营中所处岗位的层次和性质，以及与东道国政府官员、客户等外部利益相关者相互接触多少而定。

除了要求学会理解和讲东道国语言外，外派管理人员也需要明晰非语言交流上的重大差异。不然，他们就有可能铸下大错，破坏与当地员工、合伙人、用户和供货商的关系。跨文化交流中存在诸多差异，包括有关时间效率的价值观念、思维习惯、面向未来的价值观、对私人空间的需要、眼神接触、身体仪表与姿态、沉默的含义以及接触的合法性等方面。这些因素成为在东道国环境中与他人有效交流的巨大挑战，国际企业在外派者上任前，通常会对其进行这方面的培训。

（3）外派人员随行家属培训

传统的培训只是注重外派前对于外派人员本身的培训，然而这并不全面。一般外派人员的家属会随同去往国外，随行家属的海外不适应会对公司所派遣的人员产生负面影响，导致外派失败。因此外派人员随行家属的培训，也应该得到重视，主要包括两个方面：语言培训和适应性训练。

（4）体验式训练（预先访问）

如果时间允许，外派人员应该对目的地国家进行提前访问。因为预先访问对外派人员适应不同文化，培养文化差异意识有明显的帮助。事先计划好的海外旅行将会帮助外派人员，让他们真切地感受到文化间的差异，在了解的基础上，让他们作出明智的选择，是否要接受外派任务。另外，在预先访问中信息的收集可以回答许多外派人员在接受任务前不明白的逻辑性问题，让他们找到感觉之后再到目的地国家工作。在预先访问过程中，要求这些外派人员及其随行人员在当地餐馆就餐，在当地人的店中购物，与当地人进行交谈等。预先访问这个方式被认为是非常有效的技巧，有助于外派人员及其家庭陪同成员更快地适应被派遣国家的生活。

7.2.3.2 外派时培训

外派人员派驻东道国之初，首先就是要适应当地生活，因此，公司在外派初期所给予的协助是提供相关的生活信息，协助外派人员在当地的生活能尽快步上轨道。另外，最好是能够由具有经验的外派人员或前辈在异地的工作与生活当中给予适当的协助或支持。

（1）生活信息提供

提供外派人员未来调任后在东道国所需的生活信息，这些信息包括子女就学、就医、租赁房屋、薪酬待遇等。

（2）职前引导

外派人员刚至调任单位时，为使他能早日适应工作岗位的新环境，可以协助他了解周边环境、工作流程、劳动条件和同事伙伴，帮助他尽快胜任此项工作。

（3）师徒制

外派人员在外派前、由母公司预先安排一位曾有外派经验的经理人为其导师。母公司事先将此员工的信息送至该经理人手上，并与子公司联系，以便该员工在派任后，此经理人能担任其导师，并能迅速提供教导与必要的帮助。

（4）聘请文化顾问进行指导与训练

聘请文化顾问专门进行个别辅导，指导外派人员跨越不熟悉的文化领域，帮助外派人员与其家人解决在不同文化中所遇到的各种问题，帮助外派人员顺利适应与了解东道国社会，并解释出现的误解，协助外派人员更快地融入东道国的文化与生活。

（5）自我训练

外派人员自己在出国前也应做好准备，了解目标国家的风土民情、文化、政治、经济等知识，加强外语学习，与那些在目标国家生活过的人交谈、学习，在思想上和心理上做好克服文化冲击的准备，并以开放的心态接受新的文化和结交当地的人们，同时也要帮助家人做好准备。

7.2.3.3 归国前培训

回国可能是国际外派人员感到最有压力的阶段。由于国内的一切可能都发生了巨大的变化，而且国外的工作和生活经历也改变了外派人员的言谈举止，当其回到祖国后，反而会有些陌生，出现对自己本国文化不适应的症状，即逆文化冲击（reverse culture shock）。因此应当加强归国人员克服“逆文化冲击”影响的培训，使其重新适应总部新的工作环境和组织文化，以及国内基本的生活环境和文化体系，重新融入母国文化和公司文化中。此外，归国雇员通常发现，在许多方面，雇主忽视了他们的个人需求和职业。为了尽可能降低员工对于归国后相关问题的担心，跨国公司应该在其国外工作期间就做一系列工作，提供一种更好的支持体系。

7.2.3.4 归国后培训

完成国外任职后，国际企业通常会将外派人员召回国，少数情况则派遣到另一个国家。对于大多数的外派人员而言，最担忧的是外派工作是否会对其职业生涯发展造成影响，以及对于新工作与环境变迁的再适应。故归国后的培训应着重于外派人员归国后的工作适应与心理调适。

（1）归国工作任务培训

这方面的工作主要是提供给刚回来的外派人员有关公司最新的发展信息，做好归国员工的上岗培训，帮助他们完成工作角色转换。同时这些人员也会被要求，必须针对曾工作过的海外子公司与该区域环境提交正式报告。这些报告将来可以作为未来外派人员的守则，并作为其他跨文化培训的资料。

（2）辅助制度

一个良好的外派人员辅助制度会使员工在派任及返回阶段都能够尽快适应。对公司而言，辅助制度是重要资源的培养与积累，但同时也是意外支出。因为，若是员工在派任与返回间有适应不良的情况发生，对公司而言是生产力降低的威胁。若再加上业务上的意外或人员的流失，则不只是金钱上的损失，还包括信息、知识、业务机密与客户的流失，如此可能会造成公司须投入更多的时间才能恢复之前的水平。

（3）咨询辅导

亲切、热心且积极的咨询辅导使外派人员感觉备受重视，不至于有被忽视或自生自灭的感觉，进而使得一些疲劳与辛苦都化为自我肯定与骄傲。

7.2.4　全球人力资源绩效管理

7.2.4.1　绩效评估标准

如同全球人力资源配置政策取决于国际企业战略倾向的不同类型，国际企业的员工绩效评估也有四种基本标准，即母国标准、东道国标准、区域标准和全球性标准。

（1）母国标准

在母国标准情况下，国际企业对于全球范围内的所有分支机构及其员工均以母国公司的绩效评价标准为依据进行绩效评估。这种方式操作简便，成本较低，但问题也较明显。一方面，各个分支机构在国际企业中的战略定位不同，其所处的实际环境也各不相同，因此，使用同一套评价标准与权变理论不符。另一方面，使用母国标准也可能使其他国家或地区的员工受到自己所不能控制的因素的负面影响，从而使自己的绩效评估面临额外的风险。比如，在东道国货币急剧贬值，以及由于政府管制造成恶性通货膨胀时，东道国公司就可能亏损，尤其是东道国货币必须兑换成母国货币时。在这种情况下，在东道国公司工作的员工即使已尽了自身最大的努力，也可能由于绩效不佳而受到影响。

（2）东道国标准

如果使用东道国标准，虽然能够避免上述额外风险，但一方面，为各个东道国设置独立的绩效评估标准费时费力；另一方面，也使国际企业在全球范围内的各个分支机构及其员工进行绩效控制和绩效比较变得非常困难。另外，使用东道国标准的前提条件是对于当地员工的绩效评价指标和标准必须是基于跨国公司对当地分支机构的战略目标定位。

（3）区域标准

区域标准能够在一定程度上综合母国标准和东道国标准的优点，一方面使得该区域内的各分支更容易与公司整体战略目标保持一致，并对各分支机构的绩效进行较为有效的控制和比较；另一方面也能使绩效评估成本保持在一个合理的范围内，同时又能保持某一个地域之内文化和环境因素的特征。

（4）全球性标准

全球性标准需要适用于国际企业的任何一个分支机构，因而在开发的难度上是最大的，但如果能够开发成功，其效果是最好的。全球性标准面临的另外一个问题是本土适应性与全球化战略之间的冲突。一套标准的普适性提高，往往是以精确性下降为代价的。

在衡量绩效的指标上，国际企业可以同时考虑财务与非财务衡量指标来考核国外子公司，尤其以财务指标中的投资报酬率（return of investment，ROI）、预算利润比率、现金流量以及利润净额被认为较为重要。然而企业在外派人员的绩效衡量上也不要忽视非财务指标，如员工士气、文化适应能力、沟通力与领导力等。外派人员与其他工作者绩效考核不同的是，外派人员绩效中有更多需要长期观察与难以量化的方面，这些特殊的标准增加了外派人员绩效考核的主观成分。

7.2.4.2　绩效评估的原则

有一些方法可减少在业绩评估过程中的偏见。第一，大多数外派人员认为当地经理评估的权重应该高于非当地经理。由于一起工作，当地经理更倾向于评价软变量，这是外派人员业绩的一个重要方面。如果当地经理的国籍与外派经理相同，其评估会因文化偏见的减少而特别有效。实际上，母国经理通常是在收到当地经理的评价内容后才撰写业绩评估报告的。在这种情况下，大多数专家建议让曾在同一地方任职的外派人员参与评估，这有利于减少偏见的影响。第二，当公司政策更重视与外派人员国籍不同的当地经理作出的业绩评估时，母国经理应该在当地经理完成正式的评估报告之前与其进行商讨。这使母国经理有机会平衡由于文化误解而造成的带有敌意的评估①。

7.2.4.3 绩效考评单位

当外派人员被派遣到海外子公司时，由于距离较远、沟通不畅，而且外派人员所隶属的单位究竟是母公司还是子公司也有争议，那么到底该由谁来考核外派人员才最为合适？一般来说，外派人员的考评单位通常有下列三种情况。

（1）由子公司负责考评

母公司直接要求由外派人员所服务的海外子公司对其进行考评。此方法的优点是：第一，成本较低；第二，直接由海外子公司负责考核可以有效保证信息的准确性；第三，有利于让外派人员在海外感觉到归属感，有利于其与东道国公司更好地相处，对日后绩效表现的提高有促进作用。此方法的缺点是：当地的绩效考评人员在考评外派人员时可能无法将其表现与公司的海外战略紧密相连；如果文化差异较大，考评结果也极有可能存在某种程度的误差。

（2）由母公司负责考评

由母公司的相关部门对外派人员进行考评可以很好地避免直接由海外子公司负责考评可能会出现的问题，母公司可以更好地站在公司战略的高度上对外派人员进行考核，而且文化差异造成的评价结果误差也可以很好地避免。此外，如果外派人员的绩效考核信息集中在母公司，也便于母公司对不同地区或同一地区外派人员的绩效表现及时地进行分析，从中发现问题并找到解决问题的方法。但是，由于时间上和地域上的限制，母公司要想掌握全面且准确的信息，难度是比较大的，这样也难保在对外派人员进行考核的过程中不会出现一些考虑不周的问题。

（3）由母公司与子公司同时参与考评

前两者的考评方式都有其优、缺点，第三种方式则是取其利而去其弊。假如母公司与子公司评估外派人员的绩效不一致，即必须平衡来自母公司与子公司的两种绩效评价，也就是母公司与子公司同时对外派人员进行考评。外派人员接受两方面的考核，但是母公司与子公司对于外派人员的绩效考评重点与目的有所不同。例如，母公司对外派人员的考评着重于控制与母公司文化对子公司的移植输入，而子公司的考评着重于其跨文化适应、工作绩效、管理绩效与个人能力及行为表现。

7.2.4.4 绩效监督及方式

（1）绩效考核方式与载体

外派人员对于母公司而言，是一群“看不见的员工”，随着信息科技的快速发展，通

① 查尔斯·希尔，托马斯·霍特. 国际商务[M]. 11 版. 郭羽诞，等译. 北京：中国人民大学出版社，2019：542.

过许多技术与方法，即可了解外派人员在当地的工作情况，有助于绩效考核的实施。要了解外派人员在海外的工作绩效，势必需要多管齐下才能达到效果，这些方式包括以下几种。

1）母公司电子报告。通过信息网络科技，定期将子公司的经营情况，利用电子邮件或公司内部网络，向母公司进行报告。母公司可以就其报告内容的情况，来了解子公司的经营与外派人员的工作情况。

2）回国报告或述职制度。在外派人员回国休假期间，安排他到母公司内参加海外经营会议。通过其个人的报告，以及母公司海外事业部管理成员的提问进行讨论，可以帮助母公司人员了解外派人员在当地的工作情况。

3）跨区域的视频会议。由于海外公司遍布世界各地，因此通过跨区域的视频会议，可以让母公司与外派人员面对面地进行双向交流。

4）高层主管的当地考察。母公司的高层主管也可以通过对子公司的实地考察，来评估外派人员在当地的绩效。然而，由于此方法易流于走马观花，且容易受子公司呈现好的一面而产生偏差，因此这种方法最好是与其他方法配合使用，以求得更客观的绩效评估。

当外派人员的绩效结果出来后，双向的绩效反馈沟通能较为清晰地反映外派人员的工作情况。无论是母国、东道国的绩效沟通皆有助于绩效目标的确定。除了绩效本身的达成程度外，对于与工作相关的支持、遇到的障碍，以及任命外派的建议信息等都需要与外派人员进行沟通与反馈。

（2）绩效评估存在的问题

无意识的偏见使得客观评估外派经理的业绩很困难。在大多数情形下，评估外派人员业绩的两大主体——东道国经理和母国经理——都会受偏见的影响。东道国的经理很可能被他们参考和预期的文化框架所影响。例如，奥德欧与门登霍尔提到一位美国经理在印度子公司工作时引进参与式决策的案例。这位经理随后就得到一份来自东道国经理的负面评价，因为在印度严格的社会等级观念下，经理被视为专家，不应该向下级寻求帮助。显然，当地员工将美国经理所尝试的参与式管理视为他不了解自己的工作以及不能胜任的表现。

距离遥远和自身缺乏海外工作经验是母国经理在评估上产生偏见的原因。通常，本国的管理层并不了解国外子公司的情况，因而在评估外派人员业绩时依赖于硬数据，如子公司的生产率、盈利性或市场占有率。但这些数据很可能受一些外派经理无法控制的因素的影响（如汇率的负面波动及经济走低）。同时，硬数据无法反映出许多同样很重要的、无形的软变量，如外派经理发展跨文化认知的能力、与当地经理有效合作的能力等。由于这些偏见，许多外派经理认为总部的管理层对他们的评估不公正，没有充分客观地评价他们的技能和经验的价值。这很可能成为许多外派人员认为海外任职不能给他们的职业生涯带来好处的一个原因。在一项对美国跨国公司经理的研究中，被调查的56%的经理表明，外派对他们的事业无益甚至有害。①

① 查尔斯·希尔，托马斯·霍特. 国际商务[M]. 11版. 郭羽诞，等译. 北京：中国人民大学出版社，2019：541.

7.2.5 全球人力资源薪酬管理

7.2.5.1 国际薪酬构成

典型的外派人员报酬体系包括基本工资、国外服务奖金、各种形式的津贴、差别纳税以及福利。①一个外派人员的总体薪酬通常相当于他在母国任职时收入的 3 倍。考虑到昂贵的外派成本，近年来许多公司逐渐减少对外派人员的任用，但企业不能任意减少任用外派人员。

（1）基本工资

基本工资（base salary）是外派人员薪酬计算的基础，也是外派人员薪酬的保障。基本工资确定标准包括三类，分别是母国薪酬体系、东道国薪酬体系和国际薪酬体系。三种类型的标准各有优、缺点，适用对象也不同。基于总部的外派人员的薪酬主要适用于那些外派时间较短，外派任务结束后马上就回国工作的人员。这种薪酬结构有利于外派人员与总部保持联系，也能使外派人员回国后较快地找回原有的工作状态，不足之处是当东道国的工资高于外派人员的工资时，容易导致外派人员不满，甚至跳槽。基于东道国的外派人员的薪酬主要适用于那些外派时间较长，而且东道国薪酬水平与母国薪酬水平相近的情况，使用该种薪酬体系不易造成在该公司工作的东道国员工的不满。国际薪酬体系适用于那些具有高度流动性、经常在国外工作的人员。

（2）国外服务奖金

国外服务奖金（mobility premiums）是为加强员工外派的积极性吸引员工愿意派驻国外所给驻外人员的奖励。无论派驻什么国家或地区，该数额一般为基本工资的一定百分比，通常是 10%～25%，或者是以每月一定额度为基础。

（3）津贴

外派人员的薪酬体系中津贴通常有四种形式：艰苦补助、住房津贴、生活成本补贴以及教育补助。当企业将外派人员派往那些医院、学校、零售商店等基本设施与其母国条件相差很大的艰苦地区任职时，通常会支付艰苦补助。识别艰苦地区通常有以下三种标准：第一，生活条件艰苦——没有好的住所，缺乏食物或消费服务，缺少娱乐设施，没有便利的交通工具；第二，恶劣的自然环境，包括气候条件恶劣、高纬度或高海拔地区；第三，不稳定的社会、政治局势，如该地区经常发生暴乱、内战等。

住房津贴一般是用以保证外派人员在国外能够支付得起与母国同等质量的住房的费用。在支付住房补贴（housing allowance）时要考虑到两个因素：第一，外派人员的家庭人数；第二，外派人员工作所在地的房价水平。在住房非常昂贵的地区（如伦敦、东京），这类补贴会高达外派人员总体薪酬的 10%～30%。生活成本补贴用以确保外派人员在国外能够享受到与本国相同质量的生活。教育补助确保外派人员的子女能够接受符合母国标准的充分的学校教育。东道国的公立学校有时对外派人员的子女不合适，在这种情况下他们需要进入私立学校就读。②

---

①查尔斯·希尔，托马斯·霍特. 国际商务[M]. 11 版. 郭羽诞，等译. 北京：中国人民大学出版社，2019：544.

②查尔斯·希尔，托马斯·霍特. 国际商务[M]. 11 版. 郭羽诞，等译. 北京：中国人民大学出版社，2019，545.

案例 7-11　服务在非务工人员子女教育

近年来，中国企业积极响应国家号召，通过国际贸易、项目承包、投资建厂等多种形式走进非洲。《中国对外劳务合作发展报告 2019—2020》显示，2019 年外派到非洲的劳务人员达 73 243 人，2019 年年末在非外派人员达 182 745 人。全国人大代表、华南理工大学国际教育学院教授安然十分关注在非务工人员的子女教育问题，在 2022 年的全国“两会”上，她的提议之一便是在非洲建立中国国际学校，这样既可以解决中国员工的后顾之忧，还可以提升国家软实力。

《中国社会科学报》：您长期关注外派人员跨文化适应研究。在您看来，影响中企外派非洲人员工作稳定性的因素主要有哪些？

安然：事实上，外派人员的跨文化适应并不是他们面临的最突出问题，子女教育问题才是影响他们外派工作稳定性的最关键要素。我在调研中了解到，在非洲的很大一部分外派人员都已成家，外派工作导致家庭矛盾频现，其中子女随迁和教育问题成为最突出的影响因素。外派人员能够很快适应外派工作，在心理适应、社会文化适应等方面，也能快速调整。但是，外派工作导致与家庭成员分离成为其难以跨越的一道阻碍，尤其是缺席子女的教育和成长。导致员工外派意愿低，已经外派的员工也不愿意长期驻外。

《中国社会科学报》：在非洲建立中国国际学校的必要性是什么？

安然：第一，可以增进外派人员的工作投入度。当前，非洲日益增多的中国企业和外派员工数量，与对其子女教育支持措施的缺位已形成尖锐矛盾。如果能在非洲建立中国国际学校，解决其子女的教育问题，能够缓解工作与家庭的矛盾冲突，增加其工作投入度。

第二，可以帮助走出去的企业扎根当地。走进非洲的中国企业多为制造业企业，技术和管理经验的本地化过程需要依靠外派员工的长期坚守，而这个过程就是企业逐渐扎根当地的过程。子女教育问题难以解决，必然会削弱员工的外派意愿，导致优秀员工不愿长期外派。因此，在当地建立中国国际学校是提升员工外派意愿、促进企业扎根当地的重要举措。

第三，能够服务国家“一带一路”建设。在非洲建设中国国际学校，是“一带一路”可持续发展的重要保证。从长远来看，这些在非洲接受中文教育的中国学生，一方面以中国义务教育体系维系中华文化认同，另一方面又具有丰富的跨文化体验和开阔的国际视野，必将成长为重要的国际化人才，成为“一带一路”建设重要的后备军。

第四，助力国家形象和软实力建设。在非洲建设中国国际学校，一方面可以为驻外企业员工子女以及华侨华人提供系统的中文教育，另一方面也可以为当地人提供汉语教育，承担孔子学院的部分功能。

《中国社会科学报》：对于在非洲建立中国国际学校，您有哪些好的建议？

安然：第一，要进行充分调研。对于在非洲建立中国国际学校，必须摸清其实际需求规模，包括外派人员处于义务教育阶段子女的数量、外派人员的国别分布、外派人员家眷随迁意愿等。同时，也需要调研非洲各国对于国际学校建设的政策法规、监管要求等，做到知己知彼。

第二，可以充分借鉴他国经验。美国、英国、日本、澳大利亚等国家在海外开办国际学校已有很长的历史，具有很多可借鉴的经验。

第三，以国内义务教育体系为标准。在非洲建设中国国际学校，应当以国内的九年义务教育体系为标准，使这些学生回国后可以无缝衔接国内课程和升学。总体而言，应由国家政策统领大局，出台一套包括资金支持、师资支持、课程支持等涵盖学校建设各方面的政策体系，由位于国外的中国各驻外使（领）馆、相关中资企业、中资商业协会等机构负责学校建设的具体实施工作。

资料来源：李永杰. 服务在非务工人员子女教育[N].中国社会科学报，2022-03-11（5）。

7.2.5.2 国际薪酬计算

计算国际薪酬的方法主要有两种：现行费率法（又称为市场费率法）和平衡表法。

（1）现行费率法

在现行费率法（the going rate approach）下，国际任职的基本工资与工作东道国的工资结构挂钩。跨国公司通常首先从当地的薪酬调查机构获得信息，然后决定是以东道国人员、相同国籍的外派人员，还是所有国家的外派人员为参考基准。如果在低工资国家使用现行费率法，国际企业通常在基本工资之外还提供额外福利和支付。

现行费率法会导致外派人员争相要求被派遣到待遇优厚的地方，而不愿意去那些被认为待遇缺乏吸引力的地区。倘若工作东道国的工资水平高于母国，回国时工资要恢复到后者水平，这会使驻外人员极不愿意。

现行费率法的优、缺点如表 7-3 所示。

表 7-3 现行费率法的优、缺点

优点	缺点
外派人员与当地人待遇平等； 外派人员能确定工作东道国的待遇； 不同国籍外派人员待遇平等	同一人员不同派遣地区之间存在差异； 在不同国家工作的相同国籍的外派人员之间存在差异； 潜在的回国问题

资料来源：赵曙明，刘燕，彼得・J. 道林，等. 国际人力资源管理[M]. 5 版. 北京：中国人民大学出版社，2012：144。

（2）平衡表法

平衡表法（the balance sheet approach）的基本目标是使外派人员的薪酬与其在母国的同事保持一致，并补偿国际任职的费用，使他们维持本国的生活标准，并通过经济激励使薪酬计划具有吸引力。此方法将母国人员和其他国人员的基本工资与相对的本国工资结构挂钩。

图 7-1 是一张典型的平衡表。母国员工的薪水被划分为所得税、住房支出、商品服务支出（食品、服装、娱乐等）以及储备（如储蓄、养老金等）。平衡表法表示公司如何通过在东道国为外派人员提供与母国相同的生活标准，加上一定的物质激励（如奖金、津贴），使其接受海外任命。

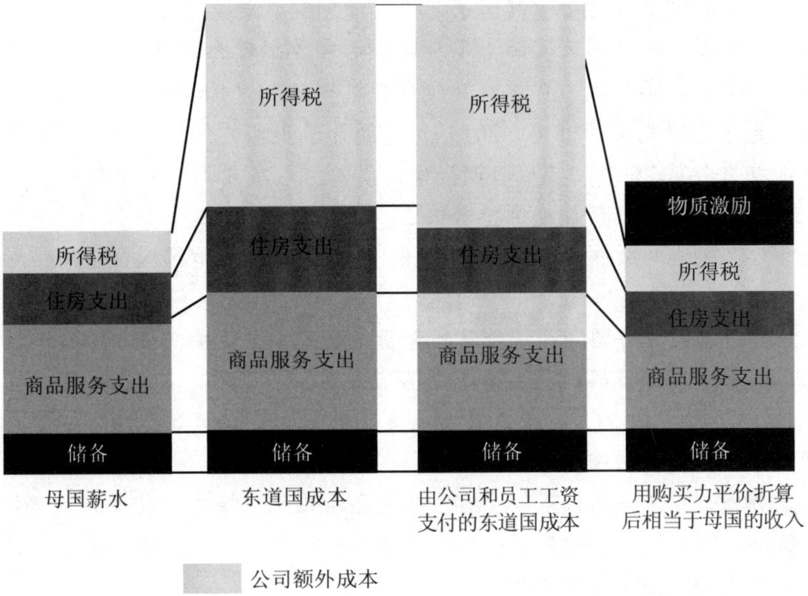

图 7-1 外派支付平衡表

由于每个国家的基本工资不同，因此在工作东道国做相同或类似工作的跨国员工获得的收入不同，由此会产生许多问题。例如，任职于新加坡的一家美国银行地区总部的美国母国人员和新西兰母国人员的职责相同，但由于美国和新西兰的基本工资水平不同，美国人比新西兰人获得的工资高得多。此外，基本工资水平的差异也会引起外派人员和东道国人员之间的矛盾。平衡表法的优、缺点如表 7-4 所示。

表 7-4 平衡表法的优、缺点

优点	缺点
不同的派遣之间、相同国籍的外派人员之间待遇平等； 便于对外派人员的回国安排	不同国籍的外派人员之间、外派人员和当地人员之间存在很大的待遇差距； 管理变得相当复杂，表现在税收、生活费用以及母国人员和其他国人员之间的待遇差异等方面

案例 7-12 经济学人信息部报告：新加坡仍是外派人员生活费最昂贵的城市

据新加坡《联合早报》2015 年 3 月 4 日报道，新加坡继续成为全球外派人士生活费最昂贵的城市。

根据经济学人信息部（economist intelligence unit）发布的最新城市生活费排行榜，新加坡生活费在所调查的 133 个城市中，继续维持在榜首位置。

该报告也强调说，这项调查主要供跨国企业人力资源部门经理和外派执行人员参考，了解外派人员搬迁到其他城市的生活费用。

他说："这项生活费调查报告的主要目的，是让员工因工作而导致生活费提高时，能获得公司的合理补贴。"

报告也指出，各城市生活费受其国家汇率波动影响，像瑞士法郎最近与欧元脱钩，若以当前汇率而计，苏黎世和日内瓦实际上是全球生活费最昂贵的城市。

除了经济学人外，国际人力资源研究及分析机构 ECA（Employment Conditions Abroad）和新加坡亚洲竞争力研究所等机构，2014 年也展开了类似的外派人员生活费调查。在前者调查中，新加坡排名第 26 名；在后者调查中，以外派人员而论，新加坡排名第 9 名，以当地一般民众的生活费而言，新加坡则排名第 53 名。

根据经济学人报告，新加坡的高昂生活费，主要是乌节路地区服饰价格昂贵及拥车成本高涨等因素所致。

报告指出，新加坡和韩国同为服饰售价最贵的城市，像新加坡主要购物地区乌节路一带的购物商场，所售卖服饰价格较纽约高出了五成左右。

报告也说："值得一提的是，新加坡拥有复杂的汽车拥车证（COE）制度，使到新加坡的汽车价格高昂，交通费用相当于纽约的 3 倍。"

尽管高居榜首，报告认为，新加坡有一些物品价格比区域内一些城市来得低。例如一般的日常杂货价格，新加坡比纽约贵了 11%，但首尔、东京和中国香港等城市，日常杂货价格却比纽约分别高出 49%、43%和 31%。

经济学人的统计方式是以纽约市的物价为基础，比较各城市的 160 项服务和产品的价格指标，当中包括餐饮、服饰和水电费等。

排在新加坡之后的全球外派人士生活费最昂贵的城市，依次为巴黎、挪威的奥斯陆（Oslo）、瑞士的苏黎世（Zurich）和澳大利亚的悉尼。它们的排名跟 2014 年调查结果相同。

过去一直排名靠前的城市如日本的东京，由于近年来日元兑美元贬值及受到通货紧缩影响，其排名从 2014 年第 6 名，下滑五个位置至第 11 名。东京是 2013 年全球外派人员生活费最昂贵的城市。

新加坡知名经济学者、亚洲竞争力研究所联合所长陈企业博士，重申经济学人统计方式是针对外派人员，而非当地一般市民，无法更全面或准确地反映一个城市的生活费水平。

陈企业：经济学人统计方式倾向于西方消费模式。

陈企业说："经济学人的统计方式是以纽约市物价为基准，仅根据单一城市的一篮子商品和服务作为比较，并且倾向于西方消费模式。从统计学来说，它缺乏严谨性和客观性。事实上，如果经济学人所选择的城市从纽约换成其他城市，调查就可能出现截然不同的结果。"

在这个层面上，陈企业认为亚洲竞争力研究所展开的调查，同时涵盖了外派人员和一般民众的生活费，能为跨国公司高管、企业投资者，政府官员和决策人提供更客观、可靠和准确的结果。

陈企业说："重要的是，外派人员生活方式怎么能跟普通老百姓比较，甚至画上等号呢？所以我们的调查结果涵盖外派人员和一般市民的消费模式，并且区分两者的调查结果，力求取得一致与透明化的调查结果。"

根据亚洲竞争力研究所调查，就外派人员而言，生活费最昂贵城市依次为苏黎世、纽约和日内瓦。以当地一般市民而言，生活费最昂贵城市则为悉尼、苏黎世和奥斯陆，新加坡则排名第 53 名，排名相对靠后。

陈企业希望，公众能认清不同报告的主旨和针对对象，以更正确态度来解读这些报告含义，否则将取得错误结论。

资料来源：经济学人信息部报告：新加坡仍是外派人员生活费最昂贵城市[R/OL].（2015-03-04）. https://china.huanqiu.com/article/9CaKrnJIpBQ。

7.3 绿色人力资源的国内外发展

7.3.1 绿色人力资源管理的内涵与理论基础

7.3.1.1 绿色人力资源管理的内涵①

绿色人力资源管理概念的出现源于“可持续发展”概念的提出。联合国世界环境与发展委员会在《我们共同的未来》中，把可持续发展定义为“既满足当代人的需要，又不对后代人满足其需要的能力构成危害的发展”，这一定义得到了广泛认可。1992 年联合国环境与发展大会就可持续发展取得共识。在可持续发展观点提出后，学者们相继提出了“环境管理”概念，认为环境管理是指通过对企业结构、企业管理制度和企业活动的计划和改进来应对环境的变化。鉴于在组织内部采用环境管理系统能为组织带来有形或无形的效益，比如减少在环境污染罚款上的经济支出等，越来越多的企业将环境管理系统引入企业管理。但是，环境管理系统需要企业管理职能的协调配合，尤其是人力资源管理职能的配合。随着该领域研究的深入，学者们从功利性和非功利性角度对人力资源管理涉及的可持续发展问题进行了观察和研究，将可持续发展、环境管理和人力资源管理进行交叉，把可持续发展的人力资源管理定义为“既满足企业和社会目前的需要，又不对其未来需要的满足构成危害的人力资源管理”，从而形成了一个全新的研究领域，即“绿色人力资源管理”，以期促进企业的可持续发展。

7.3.1.2 绿色人力资源管理的理论基础

（1）AMO 理论

人力资本决定了企业的产出及其竞争优势，对企业长远发展意义深远。人力资源管理作为管理和创造人力资本的重要工具，在企业管理创新和战略实施中发挥着重要作用。AMO（ability motivation opportunity）理论认为组织结构由员工能力、动机和参与机会三个要素构成，人力资源管理应该着力改善上述三个要素。根据 AMO 理论，人力资源管理的工作就是通过提升员工技能来壮大高业绩员工队伍；通过组织承诺来提高员工的积极性；通过给员工提供知识分享机会，并使员工嵌入项目计划，进而提高员工参与企业管理的积极性。②

（2）利益相关者理论

在当今的时代背景下，为了获得更多利益相关者的支持、体现企业社会责任，企业需要更加重视环境管理。利益相关者与商业伦理之间的关系研究表明，在操作中，我们需要看到“人力资源”的人性，需要帮助企业识别和明确企业应尽的社会义务。绿色人力资源管理与利益相关者息息相关。一方面，绿色人力资源管理需要政府、顾客甚至竞争对手的支持或者监督；另一方面，绿色人力资源管理可以体现良好的企业社会责任，进而满足利益相关者对于企业取得更高的环境绩效的需求。③

① 唐贵瑶，孙玮，贾进，陈扬. 绿色人力资源管理研究述评与展望[J]. 外国经济与管理，2015（10）：82-96.

② 王林，胡筱菲，丁志慧. 绿色人力资源管理：文献回顾与展望[J]. 领导科学，2018（2）：44-47.

③ 张子腾，高英. 跨国公司绿色人力资源管理概况研究[J]. 经济师，2022（5）：273-274，276.

（3）三重底线理论

三重底线理论从“经济、环境、社会”三个角度来思考可持续发展问题，即关注经济繁荣、环境质量和社会公正。在工业4.0时代，人们对组织的可持续性实践越来越感兴趣，这有利于鼓励员工采取可持续的行动，并通过提高生产率和产品质量、持续的能源消耗监控、更安全的工作环境和更低强度的工作负荷来支持三重底线的三个维度，进而帮助企业稳步发展。

（4）自然资源基础观理论

资源基础观是由组织经济学和企业战略管理的相关观点衍生出来的，该理论强调基于行业及环境分析，将组织战略与组织内部资源有效衔接，从资源的视角考虑组织在竞争中所处的形势。为弥补早期理论的不足，更好地解释现实情境，产生了自然资源基础观，即企业以环境友好理念为指导，可以增加自身在经营活动中的可持续竞争优势。据此，为了实现企业可持续发展的战略目标，管理者应该认真思考如何合理配置自然资源，并将自然环境要素纳入组织的绿色人力资源管理战略中，以促使企业绿色、可持续发展。此外，该理论还指出企业应该着重发展企业的环境污染防治能力、产品监控能力以及可持续发展能力，促使组织整体绩效的改善和亲环境战略的达成。①

（5）社会认知信息加工理论

社会认知信息加工理论最初是解释动态人格特质相关的行为，其认为个体的行为受自身人格特质的影响。在特定情境特征下个体特质的反应会被激活，这些特征通过特定机制以动态的形式被加工。人力资源管理部门的作用是将绿色人力资源政策转换为实践。人力资源管理者如何转化？转化过程中受到哪些因素的影响？社会认知信息加工理论关注的是人力资源管理者的绿色决策过程，这一过程受到认知、情感和动机等因素的交互影响。同时，这一理论也解释了通过自我调节把战略、能力和资源转换为环境管理相关的角色行为等微观层面的相关问题。

7.3.2 绿色人力资源管理的具体实施

绿色人力资源管理强调将环境理念融入企业人力资源管理实践中，倡导组织绿色氛围的营造以及管理职能绿色化的落实，进而增强员工对绿色行为的认同并促使其产生更多的绿色环保行为，最终改善企业的整体环保绩效。具体而言，企业可以通过绿色化的人力资源管理实践来提升企业的整体环保绩效，如从招聘、培训、绩效等环节入手，改善企业的绿色人力资源，最终为企业整体的绿色环保目标服务。

绿色人力资源管理的具体措施概括为三个方面：发展绿色能力、激发员工绿色动机和提供绿色机会。首先，在发展绿色能力方面，主要是吸引和选择那些具备绿色意识的员工，将绿色问题转入社会化过程，同时对企业员工进行绿色工作培训和绿色知识管理。其次，激发员工的绿色动机则主要可以从绩效管理、评价和薪酬奖励制度入手。最后，在提供绿色机会方面，则可以从情感嵌入实践和培育组织绿色文化入手。也有学者认为，为了确保组织获得员工的绿色投入和员工的绿色工作业绩，很有必要促使人力资源管理功能的绿色化，即从工作分析、招聘、选择、入职、培训、绩效评估、薪酬管理、纪律管理等多个方

① 王林，胡筱菲，丁志慧. 绿色人力资源管理：文献回顾与展望[J]. 领导科学，2018（2）：44-47.

面入手，通过政策、程序和实践等手段，确保员工进行正确的绿色投入并得到良好的绿色工作业绩。与传统的单个管理模块绿色化相比，新型绿色人力资源管理的措施已经不再局限于人力资源管理模块，而是逐渐扩展到组织文化、员工满意度以及信息披露等方面的绿色化措施。

7.3.3 绿色技能培训

7.3.3.1 欧洲方面[①]

2019 年欧盟委员会发布的《欧洲绿色新政》提出了 2050 年实现欧洲地区“碳中和”的愿景，这预示着绿色经济转型的提速，引发了欧盟绿色技能供给的短缺，加强绿色技能培训成为欧洲的共识。

（1）培训对象选定

欧洲绿色技能培训是一个由中心逐步向边缘推进的过程，在这一格局中首先遴选出最具价值的群体开展培训，后续根据重要程度依次推进。欧洲将成人作为开展绿色技能培训的首要群体：第一，成人群体培训的经济价值最高，绿色技能供应短缺决定了绿色技能培训应注重时效性，从业人员因具有一定的技能基础和工作经验，对他们进行技能转型与升级的培训能最快实现经济效益，其中的青年人更是最具发展潜力的群体，因此，成人作为培训对象能够实现经济价值的最大化；第二，加强成人的技能培训是解决欧洲失业问题的重要抓手。2019 年，欧洲 20～34 岁低教育水平（不再接受教育或培训）人群的就业率只有 56.7%，具有中级职业学历的就业率为 79.1%，低技能与高技能工人之间巨大的就业率差距恰恰体现了技能培训的价值。2019 年，欧盟约有 1 200 万 25～64 岁的成年人处于失业状态，青年人的失业率是平均失业率的两倍。加强绿色技能培训是解决成人就业问题的重要载体，因此，对成人进行绿色技能培训具有显著的社会效益。

（2）绿色技能构成与分类

绿色技能培训包括专业知识和技术以及理念层面的、系统的思维与行动，因此，厘清绿色技能的构成与分类是开展培训的重要前提。欧盟委员会通过开发核心技能指标框架推进绿色技能培训，如表 7-5 所示。然而，这个粗线条的指标框架对实践的指导作用有限，欧洲需要制定更加细致的技能分类框架，并强化对职业绿色的监测，并与职业资格证书建立关联。

欧洲政府承担了绿色技能培训的主导责任，政府部门还通过建立利益共享机制吸引行业组织、非政府组织、民间机构、雇主的广泛参与。但需要指出的是，基于工作场所的培训是雇主参与绿色技能培训的基本形式，雇主虽然参与了部分绿色技能培训项目。资金工具对雇主提供培训产生了很大的激励作用，免税和返还社会保障费对雇主提供绿色转型技能培训产生了有力的推动作用。当这种资金激励到位后，接受培训的雇员不断增加。在西班牙，提供培训的雇主从社会保障缴费降低上受益。2009—2016 年，在这一制度下接受绿色转型培训的雇员人数从 30 382 人增加到 61 984 人。但雇主参与绿色技能培训的机会偏少、深度不够、动力不足的问题仍然普遍。

① 张成涛. 欧洲成人绿色技能培训的实施图景及未来趋势[J]. 河北大学成人教育学院学报，2021，23（2）：12-22.

表 7-5 绿色职业所需要的主要核心技能（按职业技能水平划分）

所有劳动者都需要	中、高级技能劳动者需要
环境保护意识：愿意并且有能力去学习可持续发展	分析性思维（包括风险和系统分析）：解释和理解需求、改变和需要采取的措施
适应能力和迁移能力：使员工能够学习新知识，并且在绿色工作过程中应用	协调、管理和服务：包括全面经济、社会和生态目标的把握以及技能、跨学科的方法
团队合作能力的需求：集体工作的组织以减少对环境的影响	创新技能：创造新策略以回应绿色挑战
适应变化的能力	推广绿色产品和营销技巧以及服务
具备良好的沟通和谈判技巧：与同事和客户进行沟通与谈判	向消费者提供咨询技巧，绿色解决方案和推广应用技术
创业技巧：要抓住低碳技术的机遇以缓解环境的压力，并适应环境的要求	具备良好的人际关系、IT 和语言能力以适应全球市场
职业安全和健康	具备战略和领导能力：政策实施和企业运营要制订恰当的激励措施，使之服务于清洁生产、清洁运输

7.3.3.2 亚洲方面①

2009 年以来，韩国在实现职业教育和培训体系“绿化”方面取得很大进展。在环境能源、交通和机械领域，确立了绿色转型有关工作岗位的技能国家标准，这是与行业专家合作的成果，得到“国家绿色发展战略（2009—2050）”项目的资助。建立起了绿色转型相关技能新的国家技术资格，以及许多职业教育培训机构和大学的课程。在国家绿色发展战略框架内，政府进行绿色技术研发方面的投资。另外，职业学院提供大专项目和非学位职业培训课程，使工作中的专业人员不必完成学位课程而提高技能。负责监管职业教育培训的就业和劳工部，支持基于网络系统开发有关课程和课本。职业教育培训机构，如技术学院，积极实施“工作——学习”方案，使工人能够在工作的地方或培训中心接受工作有关的培训，如环境和能源方面的培训。

泰国是通过正规教育提供技能开发的好案例。2011 年，泰国建立了一个职业资格机构，开发技能和职业标准。许多技能标准被覆盖，包括绿色转型技能标准。这个机构是公共机构，开发的技能和职业标准，反映了私人部门的技能需求，并与国家推动数字化和环境友好经济的战略一致。

案例 7-13　2022 年全球绿色技能分析

近日，领英发布《2022 年全球绿色技能报告》（以下简称《报告》）。《报告》称，随着世界各国不断推进减碳，全球对绿色技能和人才的需求正在显著增加，预计未来十年将产生超百万个职位。同时，绿色技能正在突破传统绿色产业的定义，应用于更广泛的行业或领域内，成为未来人才必备的专业技能。

① 阎中兴. 借鉴国外绿色职业技能开发经验对我国绿色职业技能培养的启示[J]. 中国培训，2020（6）：83-85.

领英数据显示，2016 年至 2021 年，增长速度最快的前五大绿色职位分别是可持续发展经理（30%）、风力发电机技术人员（24%）、太阳能顾问（23%）、生态学家（22%）和环境健康与安全专家（20%）。

"我们看到，过去五年里有数十项绿色技能呈现出两位数的增长，同时全球对拥有绿色技能的人才的招聘规模正在增加。"领英中国人才解决方案事业部总经理王茜表示，"绿色人才与绿色技能将深刻影响组织的可持续发展乃至未来竞争力，政府和企业需要重视和发展绿色职位和绿色技能，积极推进整个社会的绿色转型"。

《报告》总结出绿色技能和人才的五大趋势：第一，绿色人才将供不应求。过去五年，需要绿色技能的职位招聘规模以每年 8%的速度增长，而同期绿色人才规模的增长比例约6%，二者之间存在供需缺口；第二，全球绿色人才的招聘率超过整体招聘率；第三，雇主要求的十大绿色技能与人才端具备的热门绿色技能相对匹配；第四，增长最快的绿色技能，既反映主流市场需求，又体现行业新趋势，前者如环境修复、循环回收、职业安全与健康顾问、气候和太阳能技术等，后者如漏油应急反应等；第五，转入绿色和绿色化职位的人才数量太少，还难以满足绿色经济发展对人才的需求。

《报告》显示，不同国家的各个行业正在以不同的速度发展绿色技能，每个行业和国家都需要提高绿色技能强度，以建立绿色人才储备。从行业来看，目前全球使用绿色技能最多的前五大行业分别为企业服务、制造、能源和采矿、公共管理及建筑。

《报告》还显示，2016—2021 年，可再生能源、风能和太阳能跻身中国最热门的绿色技能之列，可持续发展经理成为增长最快的绿色职位。

资料来源：袁勇. 领英发布《2022 年全球绿色技能报告》[R/OL]. 经济日报新闻客户端，2022-03-30.http://bgimg.ce.cn/xwzx/gnsz/gdxw/202203/30/t20220330_37448879.shtml。

7.3.4　绿色职业

7.3.4.1　绿色职业内涵[①]

目前绿色职业定义并无统一标准，以下三种定义及分类方式为绿色职业内涵的主要评判标准。

根据联合国环境规划署的定义，绿色职业指"在农业、工业、服务和管理领域内有助于维护或恢复生态系统质量的工作。具体来说，绿色职业的职责范围包括保护生态系统和生物多样性；通过高效战略减少能源、材料和水消耗；使经济脱碳；尽量减少或完全避免产生任何形式的废物和污染"。

美国劳工统计局将绿色职业定义为：生产有益于环境或保护自然资源的产品和提供此类服务的工作；工作职责为使生产过程更为环保或使用更少自然资源用于生产。根据美国劳工统计局的分类，绿色职业主要涉及以下领域：水源保护、永续林业、生质能源、地热能、环境修复、可持续发展、能效审核、资源回收、电动车辆、太阳能和风能。

目前最被广泛认可及使用的绿色职业定义由美国劳工部职业信息网发布。将绿色职业

① 周薇薇. 美国绿色职业发展归因及其教育与培训特征研究[J]. 职教论坛，2020（10）：161-166.

定义为任何受诸如节能、替代能源开发、减污或资源回收等活动影响的职业，并将绿色职业划分为三类：一是技能提升型绿色职业。基于对绿色产品和绿色服务的需求，此类绿色职业在现有职业的专业领域基础上增加了新的任务或新的专业领域。二是岗位增加型绿色职业。此类绿色职业的职责未有改变，但由于对绿色产品和绿色服务的需求量增加，其岗位数量也相应扩增。例如，面对日益扩展的公共交通系统，公交车司机的职位需求量也随之增长。三是新兴型绿色职业。此类绿色职业应绿色化趋势而生。例如，能效审核员对房屋或建筑物的能效进行审计；风电设备认证工程师负责设计和开发风电场系统。

总体而言，绿色职业定义大多将绿色职业范畴与开发和使用可再生能源（如风能、水力资源、地热能、填埋气及城市固体废物）及提高其使用效能相关联，工作职能涉及环境保护、资源合理利用、绿色产品开发与生产及绿色服务。美国劳工部将绿色职业与传统职业进行对比，按照绿色职业的工作职责及所需技能对绿色职业进行分类。此外，绿色职业领域还包括绿色职业教育与培训、绿色公共意识提升等，旨在加强改善环境进程中的法规执行、教育扶持及公众影响。

案例 7-14 "双碳"催生新职业

全球绿色经济转型正当其时，新趋势催生新职业需求。

2030 年年前实现"碳达峰"、2060 年年前实现"碳中和"的"双碳"目标，写入国家"十四五"规划。为推动实现"双碳"目标落地，监管部门陆续发布重点领域和行业"碳达峰"实施方案及一系列支撑保障措施，构建起"双碳 1+N"政策体系，加快推动经济社会发展全面绿色转型。

"双碳"目标加速进行，与之相关的资金、技术和人才需求都在激增。

近来，与"双碳"相关的"绿色"新职业——碳排放管理员获得社会广泛关注。人社部、国家市场监管总局、国家统计局正式将碳排放管理员列入《中华人民共和国职业分类大典》。这一职业的主要工作任务包括：监测企事业单位碳排放现状；统计核算企事业单位碳排放数据；核查企事业单位碳排放情况；购买、出售、抵押企事业单位碳排放权；提供企事业单位碳排放咨询服务。

各行各业对"双碳"人才的需求正在迅速扩大。中国石油和化学工业联合会产业发展部副主任李永亮预计，"十四五"期间我国需要的"双碳"人才在 55 万～100 万名。

抢人大战：

事实上，与"双碳"相关的绿色职业并不仅只有碳排放管理员，还包括碳排放监测员、碳排放核算员、碳排放核查员、碳排放交易员、碳排放咨询员等工种。

眼下，不少企业向这些"绿色"职业开出高薪，开启抢人大战。

放眼望去，在 BOSS 直聘、猎聘、前程无忧等招聘软件上，能源、汽车、房地产、计算机、金融等行业放出大量上述岗位需求。时代周报记者查询，猎聘和"碳"相关的岗位需求超出 400 条。其中，碳材料研发、碳积分核算、碳资产管理/碳交易员、碳咨询工程师等最为热门。

当中不乏知名上市公司，用高薪岗位争抢低碳相关专业人才。时代周报记者注意到，BOSS、猎聘、前程无忧等招聘软件放出的与"碳"相关的岗位，月薪资多在 1 万元以上。

例如，华润水泥投资有限公发布的一条名为“碳中和研发岗”的岗位需求显示，该岗位的月薪资范围在 6 万 ~ 6.5 万元，岗位要求包括有碳减排、碳中和技术的深厚基础；掌握碳减排、碳捕集及碳利用技术；了解国家、行业以及相关行业的政策、发展趋势等。

无独有偶，小米也放出了一则名为整车工程-碳排放专家的岗位需求，月薪资范围在 2 万～4 万元。工作要求包括制定碳中和路径及目标、推动各组织/部门相关碳减排工作开展；熟悉汽车全生命周期碳排放管理，并能够对各环节的碳中和工作予以指导；吉利控股则放出了碳交易项目经理、碳中和咨询专家等岗位，开出的月薪资范围在 2 万 ~ 4 万元；美的则放出了热力学研究的岗位需求，月薪在 2.3 万 ~ 4 万元，工作职责包括跟踪碳中和相关新技术趋势、新标准，推动碳中和相关技术落地等。

多方合力培育“双碳”人才：

热火朝天的“高薪抢人大战”背后，是低碳行业的专业人才供需匹配矛盾。

据 BOSS 直聘发布的《2021 应届生就业趋势报告》，在“碳达峰、碳中和”目标下，新能源/环保领域对高学历青年人才需求量大幅增加，其同期增长率为 225.4%，远高于其他传统行业。

环保领域缺乏高学历人才，低碳技术方面人才则更加匮乏，主要表现在以下几个方面：一是缺乏国际顶尖低碳技术人才，国际人才更多地流向发达国家；二是缺乏低碳技术青年人才，低碳环保领域青年人才不足；三是既有人才缺乏创新活力，低碳环保领域创新性不高；四是低碳环保领域人才管理较差，相关技术人才缺乏服务保障。

总体来说，目前就业市场和人才培养机制尚不足以满足低碳经济快速发展的需求。此外，市场对绿色低碳人才开发认识不足、产教融合度较低、职业发展路径不够清晰等问题，也都较为突出。

实际上，与低碳经济相关的专业一直未完整纳入学科体系建设，一直处于紧缺状态。此外，部分高校的学科、学位点、专业三者资源投入分散，共享度低，导致学科建设对学位点、专业建设的引领和促进作用不足，科研平台对高层次人才培养的贡献度较低。

时代周报记者了解到，低碳相关“产学研”合作还处于探索阶段。主管部门、企业、学校在低碳的“产学研”合作方面还有一段较长的路要走。

多名业内人士指出，人才是低碳产业保持高速、健康发展的基石。如何弥补低碳能源技术和管理人员的不足，将影响节能减排和低碳发展的实际效果。此外，加强专业人才队伍建设，持续提升从业人员的技术能力水平，加速人才对接也是重要的基础工作。

促进低碳专业人才培养需各个领域协同考虑，包括就业培训、专业技术教育、社会保障体系、低碳技术研发、技术服务等。这既需要政策顶层设计，也需要高校、科研机构和企业形成合力，以资金助人才，以人才推技术，为如期实现碳减排目标提供强有力的保障。

资料来源：“双碳”催生新职业！高薪争抢人才，小米一个月 4 万招碳排放专家[EB/OL]. 时代周报猛犸工作室，2022-01-24. https://baijiahao.baidu.com/s?id=1722814922625720578&wfr=spider&for=pc。

7.3.4.2　绿色职业工作者队伍的壮大

2013 年的一项研究报告指出，全美有超过 340 万绿色职业工作者，较 2012 年增加了

16 万人。其中，约 250 万人就职于私营部门（约占私营部门总岗位数量的 2.3%），90 万人就职于公共部门（约占公共部门总岗位数量的 4.2%）。基于美国劳工统计局对绿色职业的定义，有研究者判定 2010 年全美共有 270 万绿色职业工作者。另有 2019 年发布的报告指出，2016 年全美共有 130 万人从事清洁能源生产工作，440 万人从事能效工作，将近 88 万人从事环境管理工作。六年间巨大的数量差异除显示绿色职业工作者的数量大幅上升外，也显示出绿色经济有关数据的不确定性，尤其是缺乏统一衡量绿色职业的长期标准。其他组织同样缺乏衡量绿色职业的标准，一个由全美专家和商业领袖组成的环境组织 E2 称，2018 年全美共有 330 万绿色职业工作者，比 2017 年多出了 11 万人，增幅达 3.6%。

案例 7-15 《中华人民共和国职业分类大典》明确 133 个绿色职业

2022 年，人力资源社会保障部向社会公示了新修订的《中华人民共和国职业分类大典》（以下简称大典）。此次大典修订工作，是 2021 年 4 月由人力资源社会保障部、国家市场监督管理总局、国家统计局联合启动的，也是自 1999 年颁布首部国家职业分类大典以来的第二次全面修订。此次修订工作，经向社会广泛征集修订建议、组织专家评审论证、书面征求中央和国家机关有关部门意见等程序，现已基本完成。此次大典修订，在总体结构上，沿用了 2015 年版大典确立的 8 个大类的设置。但是，围绕数字经济、绿色经济、制造强国和依法治国等最新要求，专门增设或调整了相关中类、小类和职业。与此同时，根据实际，取消或整合了部分类别和职业，例如：将报关专业人员和报检专业人员 2 个职业，整合为报关人员 1 个职业；取消了电报业务员等职业。据统计，新版大典包括大类 8 个、中类 79 个、小类 449 个、细类（职业）1 636 个。与 2015 年版大典相比，增加了法律事务及辅助人员等 4 个中类，数字技术工程技术人员等 15 个小类，碳汇计量评估师等 155 个职业（含 2015 年版大典颁布后发布的新职业）。

值得注意的是，新版大典沿用 2015 年版大典做法，标注了 133 个绿色职业（标注为 L），如碳排放管理员、水土保持员、污水处理工、野生动物保护员等职业，都属于绿色职业。此次大典修订，全面、客观、准确地反映当前社会职业发展实际状况，顺应了碳达峰、碳中和的趋势，契合了创新、协调、绿色、开放、共享的新发展理念，特别是大典中新增职业的发布，对于增强从业人员的社会认同度、促进就业创业、引领职业教育培训改革、推动经济高质量发展等，都具有重要意义。

资料来源：谢佳沥. 明确 133 个绿色职业！国家职业分类大典（2022 年版）公示！[R/OL].（2022-07-14）. https://www.cenews.com.cn/news.html?aid=990574。

思考题

1．跨国公司的海外子公司的人员甄选中，母国员工、东道国员工和第三国员工有哪些优势与劣势？

2．绿色人力资源管理的理论基础有哪些？

第 8 章 国际财务管理与国际环境会计的发展

随着传统的商品和劳务进出口以及国外直接投资的增加，传统国际商务和国际财务管理活动中的绿色财务因素也在显著增加。绿色财务管理通过利益均衡制度的建立，适当、及时的政策选择及调整，规范、引导、缓和各种内部和外部矛盾，兼顾企业的社会责任、环境保护和财富增长的外部经济性，将价值发现所牺牲的生态资源、社会资源、相关经济成本以及各利益方的权益考虑在内，及时反映各利益相关者的损益状况。①

8.1 国际财务管理的特别风险

风险是指收益的不确定性。虽然风险的存在可能意味着收益的增加，但人们考虑更多的则是损失发生的可能性。从财务管理的角度来看，风险就是企业在各项财务活动过程中，由于各种难以预料或无法控制的因素作用，使企业的实际收益与预计收益发生背离，从而蒙受经济损失的可能性。

经济全球化使企业得以在全球范围内进行业务活动，获得巨大收益的同时也增加了经营的风险。从财务管理角度来看，国际企业面对的特别风险主要有外汇风险、利率风险和税务风险。

8.1.1 外汇及利率风险管理

8.1.1.1 外汇风险管理

在国际企业经营活动的全过程中，都存在由于汇率变化而造成的外汇风险（foreign exchange exposure）。具体而言，主要有以下三种外汇风险：交易风险、折算风险、经济风险。针对每一种外汇风险，国际企业都可以采取相应的外汇风险管理措施。

（1）交易风险管理

防范交易风险的管理方法主要包括两大类：一是合约保值（contractual hedges），如远期外汇市场套期保值、货币市场套期保值、期权市场套期保值以及期货套期保值；二是通过经营策略防范风险，如提前或延期结汇、选择有利的计价货币等。

（2）折算风险管理

防范折算风险最常用的方法是运用资产负债表来保值，以扎平净风险资产头寸。其基本原理是使公司的合并资产负债表中的外币风险资产与外币风险负债相等。如果达到这种状态即净风险资产等于零，那么汇率的变化引起的风险资产价值变化就恰好被风险负债的

---

① 周运兰. 对绿色会计和财务管理若干问题的探讨[J]. 生态经济，2005（3）：81-83，87.

价值变化抵消。另外，远期外汇市场交易和货币市场交易等合约保值的方法也是折算风险管理中可采用的方法。

（3）经济风险管理

经济风险管理的目标是对未能预料的汇率变化对公司未来现金流量的影响作出预测并采取相应的措施。防范经济风险的主要方法有经营多元化和融资多元化。经营多元化是指在国际范围内分散原料来源、生产和销售地点。融资多元化是指在多个资金市场以多种货币筹措资金。

在实践中，交易风险和折算风险常由财务人员负责管理，而经济风险往往是公司最高决策者必须参与协调和决策的重要工作。

8.1.1.2 利率风险管理

利率风险是指市场利率变动给国际企业的融资成本造成不确定性。对于利率风险，常用以下几种方法进行管理。

（1）远期利率协议

远期利率协议（forward rate agreement）是指投资双方可以通过期初的协议把未来的利率锁定在一定的水平之上，它可以有效地管理利率风险。远期利率协议具有灵活性，投资者可以根据市场的变动不断地购入或卖出其意愿内容的远期协议，从而实现其理想的投资目标。

（2）利率互换

利率互换（interest rate swap）中一种最基本的形式是同一种货币的固定利率与浮动利率的互换。基本做法是：持有同种货币资产或负债的交易双方，以一定的本金为计息基础，其中一方以固定利率换成浮动利率，另一方以浮动利率换成固定利率。通过互换，达到降低融资成本和价格波动风险的目的。当然，在实际操作中，利率互换的交易双方只需由一方向另一方支付两种利息的差额即可。

（3）利率期权

利率期权（interest rate option）是一项与利率变化挂钩的期权。买方支付一定金额的期权费后，在到期日或期满前，获得以协定利率借入或贷出一定金额货币的权利。卖方收取期权费，负有相应的责任。最常用的产品有利率上限、利率下限和利率双限。

利率上限（interest rate caps）即锁定浮动利率最高限。公司借入浮动利率外汇贷款，可以选择买入利率上限，公司的浮动利率债务有了一个上限的控制，从而使公司避免了利率大幅度上升带来的风险；若市场利率保持不变或下降，也不影响低利率为公司带来的好处。

利率下限（interest rate floors）是为以浮动利率计算的贷款利率设置的一个下限，当市场的浮动利率（通常以 Libor 表示）突破这个下限时，则以事先所敲定的这个下限来确定贷款利息。

利率双限（interest rate collars）即以低成本锁定浮动利率最高限。公司借入浮动利率外汇贷款，可以选择在买进一个利率上限的同时，卖出一个利率下限，以收入的期权费来部分抵销需要支出的期权费，从而达到既防范利率风险又降低费用成本的目的。公司的利率成本将被锁定在该下限至上限的利率区间内。

8.1.1.3　外汇风险与利率风险管理

对国际企业而言，外汇风险和利率风险往往是同时或交替发生的，也是对盈亏影响最大的风险。可以通过空头套期保值、掉期与套息结合保值规避这两种风险。

（1）空头套期保值

空头套期保值是指交易者在现货市场上处于多头地位时，为避免外汇风险可能造成的损失，在期货市场上做一笔与现货市场相反的操作，即卖出一笔相应的期货合约，使其在期货市场上处于空头的地位，以便使这种市场上发生的损失用另一个市场的盈利来弥补。空头套期保值技术能使外汇交易者利用汇率与利率的变化关系，使汇率与利率的盈亏相抵，同时避免汇率和利率风险。

（2）掉期与套息结合保值

掉期交易是指同时买进与卖出同种类、同期数但不同交割期的外汇，利用不同交割期外汇的汇率差异来赚取利润。套息是指利用两个以上外汇市场上的差异来赚取利息收入。

案例 8-1　华为投资控股有限公司财务风险分析与管理

资料一：华为投资控股有限公司基本情况

公司名称	华为投资控股有限公司
注册资本	人民币 3 886 301.207 2 万元
法定代表人	赵明路
注册日期	2003 年 3 月 14 日
统一社会信用代码	91440300746645251H
注册地址	深圳市龙岗区坂田华为基地 B 区 1 号楼
邮编	518129
电话	0755-28780808
经营范围	从事高科技产品的研究、开发、销售、服务；从事对外投资业务；提供管理、咨询、培训等业务；IT 服务业务；自有房屋租赁（法律、法规禁止的，不得经营；应经审批的，未获得审批前不得经营；法律、法规未规定审批的，企业可自主选择项目开展经营活动）

资料二：华为投资控股有限公司财务风险

在《华为投资控股有限公司 2022 年度第一期中期票据募集说明书》的风险提示中披露的与发行人有关的风险，包括财务风险、经营风险、管理风险、政策风险，其中关于利率变动、汇率波动财务风险的分析与管理如下：

1. 利率变动风险

2018—2020 年年末公司长期借款分别为 355.03 亿元、672.77 亿元和 970.81 亿元，长期应收款分别为 62.13 亿元、68.99 亿元和 82.90 亿元。公司通过对利率风险敞口进行分析，组合运用浮动利率与固定利率的融资来降低利率风险，但仍可能受市场利率水平波动影响，承担一定的利率风险。

2. 汇率波动财务风险

公司合并报表列报货币为人民币，但存在由于销售、采购和融资业务产生的外币敞口。依据公司一贯沿袭的外汇风险管理政策，在综合考虑市场流动性及管理成本前提下公司管理了主要外汇敞口，建立了一整套外汇管理政策、流程、操作指导等管理机制，包括：①自然对冲：匹配销售、采购的货币，以实现本币平衡，尽量降低外汇敞口；②财务对冲：当自然对冲无法完全消除外汇敞口时，主要采用外汇远期管理。对货币急速贬值或外汇管制国家的外汇敞口，公司通过多种手段管理风险，如汇率保护机制、财务对冲等，同时也通过加速回款并及时汇出等方案来减少风险。

资料来源：华为投资控股有限公司 2022 年度第一期中期票据募集说明书[R/OL].（2022-01-04）. httpswww.shclearing.com.cnxxplfxplmtn202201 t20220104_989077.html。

8.1.2 国际税务管理

税务问题是国际企业经营中重要的变化因素之一，它影响投资区位决策、海外机构组织形式、融资方式以及转让定价等重要活动。世界各国税法税则差异很大且变化多端，因而国际企业面临复杂的税务管理问题。

国际企业进行国际税务管理，其实质就是在现有法规的框架下合理避税，减轻税务负担。国际企业的合理避税贯穿于投资、融资、经营等阶段，通常从项目来源及东道国、公司组织形式、中间控股公司、资本结构、关联企业转移定价等方面进行重点考量。

8.1.2.1 海外投资项目与东道国的选定

在选择海外投资项目及东道国目标时，国际企业的税务因素考虑的要素有：一是总税负水平。由于各国税法税则差别很大，税种税率都不相同，因而在投资决策时，仅仅考虑某类税是不够的，必须看总体税负水平。二是税收结构。有些税种，如所得税，国际企业管理能动性较大，可以进行合理避税；有些税种，如增值税，国际企业的机动余地就很小。三是税收优惠政策。许多国家都采用税收优惠政策来吸引外资。四是国际税收协定。主要考虑母国、目标东道国彼此间以及同某些第三国之间是否签订了税收协定。

案例 8-2　微软运营中心（避税地）选择及原因

资料一：微软简介

微软公司于 1975 年在华盛顿州成立，由创始人比尔盖茨担任该公司董事会主席，是一家领先于计算机行业的科学技术公司，通过开发、许可和支持与计算相关的广泛产品和服务来创造收入。微软现约有 94 000 名员工，其中 3.6 万人进行产品研发，销售和营销岗位员工 2.5 万名，产品支持和咨询服务岗位员工 18 000 个，制造和分销岗位 6 000 个，总体管理岗位 9 000 个。

微软各个运营中心组织架构

从 20 世纪 90 年代开始，由于美国实行 35%的企业所得税税率，是全球所得税税率较高地区，所以微软将业务向这一些低所得税率地区转移，寻求降低企业税负的方法，并开始逐步构建其全球组织架构。在美国海外，微软公司的目标主要围绕促进国际销售业务开展建立全球组织架构，设立主要运营区域覆盖全球销售网络，主要的三个运营区域中心分别为爱尔兰区域运营中心、新加坡区域运营中心和波多黎各区域运营中心。

爱尔兰区域运营中心主要负责欧洲、中东和非洲地区（以下简称 EMEA）的业务活动。它主要包括以下关联企业：①Round Island One（以下简称 RIO）总部设立在百慕大，但在爱尔兰进行实际经营活动，是美国母公司出资的一家全资受控外国公司（controlled foreign corporation，CFC）；②Microsoft Ireland Research（以下简称 MIR）是 RIO 全资拥有的一家 CFC，主要负责进行微软全球成本分摊；③Microsoft Ireland Operations Limited（以下简称 MIOL），MIOL 是 MIR 的一家勾选成为忽视实体的全资 CFC，主要负责 EMEA 地区微软产品生产和销售。

新加坡区域运营中心主要负责微软公司在亚洲地区的业务。它主要有以下几家企业：①Microsoft Singapore Holdings Pte. Ltd.（以下简称 MSHPL）是微软美国母公司出资的一家 CFC；②Microsoft Asia Island Limited（以下简称 MAIL）主要参与微软全球成本分摊活动，无员工，是一家空壳公司，在百慕大群岛注册成立，是勾选成为忽视实体的 MSHPL 的一家 CFC；③Microsoft Operations Pte. Ltd.（以下简称 MOPL），也是勾选成为忽视实体的 MSHPL 的一家 CFC，向 MAIL 支付特许权使用费获得微软产品在该地区的生产和销售权利。

波多黎各区域运营中心主要负责美洲地区和美国本土的生产和销售业务。核心机构为 Microsoft Operations Puerto Rico.（以下简称 MOPR），同时，MOPR 参与微软全球成本分摊活动。

资料二：运营中心的选择及原因

对于运营中心的选址问题主要由低企业所得税税率和税收优惠两个因素决定，微软公司将运营中心建立在这些地方，作为其居民纳税人，享受当地优惠政策以降低自己自身税收负担。

波多黎各位于加勒比海的岛屿。为吸引招商落户、挽救经济，波多黎各议会出台了税收优惠法案。其中具体做法为企业出口服务方面所获得的利润按照 4%的固定税率进行收取，并且之后在波多黎各可以豁免缴纳企业所得税。最值得一提的是，美国税法 933 节中规定，将波多黎各自由邦居民的波多黎各来源收入缴纳美国所得税的义务进行了豁免。这两个因素的作用下，使波多黎各成为新一批的跨国税收筹划目的地，为许多跨国企业所青睐，来自一些美国的跨国公司更为积极地将其纳入企业税收筹划系统中。

新加坡位于亚洲东南部，是以所得税税率较低为全球知名，其企业所得税税率只有 17%。在新加坡的企业缴税范围限定于，本地企业和外国企业在新加坡境内取得的收入或来源于新加坡的收入，或者在新加坡收到的海外收入，都需要缴税。并且新加坡公司利得税实行区域征税制度，即海外收益不征税。相比美国 35%的企业所得税税率，新加坡的低税率和税收优惠更加吸引跨国公司的入驻。

爱尔兰位于欧洲西北部，全国范围内实行低税政策，是少有的低税率发达国家之一。爱尔兰企业所得税缴纳税率仅为 12.5%，并且非居民纳税人来源于国外收入免税。相比 30%～40%所得税税率的其他欧盟国家，爱尔兰税率可谓具有极大税收优势。因此，爱尔兰成了著名的低税港，吸引了大批跨国公司进行投资，其中不乏苹果、星巴克等大型跨国公司，而本案例微软公司也将爱尔兰纳入了其全球税收筹划架构中。并且在居民身份的认定上，美国与爱尔兰的政策可称为相互配合的“梦幻组合”，美国确立标准是以公司注册成立地认定，而爱尔兰依据核心管理和控制地认定。这样一来，如果将一家在爱尔兰成立的公司的核心管理机构设立在美国，则这家公司将既不属于美国的税收居民，同时也不属于爱尔兰的税收居民，也就意味着这家公司不是任何一国公司居民，也无须向任何一方缴纳税费。根据收入来源地原则，爱尔兰公司仅针对来源爱尔兰国内收入进行纳税，如果收入不存在的话，也无须缴纳税费。微软公司正是了解到这些相关政策，才将全球税收筹划重心放于爱尔兰。

微软公司全球架构中，还有一部分公司总部设立在了百慕大群岛。曾有报告指出，百慕大群岛位列全球避税港之首，是少有的不缴纳收入税的地区之一，并且是早期跨国公司进行跨国活动的首选之地。

资料来源：高哲. 微软公司转让定价税收筹划研究[D]. 石家庄：河北经贸大学，2018: 16-19。

8.1.2.2 公司组织形式的选择

税收结构总是以特定的产业或企业组织为对象，不同国家的税收政策又各具特点。因此，国际企业的海外机构选择什么样的组织形式将影响税负水平。国际企业海外机构的组织形式主要有子公司和分公司两种。通常子公司作为独立法人，可以享受东道国或投资双边国家间的相关税收优惠。分公司作为投资母公司的境外派出机构，通常不能享受相关优惠，但其本身的收益或亏损可直接并入母公司进行汇总计算。

8.1.2.3 中间控股公司的设计

作为税务筹划工作中最为重要的环节，企业通过在投资东道国和投资母国之间，选取适当的中间控股公司，利用中间控股公司的优惠税收政策和各层级间双边国家的优惠税收协定安排，减少项目持有期及退出阶段的所得税、股息、利息、资本利得税以及相应预提税的支出，从而达到国际税务优化的目的。

8.1.2.4 资本结构的设计

国际企业海外投资的资金一般通过两种方式融通：一种是股权融资，另一种是债务融资。从税务的角度来看，国际企业支付给债权人的利息通常可以在税前扣除，而支付给股东的股息则不能在税前扣除。因此，债务融资相比股权融资，在税务上更具优势。对位于高税率国的公司而言，可以通过扩大债务资本的比率，增加应税所得中的扣除额来减轻税负，这在实质上降低了融资成本。但是，通过资本弱化避税已越来越引起各国税务主管当局的关注，国际企业需要考虑各国对资本弱化的规定和限制。

8.1.2.5 利用关联企业交易中的合理转让定价

国际企业通过转让定价，在企业内部调节成本和收入，将成本由低税率地区企业转移到高税率地区企业，从而将收入由高税率地区企业转移到低税率地区企业，可大大降低应纳税额。第一种做法是直接转移，在高税率地区与低税率地区的关联企业之间发生商品和劳务交易时，压低高税率地区企业的销货收入和税费，或人为抬高低税率地区的销货收入和税费，使利润通过交易从高税率地区转移到低税率地区企业，达到避税的目的。第二种做法是间接转移，关联企业发生交易时，由设立在低税地区的第三方关联企业中转，使真正发生交易的两个企业的利润转移到第三方关联企业。第三方关联企业一般只进行账面处理，并不实际参与交易。但在实际操作过程中，应着重调研所在国的转让定价的具体要求，以及税务机构对转让定价的范围界定和尺度掌握。

案例 8-3　微软转让定价税收筹划

资料一：微软公司选择转让定价的方式

微软公司使用的方式是：成本分摊协议。这是由于微软公司这类高科技研发公司自身特点，无形资产在企业资产中占据相当重要的地位，所以微软公司相关实体之间就无形资产研发成本分摊达成协议，并对无形资产所带来的经济收益作出安排。

对于高科技研发公司来说，企业无形资产研发成本占企业全部成本很大一部分比重，并且企业主要依靠无形资产研发申请的知识产权创造收益。无形资产形成过程中，花费成本高昂，回收成本期长和跨国公司核心研发地企业所得税税率较高等特点，跨国公司选择将公司研发成本在全球关联公司之间进行分摊，利用无形资产成本分摊协议进行转让定价，转移企业利润，降低运营成本。

资料二：筹划效果

通过以上过程，微软公司能够大大减少其在美国上缴税收。根据建立的税收筹划安排，将每年的收入和所得利润大部分转移到了美国海外国家或地区，大大降低了其缴税负担、企业成本。微软公司能在市场竞争中取得这样的地位，其全球税收筹划的安排功不可没。

波多黎各上缴实际税率仅为 1.02%。据 2011 年 Microsoft Operations Puerto Rico.（以下简称 MOPR）财报得出，MOPR 向微软美国母公司支付了 19 亿美元作为成本分摊支付的特许权使用费，因此获得的知识产权经济权利为 MOPR 当年带来了 40 亿美元的利润。更令人惊奇的是，波多黎各实体仅有 177 名员工，据财报披露数据计算，大约人均创造收入为 2 250 万美元，人均工资为 44 000 美元，而且微软公司声称这是与员工技能贡献相匹配的工资支出，并不是将积累的利润转移至低税率管辖区。通过这一举措，美国在波多黎各销售环节三年期间大约节省了 45 亿美元的税款，相当于微软每天都在使用 MOPR 避免 400 万美元美国税收。

爱尔兰筹划实际税率仅为 7.3%左右。Microsoft Ireland Research（以下简称 MIR）的主要作用是将美国工程师开发的知识产权转移给 Microsoft Ireland Operations Limited（以下简称 MIOL），它仅仅是在都柏林拥有 390 名员工的一个办事处，但 2011 年 MIR 财报中披露了 43 亿美元利润，相当于每个员工平均每人创造 1 100 万美元利润，并且其实际缴纳税率约为 7.2%。MIOL 大约有 650 名员工，2011 年财报披露利润为 22 亿美元，每名员工创造收益约为 330 万美元。MIOL 向 MIR 支付的 90 亿美元的特许权使用费不满足美国纳税要求，因此可以不向美国缴纳此部分税费。

新加坡实际税率约为 10.6%。MAIL 在 2011 年没有员工的情况下报告了 18 亿美元的收入，实际税率约为 0.3%。MOPL 获得了 48 亿美元的销售收入，报告利润为 5.92 亿美元。

资料来源：高哲. 微软公司转让定价税收筹划研究[D]. 石家庄：河北经贸大学，2018：19，23。

案例 8-4 逃避税款，谷歌在欧洲麻烦不断

美国互联网巨头谷歌公司近日发布声明称，已和意大利政府就税收争议达成和解。根据和解内容，谷歌公司将向意大利支付 3.06 亿欧元的拖欠税款。此举结束了谷歌与意大利税务部门长达一年半的争端。

据媒体报道，意大利税务部门此前指控，谷歌公司 2009—2013 年，有大约 10 亿欧元的收入没有向意大利政府缴纳相应税款。“这些收入均被谷歌公司以不当手段转移到了爱尔兰，从而逃避了本应在意大利支付的相应税收。”相较欧洲大陆国家普遍超过 20%的公司税，爱尔兰的公司税税率仅为 12.5%。因此，爱尔兰吸引了包括谷歌、苹果等众多大型跨国企业的入驻。

谷歌公司发言人在一份声明中称，谷歌已经与意大利税务局达成和解，在不通过诉讼的情况下解决 2002 年至 2015 年的税收问题。谷歌公司除了期间已缴纳的税款外，还将向意大利税务部门补交 3.06 亿欧元。意大利税务局随后证实了该说法，并表示未来将启动机制以确保谷歌公司在意大利缴纳该笔税款。

尽管此次谷歌公司与意大利税务部门达成了和解，但谷歌仍需处理来自法国政府的指控。法国政府称，谷歌公司通过瞒报在法国取得的收入而逃避纳税责任，特别是企业税和增值税。法国政府据此要求谷歌公司补缴大约 16 亿欧元的税款。法国经济和财政部部长萨潘曾表示，法国税收机构不会与谷歌公司就税款进行协商，而是会采取法律行动。

大型企业的避税行为直接影响当地政府的税收。经济合作与发展组织的报告显示，一些企业，特别是大型跨国企业，存在通过向企业税税率低的国家汇款等手段转移利润的行为。全球每年通过调查税收转移行为从企业追回的税款高达 2 400 亿美元。“企业通过构建复杂的公司架构与财务结构，将一些本应在税率较高的国家或地区缴税的收入转移至税率较低的国家，以此实现避税的目的。在如今全球经济尚未完全复苏的情形下，这不仅直接影响到了企业获得收入所在国家的政府税收，同时还将影响该国公平的市场竞争环境，特别是对那些有着类似业务，但目前尚处于起步阶段的小型公司来说。”比利时鲁汶大学经济学教授罗格·蒂斯说。

正是由于企业的避税行为带来的不利影响，欧盟在处理该问题上的态度变得越来越强硬。据欧盟委员会估计，仅在欧盟范围内，企业的避税行为每年带来的损失就多达 700 亿欧元。为了堵住跨国企业在避税问题上的漏洞，欧盟去年针对跨国企业出台新规定，要求年营业收入超过 7.5 亿欧元并且在欧盟范围内注册的大型跨国企业，必须每年向欧盟报告该企业当年在欧盟各成员国的营业收入以及缴税情况。此外，这些企业还需向欧盟告知其在其他国家的纳税情况。据悉，这一新规将从 2018 年开始正式生效。

资料来源：吴刚. 逃避税款，谷歌在欧洲麻烦不断[N]. 人民日报，2017-05-11。

8.2 国际财务管理

国际财务管理是指按照国际惯例的有关条款，根据有关国家的具体规定，遵循公司理财的基本原理，针对国际企业资金收支的特点，组织国际企业财务活动和处理国际企业财务关系的一切管理工作的总称。

8.2.1　国际投资管理

8.2.1.1　国际投资环境分析

国际投资环境是指在国际投资过程中影响国际资本运行的东道国的综合条件，它一般包括硬环境和软环境两个部分。其中，硬环境通常是指城市和工业基础设施、自然地理条件等。软环境是指东道国的政治、经济、法律、社会文化等制度性因素，这些因素制约和影响着对外投资项目的选择、效益的评价。国际投资环境分析方法主要有投资障碍分析法、国别冷热比较法和多因素评分分析法等。

（1）投资障碍分析法

将有关国家阻碍投资的不利因素（如政局动荡、经济停滞、外汇短缺、劳动力成本高、基础设施不完善、资金融通困难等）列出并加以比较，如果某一国家的阻碍因素比另一国家少，则该国的投资环境可以被认为较好。

（2）国别冷热比较法

这种方法由 Isian A. Litvak 和 Peter M. Banting 提出。它是将影响国际投资环境的七个因素，按照由“热”至“冷”的顺序依次排序，“热”国的投资环境优良，“冷”国的投资环境恶劣。这七个因素是政治稳定性、市场机会、经济发展和成就、文化一元化、法令阻碍、实质障碍（指一国的自然环境、气候等）、地理文化差距。

（3）多因素评分分析法

它由 Robort B. Stobaugh 提出，即从东道国政府对外国投资者的限制和鼓励政策着眼，具体分析影响投资环境的八大因素及其若干子因素，并根据各子因素对投资环境的有利程度给予评分。评分是按八大因素各自在投资环境中的作用大小确定不同的评分，从而避免了对不同因素平等对待的缺陷。根据这种方法，总分越高，投资环境越好。八大因素分别是资本抽回、外商股权、对外商的管理制度、货币稳定性、政治稳定性、给予关税保护的意愿、当地资金和可供程度、近五年的通货膨胀率。

8.2.1.2　资本预算

投资项目在经济上或财务上是否可行的评估，是通过资本预算来进行的。所谓对外投资的资本预算，简单说就是估算某个海外投资项目上的全部投资支出，以及在项目运营若干年内该项目所产生的全部净收益，将收支相抵，看该项目是否有正的净收益，以决定是否进行投资。可见，资本预算是通过计算项目的收入支出来进行的。

海外项目的资本预算，就其原理和方法而言，与企业国内项目的资本预算并无差异。不过，由于跨国投资涉及不同国家，情况比国内投资复杂得多，风险也大很多。因此，在采用基本方法进行分析的时候，其复杂性也大大高于一般国内企业的资本预算。这里，首先对资本预算的基本指标与方法做一些介绍，然后就其在跨国投资中的应用特点与方法做较为具体的讨论。

8.2.1.2.1　基本指标及方法

常用的财务可行性评价指标有净现值、年金净流量、现值指数、内含报酬率和回收期等，围绕这些评价指标进行评价也产生了净现值法、内含报酬率法、回收期法等评价方法。

同时，按照是否考虑了货币时间价值来分类，这些评价指标可以分为静态评价指标和动态评价指标。考虑了货币时间价值因素的称为动态评价指标，没有考虑货币时间价值的称为静态评价指标。

（1）净现值法

净现值（net present value，NPV）为项目未来现金流量按项目资本成本折现后的现值减去项目的初始投资支出后的差额。净现值为正数的项目是可以接受的；如果两个项目是相互排斥的，则应当采纳净现值较高的项目。

（2）内含报酬率法

内含报酬率法（internal rate of return，IRR）是在净现值法的基础上做一些变化而产生的。净现值法是在折现率确定的情况下计算项目净现金流的限制，而内含报酬率法是求解净现值等于零时的折现率，然后与必要报酬率（required rate of return）比较（项目要求的投资回报率），决定项目的取舍。

（3）投资回收期法

投资回收期法（payback period，PP）是计算项目建设所需要的投资在项目运营多少年后可以收回，然后将项目的回收期与投资人所期望的回收期相比较，项目回收期低于期望回收期，项目就是可行的。

8.2.1.2.2　**国际企业投资的资本预算**

（1）资本预算的评估主体选择

国际投资项目由于种种因素的限制，其本身也成为一个独立的经济实体。因此，与国内投资项目相比，存在一个评价角度的问题，是从母公司角度还是从项目本身角度评价项目收益。

从母公司角度评价投资项目。持这种观点的人认为，对于母公司来说，它从国外投资项目所能得到的现金流才是至关重要的，这也是大多数母公司进行国外投资的根本目的。但是，这部分现金流中既包括投资项目的经营性现金流量，也包括财务性现金流量（如母公司对子公司的贷款利息），这会违背资本预算的一个基本原则——财务性现金流不应与经营性现金流混为一谈。另外，在项目评价时，还需要将外币按一定汇率折算为本国货币，于是将面临汇率的确定问题。由于这些缺点，有人认为不应从母公司角度评价对外投资项目。

从项目本身角度评价投资项目。持这种观点的人认为，这不仅能避免从母公司角度评价的缺点，而且有利于将目标项目的收益与东道国国内其他竞争性项目的收益相比。比如，当目标项目的收益率低于东道国的政府公债收益率时，应放弃该项目，转向其他方面的投资。

在一般情况下，无论从母公司还是从项目本身进行评价，区别并不很大。但在有些时候，如东道国实施长期的外汇限制政策，项目利润不能以股息或还本付息形式汇回，股东很可能不会将留在东道国的项目利润视为公司价值的一部分，且债权人在评价公司的偿债能力时，可能不再将其考虑在内，则应从项目本身来评价。

（2）现金流分析

在国际投资的资本预算中，由于所处的环境更为复杂，现金流量的预测是一个关键的环节，且常常会遇到国内投资所不存在的特殊问题。在国际投资的现金流分析时要注意以下几个方面：一是，东道国的税收制度、金融结构（指构成金融总体的各个组成部分的分布、存在、相对规模、相互关系与配合的状态)、外汇管制、财务准则以及金融资产流动的限制等方面对现金流的影响；二是，东道国的汇率、利率、通货膨胀率的变化对现金流的影响；三是，东道国的广义的政治风险（包含政治风险、政策风险和社会风险）的高低对投资项目效益的影响；四是，适当选择评价投资项目所用的折现率。若东道国提供优惠贷款等政策，则折现率的确定会变得复杂，折现率的大小会直接影响投资项目评价的结果。

（3）风险调整

资本预算中的风险处理方法主要有两大类：调整折现率和调节每年的现金流量。

调整折现率，即根据公司对项目风险大小的判断调高或调低折现率。这种方法因其简单易行一直被国际企业所广泛使用，此外也符合基本的投资原则，即投资报酬率必须与风险程度相称。但是，其不足之处在于夸大了远期现金流量的风险。

调节每年的现金流量。调节现金流的方法主要包括不确定性吸收法和确定性等值法。不确定性吸收法要求从每年的预测现金流量中减去一个风险折扣，折扣的大小根据相应政治经济风险的保险费用而定。因此，该方法的一个弊端在于依赖保险费用的核算，然而并不是所有的政治经济风险都是可保的。确定性等值法的含义是，如果投资者认为某一笔无风险的收益等于另一笔有风险但可能更丰厚的收益，则前者就是后者的确定性等值，即把有风险的现金流量调整为无风险的现金流量。该方法的缺点在于目前还没有十分令人满意的确定性等值计算技术。

8.2.1.3 企业环境投资决策①

从环境管理会计角度来看，企业在投资决策时必须充分考虑环境要素，对传统的投资决策方法进行改进。目前，国内外的环境投资决策方法主要包括全部成本评价法、多标准评价法、风险评价法、利益关系人价值分析法等。这里重点介绍前三者。

（1）全部成本评价法

全部成本评价法是由美国国家环保局新泽西分局设计的。全部成本评价法是一种在企业资本预算分析中，把环境成本考虑在内的方法，是对待评价对象的全部成本和全部收益实施的综合的持久的财务分析。泰勒斯研究所（Tellus Institute）为全部成本评价法的应用研究做出了较大贡献，他们归纳总结出全部成本评价法的四个基本要素：成本清单、成本分配、时间范围和财务指标。各要素的具体内容及要求如表 8-1 所示。

采用全部成本评价法，并不能改进项目的获利能力，但可以使管理者对投资项目的成本和效益产生更为重要和清楚的认识，从而使一些有益于环境的项目可能和其他投资项目一起竞争资金。例如，在美国国家环保局对不同企业的 22 项投资决策进行的案例研究中对比传统的分析方法，全部成本评价法提供了较为显著的结果。这些投资决策里有的采用了可以使不是产品的产出物如溶剂、粉剂、油等有害物质减少或消除的技术，有的则采用了替代材料、加强废水处理、减少部件的上油工序等有利于减少投入的技术。全部成本评价法比传统资本预算得到了更为有利的结果，从而使这些项目的可行性增强。

① 张亚连. 环境会计[M]. 北京：经济科学出版社，2021：155-157.

表 8-1 全部成本评价法要素、内容及要求

要素	内容及要求
成本清单	在拟议的投资项目中应包括所有的成本和收益，即直接和间接成本、未来负债成本、无形效益和非环境成本。这就要求采用寿命周期的观点，对项目的整个寿命周期里在价值链各个环节上的成本和效益进行充分考虑，包括了外部成本和外部收益
成本分配	必须了解生产过程以便组织把所有的成本分配到特定的产品或生产流程中。这就要求改变将环境成本归集到同一制造费用中再按一定人为的标准分配到各个产品或流程的做法，而采用诸如作业成本计算进行分配，分配到与该项目相关的成本
时间范围	考虑投资项目期时，对环境投资项目而言，时间要长，包括项目的寿命周期，以充分反映所有成本和收益
财务指标	通常采用的是折现现金流量的方法，包括净现值法、内含报酬率法和净现值系数法

（2）多标准评价法

多标准评价法（mufti-criteria assessment，MCA）。把环境因素考虑在内的投资决策就形成了一个不是单一目标的决策问题，评价和分析这类多目标问题就需要应用多目标的决策方法。公司根据不同的或者不可计量的多重标准来评价方案时，多目标投资决策可以起到帮助的作用。其主要作用在于对成本、可靠性、社会、风险、产品等不一样的目标进行比较，并促进决策者作出选择。此方法在决策者无法将企业的环境用货币计量和无法将社会影响货币化而进行投资决策时起到作用，同时也对企业在环境和其他目标之间进行权衡起到帮助。下面以一个设备购置决策为例说明环境投资决策分析的过程。

案例 8-5 设备购置决策

某企业将要投产的新产品在生产过程中会产生 1 种残余物，该残余物可以用两种方法清除。

方案 1：采用蒸汽去除法。所需设备投资 50 万元。每年发生的开支有，购买材料 6 万元，交纳排污费 6 万元，生产控制支出 4 万元。这种处理方式会产生 1 种有毒废气，企业目前没有处理该废气的能力。但国家近几年将会颁布一部有毒废气排放的控制法规，企业的行为很有可能面临巨额罚款，经过估算，罚款额高达 150 万元（假定罚款在设备报废时一次性支付）。

方案 2：采用碱式去除法。该工艺不释放任何废气，只会产生 1 种含碱废料，废料可回收制造肥料。其费用有：设备投资 100 万元，购材料 8 万元，交纳排污费 2 万元，生产控制支出 3 万元，碱废料回收 1 万元。假定 2 套设备使用年限均为 10 年，采用平均年限法提取折旧，无残值；不考虑所得税的影响，折现率为 15%。两种方案投资及现值见表 8-2。

表 8-2　两种方案投资及现值　　单位：元

项目	方案 1	现值	方案 2	现值
设备投资	500 000	500 000	1 000 000	1 000 000
购料支出	60 000	301 128	80 000	401 504
交纳排污费	60 000	301 128	20 000	100 376
生产控制支出	40 000	200 752	30 000	150 564
折旧费	−50 000	−250 940	100 000	−501 880
碱废料收入			−10 000	−50 188
罚款支出	1 500 000	370 770		
净现值		1 422 838		1 100 376

结论：因为方案 2 的净现值小于方案 1 的净现值，所以选择方案 2。若方案 1 中不考虑环境损害的罚款支出，则方案 1 的净现值小于方案 2 的净现值，企业就会选择方案 1，这一错误决策将会给企业带来损失。

（3）风险评价法

由于未来法规不断地变化，把环境因素考虑在内以后，人们越来越难以预测到待评对象的现金流类型，所以不确定性及风险更明显。存在不确定性时，事件是否发生是不可知的，而风险出现时，其概率是可知的。分析期间和现金流量这两个部分造成了投资项目的风险和不确定性，且此项目是把环境因素考虑在内的。

第一，在分析期间，方案一经确定，对投资决策就会产生比较深远的影响，企业使用的相关技术和对其的环境影响在一段时期内就会是确定的。如果要进行调整，一定会增加大量的成本，那么就会大大降低项目获得经济利益的能力。其根据新法规变化进行调整的能力就越差。总的来说，管理者必须合理预计待评对象的分析期间，通常这是由项目的类型来决定的。不过，长期的项目计划时间较长，会对环境法规进行预计，会细致周密地考虑时间法规对成本收益方面产生的影响，有些企业通过对未来可能实施的项目进行预计从而采取比现行环境标准要好的方案。这种做法可以被视为对将来不确定性的一种防范措施。这样做，对企业来说，通常有助于在消费者心里树立良好的企业形象。而且，在企业竞争性战略里这种形象就成为其一个重要的部分。

第二是现金流量，因为不能准确判定未来的现金流量，所以企业作出正确的投资决策会有一定困难。在项目初期预测发生的现金流量比较容易，但是对后期项目发生的现金流量做出准确预测就很困难，特别是要对项目接近尾声时的清理关闭费用的预测，在项目开始时就知道一定会发生，但在项目即将结束时才需要支付。因此很难准确计量其现金流量。此时可以借助蒙特卡洛模拟模型或决策树评价法进行分析。

案例 8-6　环保企业的“香港机遇”

资料一：案例背景

2021 年 2 月，香港特区政府公布以“全民减废·资源循环·零废堆填”为愿景的《香港资源循环蓝图 2035》。特区政府将与业界及香港市民共同朝着两大目标迈进，中期目标是通过推行都市固体废物收费，把都市固体废物的人均弃置量逐步减少 40%～45%，同时把回收率提升至约 55%；长期目标是发展足够转废为能设施，长远摆脱依赖堆填区直接处置废物。

官方数据显示，在香港，塑胶废物占都市固体废物弃置量第三位，仅次于厨余及废纸。香港环保署数据显示，2019 年，近 10%的塑胶废物为塑胶餐具，每周弃置在堆填区的塑胶餐具多达约 1 400 t，相等于 90 辆双层巴士的重量。新冠疫情暴发后，外卖需求增加，令即弃餐具废物大增。

2021 年 7 月，为从源头减少使用即弃胶餐具，香港环保署就建议推行“管制即弃胶餐具计划”向社会公开咨询，建议在 2025 年前后全面禁用即弃发泡胶餐具，禁用范围包括餐饮业处所向顾客提供相关餐具外，同时包含销售即弃发泡胶餐具给本地的最终消费者（包括餐饮业处所）。

“这个市场潜力是巨大的，特区政府的政策出台规划对我们整体的行业是利好。”SRJJ Limited 水溶降解材料有限公司（SRJJ）项目总监陈逸晋表示。

自 2016 年起，SRJJ 与广东宝德利新材料科技股份有限公司深入合作，开发应用于包装产品为主的水溶性降解材料。SRJJ 的核心技术是“宝时丽”的改性水溶性高聚合物材料（PVAL）和生物基材料的组合物，这种新型材料能在大自然中完全生物降解，降解为二氧化碳和水，而且具有可水溶性，水溶温度和速度皆可调整。该材料的包装产品已广泛应用于医疗卫生、工业生产、农业、日用消费品等领域。

资料二：落户香港

《香港资源循环蓝图 2035》中明确提出，特区政府将会拨款 2 亿港元成立低碳绿色科研基金，提供给有助香港减碳和加强保护环境的科研项目，每个项目提供的资助金额由 250 万～3 000 万港元。

“我们发现特区政府新出台的（政策）工具越来越丰富，我们都在申请中”，风脉国际 CEO 朱丹表示。

风脉国际母公司是总部位于武汉的新能源风电、光伏和资产管理企业——风脉能源。风脉能源创办于 2009 年。在 2018 年，风脉能源为响应当时新能源行业的“一带一路”倡议计划布局其国际事业、拓展海外市场。朱丹坦言，风脉国际公司在选址中曾考虑过中国香港、新加坡和北美等地，但综合考虑了政策环境、金融资源、国内配套产业链、行业合作伙伴、服务于国内企业走出去等一系列因素后，最终决定落户香港。

复盘三年前的选择，朱丹认为，风脉能源将国际业务布局在香港的目标已基本实现，“公司在东南亚已经开展了多个绿地项目，并将欧洲基建基金带入中国的新能源市场，成为风脉国内的合资伙伴。此外，中国大部分的头部电力企业，都是我们长期的合作伙伴和客户，他们在香港都有分支机构，（香港）也是他们走出去的对外平台。在香港，我们的语言环境、文件文本、法律等也可以大量利用中文，这会节省非常多的时间和沟通成本。同时，联合这些合作伙伴在香港（的机会），我们一起投资海外”。

谈及特区政府的扶持和支持，朱丹笑言："对我们来说，有各种各样的优惠，比如说 BUD 基金是特区政府和企业各出一半，补贴企业在'一带一路'市场进行招聘、租赁写字楼以及市场推广活动。还有其他专门针对宣传和市场开拓的'一带一路'基金，我们也可以叠加申请，所以对企业来说是很有吸引力的。"

据记者了解，"BUD"基金是由香港特区政府出资成立的帮助香港企业发展品牌（branding）、升级转型（upgrading）及拓展中国内地（domestic sales）和自贸协定（包括东盟）市场的专项基金。"BUD 专项基金"的资助金额不菲：政府最多资助项目总核算开支的 50%，在申请期内，每家企业最多可供获资助 40 个核算项目及上限 600 万港元。

资料来源：朱丽娜. 环保企业的"香港机遇"，打造亚太地区绿色金融高地[R/OL]. 21 世纪经济报道，2022-03-22. http://www.21jingji.com/article/20220322/herald/6fc089500bd60b4dbb4ba 683740094f8.html。

8.2.2 国际融资管理

国际融资主要指国际企业在全球范围内筹措其生产经营所需资金的一项财务管理活动。国际融资管理则是指国际企业通过科学的谋划和合理的组合，以最有利的条件筹措资金，实现融资成本最小化、融资风险最小化、资本结构最优化的战略目标。

8.2.2.1 融资来源与方式

8.2.2.1.1 融资来源

融资来源是指国际企业取得资金的途径。国际企业由于在全球范围内从事生产经营活动，因此所需资金不仅规模较大，而且涉及不同国家的币种，其融资渠道相应地也多种多样，主要有以下四个方面。

（1）国际企业内部

国际企业通过内部融通资金的渠道主要有两个：一是母公司或子公司本身的未分配利润和折旧基金；二是国际企业集团内部相互提供的资金。国际企业内部资金是其资金来源的一个重要渠道，该项资金来源具有灵活高效、方便快捷的优点，并且通过该方式筹集的资金融资成本相对较低，融资风险也小，因此非常受国际企业的欢迎。

（2）母国

相对而言，国际企业与母国的联系更为紧密，因此其从母国的银行、非银行金融机构、有关政府机构、资本市场等渠道取得资金更为容易。具体来说，主要有三条途径：一是，从母国的银行或其他金融机构获得贷款，这是国际企业从外部获得资金的重要途径之一；二是，从母国的资本市场通过发行股票或债券筹得资金；三是，通过母国有关政府机构或经济组织获得贸易信贷及各种专项资金。相比较而言，第一种和第三种途径融资成本较低、风险较小，但筹集的资金数量有限；第二种途径融资成本及风险相对较高，但筹集的资金量较大。

（3）东道国

当来源于自身内部资金以及母国金融机构或资本市场的融资量不能满足国际企业资金需求时，国际企业就必须通过子公司或分公司所在的国家或地区来获取其他资金来源。

由于各国政治、经济等发展情况的不同，国际企业利用东道国资金的来源也各异。

（4）国际资金筹集

除上述三种融资来源外，国际企业还可以从第三国或国际组织获得所需的资金。例如，当国际企业向第三国购买货物时，一般可以向该第三国（出口国）申请获取出口信贷。另外，国际企业还可以向国际金融机构贷款，如世界银行、亚洲开发银行、国际金融公司等。

8.2.2.1.2 **融资方式**

国际企业融资方式指的是取得资金的具体形式，相比国内企业的融资方式，其形式更加复杂与多样化，包括股权融资、债务融资以及专门融资方式。

（1）国际股权融资

国际企业通过在国际资本市场上发行股票来筹集资金，国际股权融资是国际企业筹集资金的重要方式。随着各国资本市场对外开放程度越来越高，这种方式也越来越重要。企业通过发行国际股票可以迅速筹集外汇资金，提高企业信誉，加速国际化进程。但是，在国际资本市场上发行股票必须遵循国际惯例以及有关国家的金融法规。

（2）国际债务融资

国际债务融资是指企业可以通过银行贷款、发行债券等形式筹集资金，主要包括以下两种方式：一是，国际信贷融资，是指国际企业向跨国银行或银团以及其他经济组织筹措资金；二是，国际债券融资，是指国际企业通过在国际债券市场上发行债券筹集资金，具体分为外国债券和欧洲债券两种形式。

（3）专门融资方式

除了股权融资和债务融资外，国际企业还有一些与其特定经营活动相关的融资形式，可称为国际企业的专门融资方式。主要包括：一是，国际贸易融资，是专为国际贸易活动进行的融资。国际贸易信贷可有多种分类，如按业务内容可分为进口信贷和出口信贷，按期限可以分为短期信贷和中长期信贷，按性质可以分为商业信用和银行信用；二是，国际融资租赁，是指国际企业按租约合同规定，分期付给出租人一定的租赁费用，在不转让物品的法律所有权的前提下有偿出让其使用权；三是，国际项目融资，是指以境内建设项目的名义在境外筹措外汇资金，并仅以项目自身预期收入和资产对外承担债务偿还责任的融资方式。

8.2.2.2 融资结构的影响因素

融资结构是指企业所使用的股权和债务融资在筹集资金中的比重。不同企业的融资结构存在显著差异，国际企业在权衡使用股权融资还是债务融资的问题时，需要结合国际企业自身的特点以及子公司所在国家的特点来权衡利弊（表 8-3）。

表 8-3 融资结构的影响因素分析

影响因素		因素分析
国际企业特点	国际企业现金流的稳定性	现金流更稳定的国际企业可以承受更多的债务，因为它们有更稳定的现金流入来偿付定期利息费用； 相反，现金流量变化无常的国际企业可能偏爱较少的债务，因它们不能确保每一期都产生足够的现金来支付较多的债务利息

影响因素		因素分析
国际企业特点	国际企业的信用风险	有较低信用风险的国际企业更容易获得贷款。任何影响信用风险的因素都会影响国际企业对融资结构的选择。例如，如果人们认为该国际企业的管理稳健、高效，它的信用风险就可能较低，这就使该国际企业更易借贷，且融资成本相对较低
	国际企业对收益的处理	盈利较高的国际企业可以用留存收益来为大部分投资融资，因而多采用的是权益融资为主的融资方式；相反，留存收益水平较低的国际企业可能会更多地依靠债务融资
国家特征	东道国的利率	国际企业可能会在某些国家以相对较低的成本获得可贷资金（债务），而其他国家的债务成本可能会很高。因此，国际企业对负债的偏爱可能取决于它经营所在国家的债务成本高低
	东道国的国家风险	当国际企业处于高度国家风险的情况下时，可能会利用大量的东道国当地债务进行融资。另外，当该国际企业在东道国的经营被东道国政府终止时，如果其经营是从当地债权人处融资，损失可能会较少。这是因为当地债权人将会与东道国政府谈判，以使东道国政府没收该国际企业的资产后能收回他们借出的部分或全部资金
	东道国税法	如果依靠母公司融资，当汇回收益时，子公司可能要缴纳预提税。如果利用东道国当地债务融资，由于债务利息费用在税前可以扣除，进而可以减少所得税支出。因此，如果子公司所在东道国所得税税率较高，利用债务融资可以减轻税负

总体来讲，当子公司处于当地利率低、国家风险高、所得税税率高的环境时，国际企业愿意较多地进行债务融资。

8.2.2.3　融资成本的确定

公司的融资方式主要为股权融资和债务融资，依靠股权融资和依靠债务融资的不同比重就构成不同的资本结构，两者的综合成本即为公司的融资成本。这种综合成本就是公司的加权平均资本成本（WAC）。

具体地，加权平均资本成本通过下述公式来计算：

$$K=K_i\times(1-t)\times W_i+K_e\times W_e$$

式中，K——加权平均资本成本；

K_i——债务融资的融资成本；

W_i——债务资本在全部资本中所占比重；

K_e——股权融资的融资成本；

W_e——股权资本在全部资本中所占比重；

t——公司所得税税率。

要通过上述公式计算出公司的加权平均资本成本，关键是求得债务融资的融资成本 K_i 和股权融资的融资成本 K_e。一般来说，债务融资的融资成本 K_i 相对容易获得，因为发行公司债券大多有固定的债券票面利息，银行贷款也有确定的贷款利率。虽然公司债务融资的真实成本并不等于债券票面利率和银行贷款的名义利率，但总是可以依据这些数据计算出真实融资成本。而股权融资的融资成本计算比较复杂，因为股息的高低是不确定的，事前更难知晓。通常，股权融资的融资成本是通过戈登模型（Gordon model）和资本资产定价模型（CAPM）间接估算的。虽然对股权融资成本的估算不可能是完全准确的，但依据上述方法，还是可以大致计算出股权的融资成本，并进而计算出公司的资本成本。

8.2.3 国际现金管理

无论公司从事国内业务还是国际业务，许多现金管理手段都是相同的，例如，为了实现剩余现金投资收益的最大化，现金管理者需要在全球范围内开展投资活动。然而，从事跨国经营的公司在日常交易中会用到多种货币，因此外汇交易成本是影响其有效现金管理的一个重要因素。加之资金转移的时滞，政府政策的限制，包括外汇管制、税收政策等，都是影响国际企业现金管理的环境因素。此外，国际企业还须决定现金是由母公司集中管理，还是由各家子公司分散管理。

8.2.3.1 现金集中管理

（1）现金集中管理的内涵

现金集中管理是国际企业选择一个适当的国家或地区设立一个现金管理中心，各国外子公司及分支机构平时只需保留进行日常经营活动所需的最低现金余额，其余部分均汇往现金中心，由该中心负责统筹安排。这种现金管理方式就是现金集中管理。适合设立现金管理中心的国家或地区通常是国际金融中心或国际避税地。

（2）现金集中管理的前提——现金需求预测

为使现金的集中管理能够行之有效，各子公司需要对现金的需求进行预测。例如，编制短期现金预算，预测未来时点的现金流出流入量；根据所在国的支付习惯和金融环境预计现金溢余或短缺的时间和数量，同时各子公司还必须建立系统的收付款制度和现金转移的责任制度。这样才能有效地配合现金的集中管理，使之更加可行。

（3）现金集中管理方式的优点

现金集中管理方式的优点体现在：一是，提高现金收益率。现金集中管理后，可以使整个国际企业的现金持有量达到最低。二是，信息优势。由于现金管理中心专门从事现金的调度，所以有充足的时间进行信息的收集，而且能够提供在各种货币市场上进行操作的经验。三是，全局性优势。现金管理中心能从全局考虑现金管理问题。调节子公司之间的相互利益。四是，分散风险。现金的集中管理可以有效进行多元化组合，从而分散有关风险，特别是外汇风险。

案例 8-7 经济全球化中的跨国公司资金司库

资料一：中资跨国公司开启大司库时代

当管理层为实现整体财务目标而采取行动时，司库管理体系必须能够为企业集团提供必要的资金和信息支持，还可以识别风险，并以全局乃至全球的视野来监控和管理企业现金流。

随着我国企业“走出去”步伐的日益加快，中资跨国公司逐步成为全球跨国公司中的重要组成部分。资金管理是企业全球化发展中的重要助推力量。近几年，越来越多的中资跨国公司开始重视资金管理工作，并着手搭建司库管理体系。

司库本意是指掌兵器卤簿的部门或机构；后指存放和支付汇集资金的地方，如金库和国库。如今是企业集团内或者金融机构内负责资金管理职能的称号，主要负责资金管理、风险控制等职能。与传统资金管理相比，司库这个概念是近两年才开始在国内广泛出现，这也得益于相关监管政策的大力推动。

2021 年 10 月底，在 2021 年前三季度央企经济运行情况新闻发布会上，国务院国资委秘书长、新闻发言人彭华岗表示，为贯彻党中央关于防范化解重大金融风险的决策部署，坚决守住中央企业不发生重大风险的底线，带头维护经济金融稳定，国资委正在建立司库管理体系，进一步加强资金管理和债务风险防控，强化债务风险穿透式监测预警，全面提升企业抗风险能力。

资料来源：宋雁黎. 中资跨国公司开启大司库时代[J]. 中国外汇，2022（8）。

资料二：全球主要的司库平台模式与企业

1. 现金池管理（cash pooling）

现金池可分为物理现金池（physical pool）和名义现金池（notional pool）。物理现金池即“零余额账户集合（ZBA）”。集团总部每日终统一上收各成员企业账户资金头寸，并集中到总部“现金池”账户；总部以现金池中的资金及其统一向银行申请获得的授信额度为保证，约定各成员企业的日间透支额度；在约定的透支额度内，若日间成员企业账户余额不足，则以账户透支的方式自主对外付款；日终，集团总部与银行统一清算，以现金池资金或授信项下融资补足各成员企业透支金额。名义现金池是指用各银行账户中的不同现金头寸产生的综合盈余来抵补综合赤字。其运作机制是每个参与现金池的公司都保留加入现金池的账户，由银行汇总所有参与账户，综合得到一个净额以反映现金头寸总体情况，根据现金总额的正负来确定存款（正）利息收入或者贷款（负）利息支出，实际资金并没有发生转移，但是贷款或透支的利息成本会大幅降低，存款利息收益得到最大体现。

微软公司利用现金池原理，重新设计了其账户架构，对其在超过 30 个国家、上千个银行账户的数十个币种实现了 ZBA 管理。一方面实现了资金的自动归集与划转，保障了有需求的成员单位的资金供应；另一方面降低了日均银行存款余额，提高了资金运营效率，降低了汇兑成本和国家风险。

2. 支付/归集工厂（payment/collection factory）

集中收支既是司库管理的基础功能，也是现金池运作的前提条件。支付/归集工厂本质上就是企业司库结算中心，通过集中管理账户和内外部应收应付款、集中办理支付和代理支付等，将以往分散、杂乱的支付结算体系和企-银“多对多”关系，改为两个背向的“一对多”关系，即前端由支付/归集工厂这个结算中心一家对集团的多家成员企业，后端由支付/结算工厂一家对多家银行。

宝马公司（BMW）通过其支付工厂，将全部交易文件和支付指令送往其全球支付中央处理器（global payments processor，GPP），GPP 分析相关文件和支付指令，并按照既定程序和支付路径统一完成支付。通过支付工厂，宝马公司节约了近 30%的相关费用，成员单位不再需要开立外部银行账户，不需要建立与银行相适应的支付系统，更不必维持与各银行的关系管理，不仅节约了账户手续费、系统开发维护成本，还大大减少了外汇交易量及相应成本，减少了现金冗余，优化了支付流程，降低了支付的复杂程度，同时从整体上提高了宝马公司整个支付系统的标准化、透明度和规范性。

3. 共享服务中心（shared service center，SSC）

SSC 早期的职能主要是会计核算的集中，后来陆续扩展到包括现金及流动性管理、应收应付账款管理等司库职能，再后来进一步扩展到财务以外的其他职能。由于网络技术在司库领域的普遍应用以及信息和流程的标准化，很多司库业务的后台支持不一定需要在本地完成。全球化经营的跨国公司为尽可能降低后台支持成本，通常会在税收相对优惠的国家设立区域性 SSC，集中管理辖区内所有成员单位的多币种托收、清算支付、区域现金池、流动性管理、短期投资、银行交易等司库活动，同时集中办理辖区内业务单位的收付款、会计核算、财务报告、人力资源管理、工资及员工福利管理以及法律、合规和税收等事务。区域性 SSC 避免了这些功能因重复设置造成的资源浪费，提高了流动性管理效率，实现了资源共享、规模经济的目标。

BP、壳牌等均在欧洲、美洲、亚太等地区设立了 SSC，其司库管理通过跨时区 SSC 的循环运转，实现全球资金 24 小时不间断调配和运作。捷普集团（Jabil Circuit，全球第三大制造服务供应商）通过其 SSC 成功实现了"功能集中、区域分散"的全球司库管理，使得司库管理更接近于业务经营单位和当地市场，从而有效管理和运营集团分布在四大洲 27 个国家的 90 多个工厂的现金流及收支结算、会计核算、区域内部融资与外汇风险管理等。

4 国际司库中心（international treasury center，ITC）

ITC 与 SSC 相类似但又有所不同。ITC 的主要功能是司库在总部所在国之外的区域管理中心或者全球司库管理中心（GTC），而 SSC 的功能则更为综合。很多跨国公司也许没有设立 SSC，但根据司库管理需要可能设有 ITC。单从司库管理角度看，全球性跨国公司的 SSC，本身也具有 ITC 的各种功能。ITC 的主要功能包括：区域或全球现金池管理、集团内部融资与资金调剂、内外部支付、外汇风险管理以及投资管理。

eBay 公司通过集中化的 ITC，彻底改变了以往司库管理面临的困境。一是将全球 18 个现金池归并为 4 个 ITC，成功实现了多币种的名义现金池集中（集中了 90 亿美元现金），并实现单一货币投资，提高了短期投资收益约 70 个基点。二是把原有的 18 个贷款机构、30 个融资机构进一步合并，将融资功能全部集中到 ITC，作为唯一的借贷中心，ITC 对每个成员企业设立融资上限，将已有贷款转移至 ITC 的池子里，减少了 50%的贷款总量，提高了业务单元的现金可见度和可控性。三是把集团原来的 22 个外汇对冲和套保机构全部撤销，将外汇集中到 15 个账户中，由 ITC 设立外汇池，统一进行外汇风险管理和净轧差对冲，每年减少对冲成本近 100 万美元，并使公司资产负债表的外汇风险敞口控制在 5 亿美元之内。四是把以往的 130 多家结算主体、五花八门的结算币种、每年超过 10 万张发票的结算系统重新梳理，纳入统一体系，利用 ITC 集中收支并统一管理，将成员企业的多币种支付结算变为单一币种对 ITC 结算，由 ITC 统一对外多币种结算，使支付结算变得简洁、有序、透明度高、控制力强。

5. 内部银行（in-house-bank，IHB）

它是将银行的基本职能与管理方式引入企业司库管理机制而建立起来的一种内部资金管理与金融服务机构。很多全球化经营、组织结构复杂分散、合作银行数量较多的大型企业集团会选择在税收优惠的地区设立 IHB。在很多国家，IHB 持有金融牌照，受当地金融监管部门监管。其主要职责包括发放集团成员单位贷款、支付结算、流动性管理和投融资，以及集团内部头寸管理、外汇及风险管理、优化财务报表等。

跨国企业集团一般要求所有分子公司在 IHB 开设账户，企业生产经营活动中的一切实物转让、劳务协作均视作双边交易，通过 IHB 办理往来结算。集团通过 IHB 统一对外筹措资金，各分（子）公司无权对外筹资。IHB 根据企业集团整体经营状况统一运筹，合理调度资金。IHB 本身实行银行化管理，建立贷款责任制，强调资本充足性和风险管理，相对独立核算，自负盈亏。

庞巴迪（Bombardier）集团作为世界排名第一的高铁机车等交通运输设备制造商和全球第三大飞机制造商，在全球几十个国家拥有设备零部件生产与组装企业，组织结构非常复杂。通过设立 IHB，庞巴迪集团取得了如下成效：一是通过流程标准化提升效率；二是通过减少全球银行账户数量降低成本；三是通过有效利用集团全球货币存量、减少本地与区域性外汇交易强化营运资金管理；四是通过提高资金流的透明度实现更准确的现金流预测及更有效的风险控制；五是提供更准确、及时、动态的信息报告以支持集团高层决策。

资料来源：王增业.跨国公司司库管理经验及启示[J]. 国际石油经济，2015，23（3）：89-93，112。

8.2.3.2 跨国转移资金的方法

追求有效地利用现金资源和使全球税负最小化，要求企业能够在全球范围内将资金从一个地方转移到另一个地方。国际企业经常使用一些现金流量的管理方法，跨国转移资金、以服务于现金集中管理。下面具体介绍一些国际企业常用的跨国转移流动资金的技术手段，其中包括股利返回、内部贷款、转让定价、特许权使用费、服务费和管理费。

（1）股利返回

股利的支付是公司从国外子公司将资金转移到母公司最常用的方法。为了有效地利用这一手段，国际企业在制定股息政策时，需要综合考虑一系列因素，包括税收、外汇风险、汇兑限制、合资企业中其他股东的态度等。股利派发对于国际资金转移具有多方面的意义：一是，税收套利。当国际企业母公司与海外子公司有效税率不同时，改变各子公司的股利支付比率可以使国际企业减轻总体税务负担。二是，控制外汇风险。大多数国际企业预计派息货币即将贬值时，就加快股息的派发，将资金从弱币区转至强币区。三是，避开外汇管制。为避开外汇管制，一些国际企业将采取相对较高而稳定的股利支付率，即使股利不能汇出，也照常宣布分配，从而建立将来放松管制或取消管制时汇出股利的基础。如果一国出现政局变动或外汇危机，国际企业要求子公司尽快转移其积余资金时，一般都是通过股利汇付实现资金的转移。

（2）内部贷款

公司内部贷款包括母公司对子公司的贷款以及子公司之间相互提供贷款。这是国际企业内部资金流动和转移的重要形式，也是国际企业实现内部资金有效融通的方式之一。

国际企业内部贷款有两种情况：一是，如果相关国家政策与法规对国际企业内部贷款没有什么限制，则母公司与子公司以及子公司之间可以直接贷款。在这种情况下，主要考虑的是确定合适的贷款利息。二是，为了追求比直接贷款更多的好处（如某些国家规定支付给金融机构的利息比支付给外国母公司的利息所交的预提税率要低），或者由于政府管制与其他某些原因，国际企业不愿意或者不方便直接由母公司向子公司贷款，便可采用一些间接方式进行贷款，如平行贷款和背对背贷款。

（3）转让定价

国际转让定价，是指国际企业管理当局为实现总体经营战略目标，谋求国际企业整体利益最大化，而在公司内部各关联企业或子公司之间互相购销产品、提供劳务、转让无形资产和借贷资金时，确定的内部“交易”价格。这种价格不同于一般的市场价格，不受市场供求关系的影响。国际企业的转让定价多用在以下活动中：有形资产销售、无形资产转让，提供服务、融资等。

对国际企业而言，转让定价既可以加速企业内部的资金转移，也可以降低整个公司的税负。其作用主要表现在以下几个方面。第一，优化资金配置。母公司或其他子公司为了实现从某一子公司吸收或转移资金，可以通过转让定价将其所赚的利润调回母公司或其他子公司。第二，降低税负。国际企业希望利用转让价格尽可能地减少或逃避有关主权国课征的税收（包括所得税和关税）。转让定价的所得税效应主要取决于各国的税率差别，国际企业可以利用转让定价把高税率国家（地区）子公司的利润（资金）转移到低税率国家（地区）的子公司，从而减少整家公司的纳税额。第三，调节利润水平。国际企业根据经营需要，通过调高或调低转让价格来影响子公司的利润水平。如果某一子公司在当地获得较高利润，这不但会引起东道国政府的注意或反感，也可能会导致更多的竞争对手进入同一市场，国际企业可以利用调整转让定价、降低利润的方法，来掩盖该子公司获利的真实情况。

在国际企业国际化经营过程中，转让定价是广泛使用的一种经营手段与策略，严格来说，转让定价本身是无可指责的。然而，转让定价的滥用，人为偏离正常价格就是一种不公平的竞争手段了。它扭曲了企业真实的经营状态，改变了企业经营的实际结果，形成了不公平竞争，给有关东道国政府、母国政府、同行竞争者的利益带来损害，偷逃政府税收、形成市场垄断、破坏公平竞争，不利于产业的健康发展，也会损害消费者的利益。因此，针对国际企业利用转让定价进行资金转移和避税的行为，各国政府为了保护其国内市场和国家财政利益，通常会采取单边反避税措施和其他行政干预。总之，国际企业需要根据其所处的情况，灵活利用转让定价方式，以实现资金的跨国转移。

（4）特许权使用费、服务费和管理费

特许权使用费、服务费和管理费的支付也是国际企业资金转移的基本方式。特许权使用费是指子公司为获取技术、专利或商标的使用权，而付给拥有技术、专利或商标的母公司或子公司的报酬，可以用每单位产品支付一定的金额或以全部毛销售收入的一定百分比计算。服务费是用于补偿由母公司或其他子公司供应给该子公司的专门服务的支出，一般按服务的时间、服务的类型和等级确定支付费用的标准。管理费是国际企业在进行国际经营业务时所发生的一般行政管理费用中由子公司摊付的部分。

特许权使用费、服务费和管理费可以作为企业内部资金转移和融通的方式。这些费用与商品价格不同，通常没有什么参照系，因而国际企业可以根据具体情况和需要，调整费用高低标准，以作为国际资金流动的额外渠道。也正是因为这个原因，许多东道国认为国际企业的子公司向其母公司或其他子公司支付管理费和特许权使用费，是为了掩盖实际利润，逃避税收和转移资金，因而对这类费用的支付往往实施较严格的限制和监控措施。

8.2.3.3 提高现金使用效率的技术手段

国际企业可以利用一系列技术手段进行国际企业内部资金调配，在一定程度上提高现金使用效率，实现资金调拨成本最小化。

（1）国际资金调拨系统——SWIFT 和 CHIPS

传统的资金调拨工具是邮汇与电汇。自 20 世纪 70 年代以来，各种电子资金调拨网络的出现和完善，极大地节省了资金调拨时间，节约了调拨成本。在诸多国际资金调拨系统中，最重要的是 SWIFT 系统和 CHIPS 系统。SWIFT 系统主要提供通信服务，为其成员金融机构传送各种标准的国际资金调拨信息，而国际资金调拨处理则主要由 CHIPS 系统完成。

环球银行金融通信系统是环球银行金融通信协会（Society for Worldwide Interbank Financial Telecommunication）为实现国际银行间的金融业务处理自动化而开发的连接全球各国银行的金融数据通信计算机网络系统，简称 SWIFT 系统。该系统是将先进的数据梳理和远程通信技术结合起来的一套综合系统，可以提供安全和标准化的资金调拨程序，对报文可以自动加押或核押，收发电讯快速、安全、准确，且成本低廉。

CHIPS（Clearing House Interbank Payment System）是“纽约清算所银行同业支付系统”的简称，于 1970 年由纽约清算所（New York Clearing House）成立，是全球最大的私营支付清算系统之一，主要进行跨国美元交易的清算，平均每天清算和结算达 1.5 万亿美元的跨境与国内支付业务，大大提高了国际资金调拨效率。

（2）净额结算

净额结算包括两种形式：双边净额与多边净额。所谓双边净额，就是国际企业内的两家公司有相互贸易活动时，可以采用某种固定汇率把相互到期的应收款项抵消，而只支付差额的结算办法。多边净额则是指多家子公司之间相互交易的款项抵消结算。通过净额结算可以减少交易次数，降低资金的转移成本，从而大大提高资金使用效率。

（3）现金池

现金池（cash pool）也称现金总库。最早是由国际企业的财务公司与国际银行联手开发的资金管理模式，以统一调拨集团的全球资金，最大限度地降低集团持有的净头寸。花旗银行对现金池的定义是：现金池结构是用于企业间资金管理的自动调拨工具，其主要功能是实现资金的集中控制。现金池结构包含一个主账户和一个或几个子账户。现金池资金的自动调拨通常在日终发生，调拨的金额取决于各子账户的日终金额和目标金额，即日终时各子账户余额为所设定的“目标余额”，而所有的剩余资金将全部集中在主账户。

现金池的主要类型，按照是否借助银行来完成可以分为以银行为中介的现金池和以财务公司为中介的现金池：按照是否存在实际资金划转可以分为实体现金池和名义现金池。

国际企业建立现金池的作用主要在于；其一，现金池变外源融资为内部融资。减少了利息支出，降低了资金成本；其二，改善国际企业资金管理，提高现金流动的透明度，加强国际企业总部对成员子公司资金收支的监督和控制；其三，改善国际企业资金流动性管理，国际企业内各企业不再单独与银行发生信贷关系，转而以整个国际企业的名义进行融资，信用水平大幅提升，增强了投融资能力；其四，有效控制国际企业的外汇风险，国际企业一方面通过利用现金池的资金融通机制，减少持有的外币现金余额，可以从根本上降低外汇风险，另一方面，合作银行拥有充足的外汇市场操作经验，能够专业地预测外汇走势，为国际企业掌握合理有利的资金头寸提供建议。

8.3 国际环境会计（绿色会计）

环境会计又称绿色会计，是经济社会发展到特定历史阶段的必然产物，是资源环境问题与社会经济问题积累到一定程度在会计领域中的集中体现。环境会计是随着经济的发展逐渐在会计领域中派生出的一个新型分支，它不仅是一个会计问题，更是基于资源环境约束条件下的经济社会发展问题。[①]美国会计学家 F. D. S. Choi 和 G. G. Mueller 在合著的《国际会计》中从四个方面定义国际会计。国际会计是把一般目的、面向本国的会计在最广泛的含义上扩展到如下四个层面：一是会计的国际比较与分析；二是国际企业的国际工商业务及其工商企业形式所持有的会计核算与会计报告的各种问题；三是国际金融市场的会计问题；四是通过政府、企业、会计职业组织建立会计标准的活动，对世界会计和财务报告所进行的协调。国际企业在进行国际商务活动时，也对国际会计产生了新的需求：产生了了解其他国家会计准则、会计制度的愿望；产生了协调统一的愿望；产生了新的会计业务（如外币交易、报表折算、报表合并等）。随着环境会计的发展，预计在环境会计领域也会在国际会计的"最广泛的含义上"做相应扩展。

8.3.1 环境会计基本理论

8.3.1.1 环境会计的概念

（1）联合国的观点

环境会计最早是联合国试图改进国民经济核算体系时提出的。1992 年，联合国提出了建立综合环境与经济会计系统（the system of integrated environmental and economic accounting，SEEA）的问题，1993 年联合国正式发布同名文告。这标志着环境会计取得了决定性发展，并对国民环境会计系统的设计产生了重大影响。在这里，环境会计指的是国民环境会计，核算对象实际上是国民经济。不过，联合国的文件中也用环境会计来代表公司环境会计。[②]

（2）美国国家环保局的观点

美国国家环保局一直致力于推动环境会计项目，主张环境会计这一术语在三种不同的背景下使用：国民收入会计、财务会计和管理会计。国民收入会计是对宏观经济的计量，例如用 GDP 反映社会经济福利，在此背景下使用环境会计概念，则表示用实物或货币单位反映国家自然资源的消耗量，也称为"自然资源会计"。财务会计按照公认会计原则为企业的投资人、借款人和其他外部使用者提供财务报告，在此背景下使用环境会计概念，

---

① 环境会计准则和环境会计制度[EB/OL].（2021-08-02）. https://lcerc.jnu.edu.cn/2021/0802/c14908a640213/page.htm.

② 张亚连. 环境会计[M]. 北京：经济科学出版社，2021：13.

则指对环境负债和重大的环境成本进行估计和报告。管理会计要为企业内部管理需要进行信息的确认、收集和分析，在此背景下使用环境会计概念，则指在企业的经营和决策中利用环境成本与环境业绩的信息，如在成本分配、资本预算和流程或产品设计中考虑环境成本和效益。

总的来说，环境会计在广义上包括宏观意义上的国民环境会计和微观意义上的企业环境会计。这里主要是在微观意义上使用企业环境会计这一概念。

8.3.1.2　环境会计的目标、基本假设与职能

（1）环境会计的目标

环境会计的目标是有层次的，分为基本目标和具体目标。

环境会计的基本目标是实现经济效益和社会效益的协调统一。传统会计只强调经济效益的单目标决策，而在经济增长的同时，环境问题层出不穷，最终会对经济社会的可持续发展带来重大影响。因此，环境会计应当在做经济决策时对环境和社会问题给予更多的关注，其基本目标也必须由经济效益的单目标决策拓展为经济效益与社会效益的协调统一，这是实现社会经济持续发展的根本要求。

环境会计的具体目标是向环境会计信息使用者提供企业环境会计信息。企业环境会计是为企业实现可持续发展服务的，不同的环境会计信息使用者有不同的信息需求，对环境会计提出不同的要求，这些环境会计信息使用者主要包括企业投资者、企业债权人、政府机关、企业管理当局及社会公众等。投资者会非常关心企业的环境绩效，要求企业披露环境方面的信息。因为企业的环境绩效会影响到企业财务的安全性和盈利能力。企业债权人（这里主要指银行和保险公司）。随着“绿色银行”的出现，使得债权人须了解企业的环境风险是否影响其偿债能力，以及这种影响可能发生的时间及影响程度。政府机关需要了解企业环境方面的信息，以修订环保法规和制定新的法规，最终达到保护环境、有效利用自然资源、实现经济可持续发展的目的。企业管理当局需要利用环境会计信息加强环境管理，塑造企业良好形象，增强企业市场竞争力，全面提高企业的经济效益和社会效益。社会公众及其他，主要包括消费者、企业职工等，他们出于自身利益和环境道义上的考虑对企业环境信息披露十分重视，非常关心企业的环境问题。

（2）环境会计的基本假设与职能

为了应对环境会计研究对象高度的不确定性和复杂性特征，建立稳定的核算程序和方法，必须依据人们对环境资源的认识，作出合乎逻辑的推理和判断，即环境会计假设，具体而言是五个会计假设。①一是，会计主体假设。会计主体是指会计核算服务的对象或者说是会计人员进行核算采取的立场及空间范围的界定。将环境会计主体假设应用于环境会计，其主体范围已经突破了企业主体这一狭隘的范围，延伸到整个自然界和人类社会。二是，持续经营和会计分期假设。持续经营假设是指会计主体在可预见的未来不会面临破产清算，能够长期经营下去。会计分期假设是指企业持续经营中发生的各种经济业务和活动可以归属于人为划分的各个会计期间，以便于分期评估企业的环境业绩。三是，可持续发展假设：是指环境会计核算在自然资源不枯竭、生态

①张亚连．环境会计[M]．北京：经济科学出版社，2021：93-95.

资源不降级的前提下，在有利于社会、经济可持续发展的基础上，追求自身的发展。相较于前述环境会计假设，可持续发展假设是基于环境会计的特殊性的创新。四是，多重计量假设，是指因环境资产、环境负债、环境成本、环境收益的核算对象具有较强的模糊性，要求环境会计不能完全以“货币”为唯一的计量属性，而是以多元化的计量手段更加准确地对环境效益和社会效益进行核算和反映。五是，环境有用性假设，是说生态环境均具有经济价值，是一种有用的经济资源。环境资源的利用应该和其他指标相衔接，引导环境资源合理化应用。

环境会计的职能主要包括监督职能、评价职能、预测职能和决策职能。监督职能：环境会计通过会计计量、反映和控制资源利用和环境保护，引导企业节约和合理利用资源，实现经济效益、生态效益和社会效益的协同与优化。评价职能，主要是从环境会计的角度评价企业的经营活动成功与否，促使企业重视生态规律，合理开发和利用自然资源。预测职能体现在，从可持续发展的角度，以企业未来资源的利用为对象，运用科学的方法对企业的未来经营活动进行预测与规划。决策职能，这里主要是指环境会计为企业决策提供信息支持的职能。

8.3.2 环境会计的核算

关于环境会计要素的确认、计量及相关账务处理等内容，需要会计学原理的相关知识，这里主要介绍环境财务会计的会计要素及分类，对于其核算原理做简要说明。企业要进行环境会计核算，必须先确定环境会计要素，解决环境会计要素的确认和计量问题，并进行相应的会计处理，建立其账户体系，在这一点上，其与传统会计核算是相同的。环境会计要素是对环境会计对象的具体内容所做的分类，是会计对象的具体化，具体表现为环境资产、环境负债、环境成本、环境收益等环境会计要素，这种划分为大多数研究者所赞同，这些环境会计要素构成了环境会计核算的基本内容。

8.3.2.1 环境资产确认与计量

环境资产是指由过去的、与环境相关的交易或事项形成的，能够用货币计量的，并且由企业拥有或控制的资源，该资源能够给企业带来经济利益或社会利益。①

环境资产是极为丰富的，它可以从多角度进行分类：从形态上，可分为自然资源性资产（如土地资源、地下资源、生物资源、水资源）和生态资源性资产（如大气环境资源、生态环境资源）；从能否再生上，可分为再生资源性资产（如水源、森林）和不可再生资源性资产（如金属、煤）；从运用角度上，它可分为自由取用资源性资产（如空气、太阳能）和经济资源性资产（如森林、矿藏）。

对于其核算，应设立“环境资产”一级会计账户，反映环境资产的形成、增减变动情况及结存情况，也可以根据工作需要直接将环境流动资产、环境固定资产、环境无形资产、环境在建工程等二级科目作为一级科目核算。

---

① 张亚连. 环境会计[M]. 北京：经济科学出版社，2021：104.

案例 8-8　环境资产核算举例

某企业于 2018 年 11 月购入一台需要安装的污染处理设备，支付价款 1 900 万元，购入后立即用于安装，安装期间共支付 100 万元。同年 12 月设备安装完毕并达到预定可使用状态。该设备预计使用年限为 20 年，无净残值。计提 1 个月的折旧费用。

为保证设备正常运行，企业于 2019 年 1 月 30 日购入一批辅助原材料，支付价款 500 万元，材料已验收入库，当月共领用该批原材料的 1/5 进行一般零星污染处理。

要求：编制上述有关业务的会计分录（金额单位用万元表示，不考虑相关税费的影响）。

①2018 年 11 月购入需要安装的污染处理设备：

借：环境在建工程——环保与污染处理设备　　1 900 元
　　贷：银行存款　　1 900 元

②支付安装费用：

借：环境在建工程——环保与污染处理设备　　100 元
　　贷：银行存款　　100 元

③2018 年 12 月安装完成，达到预定可使用状态：

借：环境固定资产　　2 000 元
　　贷：环境在建工程——环境环保和污染处理设备　　2 000 元

④计提折旧：

借：环境成本——环境保护成本——污染治理成本　　100 元
　　贷：环境资产折旧折耗——环境固定资产　　100 元

⑤2019 年 1 月 30 日购入原材料：

借：环境流动资产——原材料　　500 元
　　贷：银行存款　　500 元

⑥领用原材料：

借：环境成本——环境保护成本——污染治理成本　　100 元
　　贷：环境流动资产——原材料　　100 元

8.3.2.2　环境负债确认与计量

美国国家环保局将环境负债定义为“由于过去或持续制造、使用、排放或危险排放某一特定物质，或其他不利于环境的活动导致的在将来支出的法定义务”。我们认为，在企业财务会计系统中确认的环境负债的定义既要符合企业一般负债的定义，又要考虑到环境事项的特殊性。如果将负债的定义运用于环境领域，则可将环境负债理解为“由于企业或组织以前的经营活动或者其他事项对环境或自然资源造成的影响和破坏，而应当由企业或组织承担的、需在未来以资产或劳务偿还的现时义务”。即环境负债既要反映一般负债的定义，又要体现环境特点。

环境负债按照清偿义务的把握程度分为确定性环境负债和或有环境负债。确定性环境负债是指企业生产经营活动的环境影响引发的、清偿期限和清偿金额可以预期确定的或者经有关机构作出裁决而由企业承担的环境负债，如环境罚款、环境赔偿、环境修复责任引发的环境负债。或有环境负债是指由企业过去生产经营行为引起的、由企业承担的、清偿时间和金额不能确定的与环境有关的义务，其义务的存在与否或清偿时间和金额须由某些未来事项的发生或不发生才能确定的环境负债。只有当具有债务发生或资产损失的可能性，且损失金额能合理预计时，才应当确认为或有负债，如某石油公司因污染引起的未决诉讼赔款。

确定性环境负债的确认和计量相对容易理解，而或有环境负债的计量则需要遵循以下原则需要区分其“可能性”。或有环境负债的计量主要依据是导致或有环境负债事项发生的可能性的大小来计量或有环境负债及与之相应的环境损失。第一，如果环境负债发生的可能性很大，而且其导致损失的金额也可以合理地进行估计，那么就可按照最佳估计予以确认，形成或有环境负债。但如果在该或有事项引起的损失的范围内不存在任何最佳的估计，那么至少应按照最小估计金额确认。第二，如果导致环境负债事项发生的可能性属于有可能，或者发生的可能性虽然较大，但相应环境损失的金额无法合理地进行估计，可以采用显示但不预计的办法，以补充的形式在财务报表或环境报告书中，对可能发生损失的估计值或不能作出估计的原因和理由加以说明。第三，如果环境事项发生的可能性很小，那么就可以采用不预计、不显示的办法，既不在会计记录中进行登记，也不以其他形式进行说明。

8.3.2.3 环境成本的确认与计量

1998 年 2 月联合国国际会计和报告标准政府间专家工作组第 15 次会议文件《环境会计和财务报告的立场公告》对环境成本作出了较为权威且全面的定义。环境成本是指本着对环境负责的原则，为管理企业活动对环境造成的影响而被要求采取的措施成本，以及因企业执行环境目标和要求所付出的其他成本。这一定义，以可持续发展思想为指导，以明确企业的环保责任为中心，将企业对环境的影响负荷费用和预防措施开支列入核算对象，提出环境成本的目标是管理企业活动对环境造成的影响及执行环境目标所应达到的要求。依据环境成本的定义可知，环境成本具有多元性、多样性和差异性三大特征。

环境成本核算的一个重要问题是要将环境保护成本进行资本化和费用化的界定与区分。环境成本的多样性特点，说明有些保护费用的发生可能与资产、工程或项目有关，有些可能与资产、工程或项目无关，正因如此，环境成本确认资产还是费用之前，需将发生的保护成本在资本性支出与收益性支出之间进行划分。

属于资本性支出的部分，与生态环境资产相联系时，应作资本化处理，计入生态环境资产的价值，其确认、计量和记录相当于维持自然资源基本存量费用处理；当支出与保护生态环境的设备如污水处理设备相联系时，应资本化计入该项固定资产价值，其确认、计量和记录可比照固定资产的核算方法；当支出与保护生态环境的技术、专利相联系时，应资本化计入该项无形资产处理，其确认、计量和记录可比照无形资产的核算方法；当支出的费用与资产无关时，作为当期费用处理，与环境成本密切相关时就记入“环境管理成本”二级账户，而与环境成本无关时就记入期间费用“环境管理期间费用”和“其他环境期间费用”二级账户。

财务会计中的收益性支出，其确认标准和确认时间一般是与收入相联系的，也就是费用通常是按照配比原则确认，费用的确认时间、确认方法，很大程度上取决于收入的确认方法。如果收入定义为价值变动，则意味着只有在价值发生变动时，才将支出确认为费用；如果收入定义为现金流量，则在现金实际流出时，将其确认为费用。无论如何定义收入，费用都应在有关收入被确认的期间内确认为费用。但生态环境的保护成本与效用没有必然的联系，不论效用如何定义，都无法与之相联系而确认为费用。如果将效用定义为获得一定程度的满足，就意味着只有在效用实现时，才应将保护性支出确认为环境成本。但环境成本的实现时间长，受益范围广，而且效用的实现具有高度的不确定性，加之效用与成本之间没有必然的联系，因此无法将发生的成本与实现的效用配比确认。此外，支付的环境保护成本具有资本性支出的性质，应将其资本化，计入生态环境资产价值，但这些成本与生态环境资产之间没有必然的联系，无法确切地计入生态环境资产。

为了防止生态资源的降级，保护成本的支出是非常必要的，发生的保护成本，其效用是长远的、广泛的，而支出却是近期的、个别的，因此，从保护性的特点来看，其确认应采用期间配比，将其作为支付期的费用处理。按照会计惯例，如果某项支出与未来收入没有密切联系，或者无法找出一个合理和系统的分配基础时，往往将支出作为支付期的费用处理。保护成本与未来收益有联系，但找不出一个合理的分配基础，也应作为支付期的费用处理；当未来环境效用具有不确定性时，将为此效用支付的保护成本延至以后期间是不恰当的。如果保护成本能够产生未来效用，但未来效用带有高度的不确定性，保护成本与未来效用之间没有计量上的联系，保护成本无法递延到以后期间时，只能作为支付期的费用处理。

8.3.2.4　资产弃置义务

美国财务会计准则委员会（Financial Accounting Standards Board，FASB）于 2001 年率先发布了《资产弃置义务会计处理准则》（FAS143），定义“资产弃置义务”为企业因获得、构建、开发和正常使用长期有形资产，根据法律法规或契约而承担长期有形资产在未来弃置阶段的拆除、清理、填埋和环境修复等义务，并限定这是一种法定义务，使准则制定得以简化，保证应用过程中的一致性和可操作性。资产弃置义务会计则是以相关基础理论为起点，依据环境会计的处理目标、假设及信息质量特征，对企业在资产弃置义务的确认、计量和披露等方面作出准则规范。资产弃置义务会计的实施推进了环境会计实践。

我国首次引入了“弃置费用”这一概念，并在 2006 年财政部发布的《企业会计准则第 4 号——固定资产》（CAS4）中给出了定义：根据国家法律和行政法规、国际公约等规定，企业承担的环境保护和生态恢复等义务所确定的支出。例如，开采石油天然气的企业建造开采设备设施、核电站核电设施，在有关的生产经营结束后，拆除设备或者关闭矿井需要承担相应的清理费用及环境恢复义务等。从此定义可推断，我国企业资产弃置义务仅包括因法律、法规、条例、相关监管机构规定或合同规定引起的法定义务，回避了推定义务。至今为止，我国完整的资产弃置义务会计准则尚未形成，仅在《企业会计准则第 13 号——或有事项》（CAS13）、《企业会计准则第 4 号——固定资产》（CAS4）和《企业会计准则第 27 号——石油天然气开采》（CAS27）等相关准则中进行了零散规范。

案例 8-9　全球油气行业的弃置费用

资料一：全球油气行业的项目弃置前景预测

随着全球经济社会的发展，资源国对环保问题愈加重视，油气项目运行后期的弃置义务及其投资已成为关乎项目处置和估值的重要环节。伍德・麦肯兹（Wood Mackenzie）公司的数据表明，2018 年之后的 5 年，预计全球海上将有 700 个以上的油气田因产量太低而停产，相关弃置费用将达到 320 亿美元，其中 80%集中在北海（60%）、亚太（11%）和墨西哥湾（9%）地区；弃置支出国际排名前 10 位的壳牌、埃克森美孚等公司，总计将面临 140 亿美元的账单；除巴西国家石油公司外，其他 9 个公司弃置费支出主要发生在北海地区。2018 年之后的 10 年，全球油气资产弃置费用总共将达到 1 050 亿美元；按地域划分，约 90%集中在北海（48%）、墨西哥湾（15%）、亚太（14%）和巴西（9%）水域；按国家划分，约 70%将发生在英国、美国、挪威和巴西 4 个国家。

资料二：中国石油行业的弃置义务披露进展

作为“2006 年亚洲最盈利公司”，其在 2007 年 6 月 30 日确认为预计负债的资产弃置义务高达 191.86 亿元，这无疑是新准则将上市公司所担负社会责任引入会计系统的最好体现。

在 2005 年两项有关油气勘探、生产活动弃置和处置程序的省级法规出台之前，中国石油对境内弃置的油气资产不存在采取任何弃置措施的法定或推定义务。出于安全方面的考虑，仅对处于人口稠密地区的特定井，在弃置时采取了加盖或封堵措施。上述两项省级法规出台后，中国石油在 2005 年制定了标准的弃置程序，包括井的封堵、计量间和其他相关设施的拆除以及原有地貌的恢复。由于此项法规的改变并结合有关实际情况，中国石油不仅对位于上述两省弃置油气资产的弃置措施承担法定义务，还对位于境内其他省份和境外的弃置油气资产的弃置措施承担了推定义务。

由于确认油气资产弃置义务是针对油气资产未来的弃置支出，因此其金额等于预计未来支出的现值。对于符合确认条件的弃置义务，应确认为预计负债，同时计入相关井及相关设施原价，并计提折耗。2007 年 6 月 30 日、2006 年 12 月 31 日、2005 年 12 月 31 日和 2004 年 12 月 31 日，中国石油确认为预计负债的资产弃置义务分别为 191.86 亿元、184.81 亿元、141.87 亿元和 0 元。

2007 年 6 月 30 日和 2006 年 12 月 31 日，其油气资产原值中与资产弃置义务相关的部分分别为 175.55 亿元和 174.10 亿元。2007 年上半年和 2006 年，计提的折耗分别为 7.79 亿元和 16.70 亿元。

在油气资产的使用寿命内，中国石油还对有关油气资产弃置义务采用实际利率法确定各期间应承担的利息费用。2006 年其财务费用总额为 13.22 亿元，其中对确认为预计负债的资产弃置义务，按照实际利率法计算确定的利息费用就达 7.96 亿元。

资料来源：朱德峰. 中国石油：确认弃置义务　履行社会责任[N/OL]. 上海证券报. 2007-10-24. https://paper.cnstock.com/html/2007-10/24/content_59392489.htm。

根据 2006 年财政部修订颁发的《企业会计准则第 27 号——石油天然气开采》，中国三大石油公司（中国石油、中国石化、中国海油）都对资产弃置费进行会计处理，计入生产成本并在年报中披露。总体上看，中国油气行业弃置费计提比率（资产弃置总费用/资产净值）在 11%左右，与国际上以埃克森美孚、BP 公司为代表的行业龙头相当，基本已实现与国际接轨。

由于有《中华人民共和国海洋环境保护法》和国际日内瓦公海条约等相关规定，中国海油面临更加严格的环保法规。中国海油自 2000 年开始首次对资产弃置费用进行会计规范，在 2007 年首次明确资产弃置负债的折现率。中国石油从 2005 年开始对资产弃置义务进行会计规范并采用预计负债的方式计提。中国石化从 2007 年开始在企业内部实行预计负债方式计提资产弃置费用，集团公司和上市公司分别计提。2018 年，中国海油、中国石油、中国石化分别计提弃置费约 13.9 亿元、56.8 亿元和 28.6 亿元人民币。

资料来源：窦立荣，何英，张杰，等. 弃置义务——油气项目全合同期需要关注的一项风险[J]. 国际石油经济，2019，27（11）：81-87。

8.3.3　环境会计信息披露

8.3.3.1　内容要求

环境活动所具有的经济性和管理性的两重属性决定了环境信息披露内容的两个方面：

（1）环境会计核算信息

这是以货币表现的、定量的财务信息为主的环境经济活动信息，其信息表现形式主要为会计凭证、账簿、报表及其他相关资料，这些信息有助于信息使用者分析、判断和评价企业环境信息披露的合法性、公允性、一贯性。

（2）环境管理控制信息

这是以非货币、定性的非财务为主的环境管理活动信息，其信息表现形式主要为提高环境管理工作绩效和环境质量所采取的管理措施、步骤、技术、方法和手段及其形成的文件和指标。这些信息有助于信息使用者分析、判断和评价环境管理方法、手段及措施的合法性、真实性和有效性。也正因为环境会计的复杂性，尤其涉及计量上的复杂性，所以环境管理控制信息系统中的信息更难把握，其包含的范围也更广泛，但概括起来主要包括环境法规执行情况、环境质量情况、环境治理和污染利用情况三个方面。

8.3.3.2　质量要求

按照“受托责任”基本理论，现代会计的目标要体现并能满足社会资源配置的需要和反映代理人履行受托责任的情况，以利于委托人进行评价并作出决策。一般来讲，公司向外披露环境信息质量符合以下基本要求。

（1）有用性

环境信息本身具有价值性，其披露应能够为信息使用者使用并带来现实的或潜在的价值影响。

（2）相关性

环境信息披露者应当通过所能接触的信息了解企业环境绩效和与环境有关的财务信息，至少能够为了解受托责任履行情况的信息使用者提供相关环境信息，并以此作为相关决策基础。

（3）可靠性

环境信息披露应能够真实地反映企业与环境有关的各种情况，如实地反映环境本来面目并具有可验证性，对于诸如环境或有事项等隐性信息，应建立在科学的估计或者合理的职业判断之内。

（4）可比性

环境信息在不同企业和不同时期披露的程序、内容、方法和形式应当一致，在同一企业、不同时期披露的程序、内容、方法和形式也应当一致。

（5）明晰性

环境信息披露的专业性和技术性方面的概念、公式和数据，应当有恰当的和可理解的解释或说明，其表达应简洁明了。

（6）重要性

环境信息的披露应考虑对信息使用者当前和未来的决策是否产生重大的影响，在全面披露和披露成本权衡的基础上进行重点揭示。

8.3.4 各国企业环境会计信息披露制度发展①

会计制度是指特定社会环境中（一国）政府或民间组织制定的关于财务报告中内容及程序的一切规定。不同国家的会计制度主要在会计信息披露、会计监督、会计机构和会计人员以及会计工作管理的制度等方面存在差异。以中美两国为例。在会计信息披露方面，美国在信息披露上一般都是透明、公开的，而且强调保护股东的利益，以真实、充分披露而闻名；中国在会计信息披露上多是谨慎、适中的。在会计准则的制定和实施方面。美国的会计准则是由民间组织制定的，在会计准则的使用上比较注重灵活性与选择性；中国则由财政部作为会计准则制定和发布的权威机构。这里从环境会计角度重点分析各国环境会计信息披露的发展和特征。

国际上许多高环境绩效国家也都曾经历过环境污染问题，经过几十年治理后环境状况大有改善，企业环境会计信息披露制度在这些国家也达到成熟期。这里以日本、美国、欧洲国家、澳大利亚等为例，描述高环境绩效国家企业环境会计信息披露制度发展和现状。

（1）日本

经过多年发展，日本政府成为企业环境会计信息披露制度的主导。1997 年日本政府要求企业披露环境会计信息并出台《环境报告指南》作详细规定，日本环境省先后公布《关于环境保护成本的把握及公开的原则》《关于环境会计体系的建立（2000 年报告）》等法规。为保证企业环境会计信息披露的质量，日本在《环境管理促进法》中明确规定不按要求对外披露环境会计信息或披露虚假信息的大型企业将被处以 20 万日元罚金，《企业环境业绩指标准则（2000 年版）》《环境会计准则（2000 年版）》《环境成本分类细则（2003 年版）》《环境会计指南（2005 年版）》等法律制度相继颁布。2007 年 6 月，日本政府颁布的《环境报告指南（2007 年版）》，将参考对象扩大到中小企业。同时，日本公认会计士协会也制定了许多准则，起主要作用的如：1998 年发布的经营研究调查协会研究报告第 4 号、1999 年发布的经营研究调查协会研究报告第 9 号、2000 年发布的经营研究调查协会研究报告第 1 号。

① 乔永波，吴旭阳. 国外企业环境会计信息披露对我国的启示——基于制度阶段攀升的视角[J]. 环境保护，2020，48（14）：67-73.

（2）美国

美国对于企业环境会计信息披露的相关研究达到世界领先水平，并且强制上市公司对外披露相关的环境会计信息。

美国证监会（SEC）发布的《证券法》中要求上市公司对现存或潜在的环境责任进行充分及时地披露，如不按照要求披露环境会计信息将被处以 50 万美元以上罚款或进行媒体曝光。

1969 年美国开始出台环境保护相关的法律法规，当前美国上市公司遵守的环境法律法规主要包括《清洁空气法》《清洁水法》《资源保护与回收法》《综合环境反应、补偿和债务法》《超级基金增补与再授权法》等。美国国家环保局（EPA）为了便于企业核算，界定了六种企业应承担的环境负债。EPA 联合美国注册会计师协会（AICPA）、美国商会及另外三家国际组织发起“国家工作室（National Workshop）”座谈会，在该座谈会之后公布了《利益相关者行动议程：工作室对环境成本的会计与资本预算的一项报告》。进入 21 世纪后，美国经历了安然和世通的会计丑闻事件，为提高民众对美国经济政策的信心，时任美国总统布什签署了《企业责任法案》（《萨班斯-奥克斯利法案》），该法案明确要求企业必须承担相应的社会责任。此外，EPA 联合证监会从生态环境和会计环境两方面一起着力，确保上市公司能够明确环境责任、公开披露环境会计信息。

对于环境会计信息披露准则的规范，美国会计组织做出了较大贡献。1970 年 AICPA 成立了“社会计量委员会”，该组织率先提出了环境会计信息的计量思路；继而美国会计学会（AAA）成立了“社会成本计量委员会”“社会业绩会计委员会”等，这些协会的研究成果最终促进了环境会计信息披露的标准化；同时美国全国会计师协会（NAA）成立的“企业社会业绩会计委员会”对环境会计信息范围进行了规范。为补充环境会计信息披露初期的不足，美国财务会计准则委员会（FASB）发布了针对环境会计信息处理和披露问题的相关准则和公告，在其中明确规定了美国上市公司环境会计信息披露的范围和内容。

（3）欧洲国家

北欧国家强制要求企业对外披露环境会计信息。英国虽然没有强制要求企业对外披露环境会计信息，但是在部分法律和民间组织相互配合的作用下，间接要求企业必须对外披露环境会计信息。法国政府在 2001 年之后对企业的环境会计信息披露由原先的自愿披露转变为强制披露。荷兰是企业环境会计信息披露法律法规制定最完善的国家之一，荷兰不仅建立了完善的环境报告体系，而且建立了具有强制性的环境报告公开制度，明确了大型企业对外公开环境报告书的义务。同时还成立了荷兰审计院，作为国家最高审计机关对企业披露的环境会计信息进行审计。

欧洲各国为促进企业环境会计信息的披露制定了许多奖惩措施，如英国特许公认会计师公会（ACCA）设立了有关环境会计信息披露方面的奖项，还针对企业的披露信息提出研究报告等。德国甚至组建了环保警察，一旦发现任何与环境相关违法行为便立刻采取行动。

挪威是欧洲最早在法律中对企业环境会计信息披露作出具体规定的国家。1989 年挪威在修订的《公司法》中要求在董事会报告中披露公司污染物排放水平与相应的治理信息，挪威的举动开创了欧洲环境会计信息披露法治化的先河，其他国家纷纷通过立法的形式规范企业环境会计信息披露；同年英国在其《公司法》修正案中要求企业说明控制污染的措施、披露所有与污染相关的罚款或罚金，1990年英国又颁布《环境保护法》强制要求污染企业对外披露与环境有关的信息；丹麦于1995年6月发布《绿色报告法》，加入环境会计信息披露立法国家的序列；1999年挪威和瑞典再次修订《会计法》，强制要求企业将环境报告附于年度报告中；2000年英国颁布了《开放式基金条例》和《环境政策公告》，从金融市场到实体行业规范了企业环境会计信息披露的相关内容。除各国政府各自颁布的政策之外，欧盟在1993年也颁布并实施"环境管理和审计计划"，并于2001年对该计划作出了进一步的修订，详细说明了企业环境会计信息披露的内容。一系列法律法规的密集出台，使欧洲各国的企业环境会计信息披露在立法方面逐渐完善，所有欧盟国家在21世纪初期就已针对企业应承担的环境责任制订了国家层面上的规划，并得到了各国国内产业界、利益相关方、非政府组织等方面的支持。

8.3.5 会计制度国际协调

现行的各国会计制度差异对国际企业投资经营产生了以下三方面影响：降低了跨国投资的企业财务数据可比性；增加了国际资本投资流动以及融资的成本；增加了跨国投资的企业的财务管理成本。国际企业要解决面临的诸多会计制度差异方面的难题，唯一的出路是寻求会计制度国家间的协调与规范，进而增强会计信息的国际可比性。

8.3.5.1 国际会计协调含义

国际会计协调是指由于国际经济发展的需要，客观上要求各国在制定会计政策和处理会计事务中，在一定的范围或框架内，逐步采用国际通行的会计惯例，通过世界性的官方组织和民间组织以及各国有意识的行动，某项会计工作规范的适用范围跨越单一国家的疆界，构建一个沟通、平衡机制，采用主动或被动方式，尽量减少各国之间会计准则的差异，消除不必要的分歧，寻求各国会计准则的共性，从而使在不同国度工作的会计人员能遵循类似的，或者是趋同的，甚至是统一的会计制度与准则，以达到国际会计行为的沟通、协调、规范和统一的活动。

国际会计协调的最终目标是实现国际会计的全球标准化，在世界范围内，所有大公司根据单一的高质量的全球会计准则编制财务报告，建立一个全球统一的会计模式。这是世界各国会计活动及其规则在全球范围内的全面融合、趋于一致的过程。为此，国际会计准则理事会（IASB）把"制定一套高质量、可理解和可实施的全球性会计准则"作为其目标，促使各国会计准则与国际会计准则和国际财务报告准则的趋同，实现国际会计趋同。

8.3.5.2 参与国际会计协调的相关组织

为了使协调工作能取得实质性的成果，首先必须解决这样一些问题：第一，由谁出面来进行协调？第二，由谁来制定国际准则？需要采用什么措施来保证这些准则被大多数国家所遵守？第一种思路，把着眼点放在民间组织上，建立起国际会计准则的权威机构，在所属各国的会计专业团体和会计职业团体之间进行协调；第二种思路，把着眼点集中在各国政府，即由政府间组织来协调。

（1）非政府间组织：国际会计准则理事会（IASB）、国际会计师联合会（IFAC）、国际银行组织

国际会计准则理事会（International Accounting Standards Board，IASB）：成立于 2001 年 4 月，由国际会计准则委员会（International Accounting Standards Committee，IASC）改组而来。1973 年，IASC 由澳、加、法、德、日、墨、荷、美、英 9 国发起设立。截至 2009 年年底，IASB 会员已经包括了 124 个国家和地区的 159 个会计组织，中国也已于 1998 年 5 月加入该组织。IASB 负责制定新的国际财务报告准则（IFRS），取代之前的国际会计准则（IAS），其中推动各国会计准则向 IFRS 进行高质量的趋同是 IASB 的战略目标之一。

国际会计师联合会（International Federation of Accountants，IFAC）：会计职业界的全球组织，其前身是会计职业国际协调委员会（ICCAP）。它成立于 1977 年 10 月，是在当时慕尼黑举行的第 11 次国际会计师大会上创建的，由来自 49 个不同国家和地区的 63 个会计职业团体签署了成立该组织的协定。国际会计师联合会是会计师行业的世界性组织，代表着 156 个会计师团体和 240 多万会计师。中国注册会计师协会于 1998 年 5 月正式参加 IFAC。IFAC 的主要任务在于安排未来的国际会计，制定会计职业界有关技术、职业道德、教育等方面的国际指南，促进和帮助地区组织的发展。事实上通过协调一致的会计准则，IFAC 促进了世界范围内的会计职业界的协作。

国际银行组织：支持国际会计协调活动的另一个重要力量。典型银行有亚洲开发银行、欧洲投资银行、世界银行、国际复兴开发银行等。国际银行经常要求出具专门的报告，世界银行所属的国际金融公司甚至发行详细的关于会计和报告准则的指导书籍，对许多发展中国家产生了一定影响。

（2）政府间组织：联合国、欧盟、经合组织

联合国：20 世纪 70 年代初，在成员国（主要为发展中国家）的强烈要求下，联合国参与国际会计协调工作。联合国设立专家工作组，制定标准化的国际会计准则；设立政府间专家工作组，审议并促使各国政府执行国际会计准则。联合国在国际会计准则的发展中不具有直接的重大影响力，但从正式设立的专家工作组会议议题，可以看出其主要任务是讨论和公布最佳会计实务。

欧盟：欧盟是推动会计协调化和趋同化最具成效的区域性国家联盟。早在欧共体时期，欧盟就将会计视为实现欧洲各国在政治上统一的重要工作。欧共体的会计协调成果主要有欧共体第 4 号、第 7 号指令（Directive）。第 4 号指令主要是关于年度报告的格式、内容和附注，其中引人注目之处是引入了英国的真实与公允原则。第 7 号指令主要是关于合并会计报表。由于指令具有一定强制性，为执行它，各成员国政府必须积极推动本国法律的修订。1992 年以来，欧盟没有进一步发布新会计指令的计划。1995 年，欧洲委员会宣布欧盟放弃发展其特定会计准则长期目标，要求成员国今后以国际会计准则作为编制财务报表的基础，以此支持国际会计协调活动。

经合组织：作为国际会计准则委员会（IASC）咨询工作组的观察员，经合组织在 20 世纪 60 年代后半期就开始关注跨国公司问题。1975 年建立“国际投资和跨国公司委员会”，并在 1976 年 6 月发布了《跨国公司行为指南》（*Guidelines for Multinational Enterprises*），其在“信息披露”一章表述了对跨国公司的会计和报告指南的要求。1978 年设立会计准则

特别工作组，次年改为常设工作组，支持现有的旨在增进各国会计信息可比性所作出的努力、负责解释《跨国公司行为指南》中“信息披露”一章所含的会计术语、对联合国关于会计和报告准则的工作进行沟通和发表意见。经合组织旨在推动一系列问题处理的国际理解和一致程度，以此为基础，提高信息的可比性和会计准则的协调；促进会计协调化而开展活动，并不参与制定公认会计准则。

思考题

1．国际融资结构的影响因素有哪些？
2．简述各国企业环境会计信息披露制度的差异。